河南省职业教育品牌示范院校建设项目成果

矿山流体机械的操作与维护

主　编　韩文静
副主编　杨亚茹　赵淑红
主　审　汤其建

黄河水利出版社
·郑州·

内 容 提 要

本书是河南省职业教育品牌示范院校建设项目成果。本书共分五个学习情景，以煤矿流体机械为研究对象，简要介绍了流体力学基础知识，对煤矿广泛使用的排水设备、通风设备、压气设备、瓦斯抽放设备进行了介绍，除系统地介绍各设备的作用、组成部分、工作原理外，着重阐述了设备的操作、调节、日常维护和故障分析处理方法，每一学习情景中包含有多个工作任务，其内容及难度主要根据煤炭生产企业对基层技术管理人员能力需求来确定。

本书特别适合煤矿高等职业教育相关专业以及成人大专、订单式培养单招班的教学使用，也可供煤矿工程技术人员参考。

图书在版编目(CIP)数据

矿山流体机械的操作与维护/韩文静主编.—郑州：黄河水利出版社，2016.6

河南省职业教育品牌示范院校建设项目成果

ISBN 978-7-5509-1396-7

Ⅰ.①矿… Ⅱ.①韩… Ⅲ.①矿山机械-流体机械-操作-高等职业教育-教材②矿山机械-流体机械-维护-高等职业教育-教材 Ⅳ.①TD44

中国版本图书馆 CIP 数据核字(2016)第 078651 号

组稿编辑：陶金志　电话：0371-66025273　E-mail：838739632@qq.com

出 版 社：黄河水利出版社

地址：河南省郑州市顺河路黄委会综合楼 14 层　邮政编码：450003

发行单位：黄河水利出版社

发行部电话：0371-66026940、66020550、66028024、66022620(传真)

E-mail：hhslcbs@126.com

承印单位：河南承创印务有限公司

开本：787 mm×1 092 mm　1/16

印张：10.5

字数：260 千字　　　　印数：1—1 000

版次：2016 年 6 月第 1 版　　　　印次：2016 年 6 月第 1 次印刷

定价：28.00 元

《矿山流体机械的操作与维护》

编写人员名单

主　　编：韩文静

副 主 编：杨亚茹　赵淑红

参编人员：张学武　李奕晓　马红雷

　　　　　李增泉　孔祥伟　朱艳青

主　　审：汤其建

前 言

本书是永城职业学院根据河南省建设品牌示范高职院校的要求，按照“一个中心、两个平台、分段递进式人才培养模式”的要求，组织编写的一本理论结合实践的教材。

本书在编写过程中，根据煤矿流体机械操作与维护这一典型工作任务对知识和技能的需要，对该课程的内容选择作了根本性改革，打破了以知识传授为主要特征的传统学科课程模式，以完成典型工作任务为教学目标，根据煤矿机电技术员岗位的相关工作过程和所需知识技能的深度及广度来组织编写，选用构成矿山排水、通风、压气、瓦斯抽放系统所需要的水泵、通风机、空压机、真空泵等为载体，选择与煤矿机电技术员岗位密切相关的操作、维护、故障处理等任务来构建设计基于工作过程的学习情景。通过情景模拟手段，帮助学生尽快掌握本书中各种设备的使用、维护技能，完成从外行到内行的角色转换。

本书由永城职业学院的韩文静担任主编，杨亚茹、赵淑红担任副主编，汤其建担任主审。在本书编写过程中，得到了河南能源化工集团永煤公司培训学校刘学功及永煤公司下各矿相关技术人员的大力支持，他们给教材编写工作提出了很多宝贵意见，编者在此一并表示感谢！

由于编者水平有限，书中难免有疏漏和不足，恳请广大读者批评指正。

编 者

2016 年 3 月

目　录

情景一 流体与流体机械基础知识

■ **教学目的和要求**

◇ 通过学习,应能了解流体发展简史、流体机械的分类、掌握流体力学基础知识。

■ **重点和难点**

◇ **重点**:流体机械的分类、流体静力学和动力学知识。

◇ **难点**:流体静力学和动力学知识。

■ **考核知识点和考核要求**

◇ **识记**:流体发展简史、流体机械的分类。

◇ **领会**:流体性质及几种主要流体机械的分类、结构与原理。

◇ **综合应用**:流体静力学和动力学知识。

任务一 认识流体力学与流体机械

流体力学是研究流体运动规律,并运用这些规律解决工程实际问题的学科。输送流体的机械和利用流体能量做功的机械统称为流体机械。

一、流体力学发展简史

(一)国内流体力学发展简史

人类最早对流体力学的认识是从治水、灌溉、航运等方面开始的。我国水利事业的历史十分悠久。4 000 多年前的大禹治水 ,说明我国古代已有大规模的治河工程。秦代,在公元前 256 ~ 前 210 年间便修建了都江堰 、郑国渠 、灵渠三大水利工程,特别是李冰父子领导修建的都江堰,既有利于岷江洪水的疏排,又能常年用于灌溉农田,并总结出"深淘滩,低作堰""遇弯截角,逢正抽心"的治水原则,说明当时对明槽水流和堰流流动规律的认识已经达到相当高水平。

西汉武帝(公元前 140 ~ 前 87 年)时期,为引洛水灌溉农田,在黄土高原上修建了龙首渠,创造性地采用了井渠法,即用竖井沟通长十余里的穿山隧洞,有效地防止了黄土的塌方。

在古代,以水为动力的简单机械也有了长足的发展,例如用水轮提水,或通过简单的机械传动去碾米、磨面等。东汉杜诗任南阳太守时曾创造水排(水力鼓风机),利用水力,通过机械传动,使皮制鼓风囊连续开合,将空气送入冶金炉,较西欧约早了 1 100 年。

古代的计时工具——铜壶滴漏(铜壶刻漏),就是利用孔口出流使铜壶的水位变化来计算时间的,说明当时对孔口出流已有相当的认识。

北宋(960 ~ 1126 年)时期,在运河上修建的真州船闸与 14 世纪末荷兰的同类船闸相比,约早 300 年。

明代的水利家潘季驯(1521 ~ 1595 年)提出了"筑堤防溢,建坝减水,以堤束水,以水攻沙”和“借清刷黄”的治黄原则,并著有《两河管见》《两河经略》和《河防一览》。

清雍正年间,何梦瑶在《算迪》一书中提出流量等于过水断面面积乘以断面平均流速的计算方法。

流体力学家周培源(1902~1993年)主要从事物理学的基础理论中难度最大的两个方面即爱因斯坦广义相对论引力论和流体力学中的湍流理论的研究与教学并取得了出色成果。

吴仲华在1952年发表的《在轴流式、径流式和混流式亚声速和超声速叶轮机械中的三元流普遍理论》和在1975年发表的《使用非正交曲线坐标的叶轮机械三元流动的基本方程及其解法》两篇论文中所建立的叶轮机械三元流理论,至今仍是国内外许多优良叶轮机械设计计算的主要依据。

(二)国外流体力学发展简史

古罗马人建成了大规模的供水管道系统。为流体力学学科的形成做出第一个贡献的是古希腊的阿基米德,他建立了包括物理浮力定律和浮体稳定性在内的液体平衡理论,奠定了流体静力学的基础。此后千余年间,流体力学没有重大发展。

直到15世纪,意大利达·芬奇在其著作中才谈到水波、管流、水力机械、鸟的飞翔原理等问题;17世纪,帕斯卡阐明了静止流体中压力的概念。但流体力学尤其是流体动力学作为一门严谨的科学,却是随着经典力学建立了速度、加速度,力、流场等概念,以及质量、动量、能量三个守恒定律奠定之后才逐步形成的。

17世纪,力学奠基人牛顿研究了在流体中运动的物体所受到的阻力,得到阻力与流体密度、物体迎流截面面积以及运动速度的平方成正比的关系。他针对黏性流体运动时的内摩擦力也提出了牛顿黏性定律。但是,牛顿还没有建立起流体动力学的理论基础,他提出的许多力学模型和结论与实际情形还有较大的差别。

之后,法国皮托发明了测量流速的皮托管;达朗贝尔对运河中船只的阻力进行了许多试验工作,证实了阻力同物体运动速度之间的平方关系;瑞士的欧拉采用了连续介质的概念,把静力学中压力的概念推广到运动流体中,建立了欧拉方程,正确地用微分方程组描述了无黏流体的运动;伯努利从经典力学的能量守恒出发,研究了供水管道中水的流动,精心地安排了试验并加以分析,得到了流体定常运动下的流速、压力、管道高程之间的关系——伯努利方程。

欧拉方程和伯努利方程的建立,是流体动力学作为一个分支学科建立的标志,从此开始了用微分方程和试验测量进行流体运动定量研究的阶段。从18世纪起,位势流理论有了很大进展,在水波、潮汐、涡旋运动、声学等方面阐明了很多规律。法国拉格朗日对于无旋运动、德国赫尔姆霍兹对于涡旋运动做了不少研究。在上述的研究中,流体的黏性并不起重要作用,即所考虑的是无黏流体。这种理论当然阐明不了流体中黏性的效应。

19世纪,工程师们为了解决许多工程问题,尤其是要解决带有黏性影响的问题,于是他们部分地运用流体力学,部分地采用归纳试验结果的半经验公式进行研究,这就形成了水力学,至今它仍与流体力学并行发展。1822年,纳维建立了黏性流体的基本运动方程;1845年,斯托克斯又以更合理的基础导出了这个方程,并将其所涉及的宏观力学基本概念论证得令人信服。这组方程就是沿用至今的纳维-斯托克斯方程(简称N-S方程),它是流体动力学的理论基础。上面说到的欧拉方程正是N-S方程在黏度为零时的特例。

普朗特学派从1904年到1921年逐步将N-S方程作了简化,从推理、数学论证和试验测量等各个角度建立了边界层理论,能实际计算简单情形下边界层内流动状态和流体同固体间的黏性力。同时，普朗特又提出了许多新概念，并广泛地应用到飞机和汽轮机的设计中去。这一理论既明确了理想流体的适用范围，又能计算物体运动时遇到的摩擦阻力，使上述两种情况得到了统一。

20 世纪初，飞机的出现极大地促进了空气动力学的发展。航空事业的发展，期望能够揭示飞行器周围的压力分布、飞行器的受力状况和阻力等问题，这就促进了流体力学在试验和理论分析方面的发展。20 世纪初，以儒科夫斯基、恰普雷金、普朗特等为代表的科学家，开创了以无黏不可压缩流体位势流理论为基础的机翼理论，阐明了机翼怎样会受到举力，从而空气能把很重的飞机托上天空。机翼理论的正确性，使人们重新认识无黏流体的理论，肯定了它指导工程设计的重大意义。

机翼理论和边界层理论的建立和发展是流体力学的一次重大进展，它使无黏流体理论与黏性流体的边界层理论很好地结合起来。随着汽轮机的完善和飞机飞行速度提高到 50 m/s 以上，后又迅速扩展了从 19 世纪就开始的、对空气密度变化效应的试验和理论研究，为高速飞行提供了理论指导。20 世纪 40 年代以后，由于喷气推进和火箭技术的应用，飞行器速度超过声速，进而实现了航天飞行，使气体高速流动的研究进展迅速，形成了气体动力学、物理－化学流体动力学等分支学科。

以这些理论为基础，20 世纪 40 年代，关于炸药或天然气等介质中发生的爆轰波又形成了新的理论，为研究原子弹、炸药等起爆后激波在空气或水中的传播，发展了爆炸波理论。此后，流体力学又发展了许多分支，如高超声速空气动力学、超声速空气动力学、稀薄空气动力学、电磁流体力学、计算流体力学、两相（气液或气固）流等。

这些巨大进展是和采用各种数学分析方法，建立大型、精密的实验设备、仪器等研究手段是分不开的。从 20 世纪 50 年代起，电子计算机不断完善，使原来用分析方法难以进行研究的课题，可以用数值计算方法来进行，出现了计算流体力学这一新的分支学科。与此同时，由于民用和军用生产的需要，液体动力学等学科也有很大进展。

20 世纪 60 年代，根据结构力学和固体力学的需要，出现了计算弹性力学问题的有限元法。经过十多年的发展，有限元分析这项新的计算方法又开始在流体力学中应用，尤其是在低速流和流体边界形状甚为复杂问题中，优越性更加显著。近年来又开始了用有限元方法研究高速流的问题，也出现了有限元方法和差分方法的互相渗透和融合。

20 世纪 60 年代以后，流体力学开始和其他学科互相交叉渗透，形成了新的交叉学科或边缘学科，如物理－化学流体动力学、磁流体力学等，原来基本上只是定性描述的问题，逐步得到定量的研究，生物流变学就是一个例子。

二、流体机械的分类和结构

（一）流体机械的分类

按工作介质可以把流体机械分为液体机械和气体机械两大类。液体机械常见的是泵，气体机械常用的有通风机和鼓风机。

泵按形式分为叶片式、容积式和其他类型三种。叶片式泵可分为离心式、轴流式和混流式三种，容积式泵可分为往复式和回转式，其他类型有真空泵、射流泵和齿轮泵。

风机按形式分为叶片式和容积式。叶片式风机可分为离心式和轴流式，容积式风机可分为往复式和回转式。

1. 叶片式泵与风机的结构

1)离心式泵与风机的结构特性

离心泵结构如图 1-1 所示。叶轮按形式分为闭式、半闭式和敞开式三种,如图 1-2 所示。多级离心泵结构如图 1-3 所示。离心式风机结构如图 1-4 所示,离心式风机叶轮结构如图 1-5 所示。

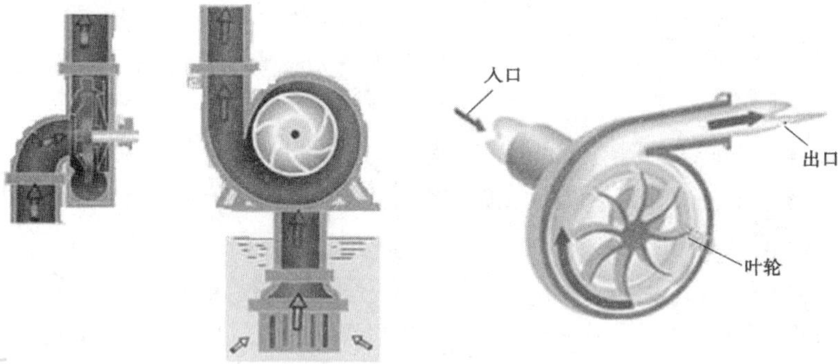

图 1-1 离心泵结构示意图

(a) 闭式 (b) 半闭式 (c) 敞开式

图 1-2 叶轮的形式

图 1-3 多级离心泵结构示意图

图 1-4　离心式风机结构示意图

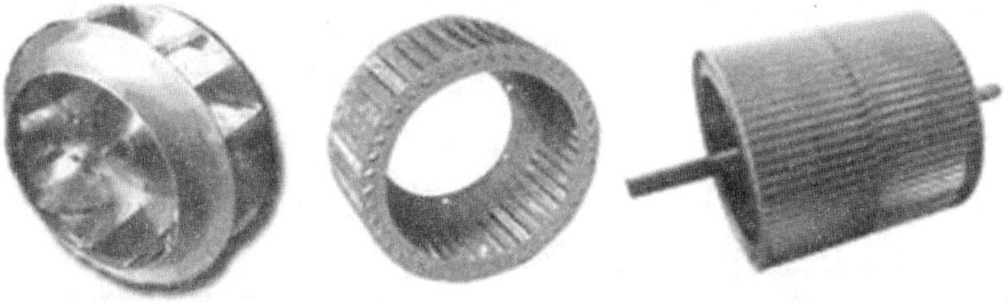

图 1-5　离心式风机叶轮结构示意图

2）轴流式泵与风机的部件结构和工作原理

A. 轴流式泵和风机的部件结构

轴流式泵叶轮如图 1-6 所示，轴流式泵的轴和轴承如图 1-7 所示。轴流式风机如图 1-8 所示。

图 1-6　轴流式泵叶轮

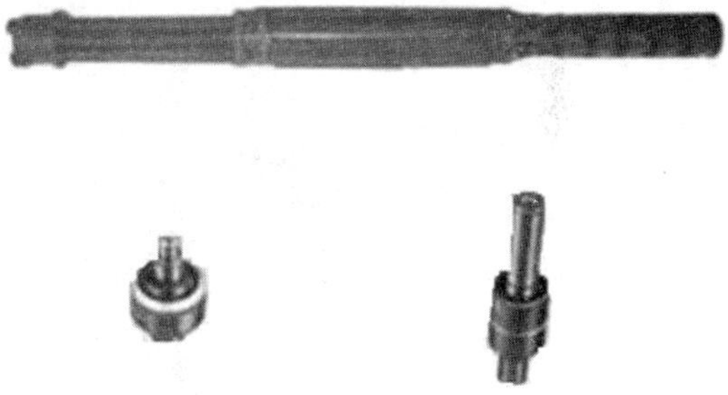

图 1-7　轴流式泵的轴和轴承

轴流式风机主要由圆形风筒、吸入口、装有扭曲叶片的轮毂、流线型轮毂罩、电动机、电动机罩、扩压管等组成。

B. 轴流泵的工作原理

轴流泵与离心泵的工作原理不同，它主要是利用叶轮的高速旋转所产生的推力提水。轴流泵叶片旋转时对水所产生的升力，可把水从下方推到上方。轴流泵的叶片一般浸没在被吸水源的水池中。由于叶轮高速旋转，在叶片产生的升力作用下，连续不断地将水向上推压，使水沿出水管流出。叶轮不断地旋转，水也就被连续地压送到高处。

3）混流泵

混流泵如图 1-9 所示，混流泵内液体的流动介于离心泵和轴流泵之间，液体斜向流出叶

图 1-8　轴流式风机

轮，即液体的流动方向相对叶轮而言有径向速度，也有轴向速度。其特性介于离心泵和轴流泵之间。混流泵叶轮如图 1-10 所示。

图 1-9　混流泵

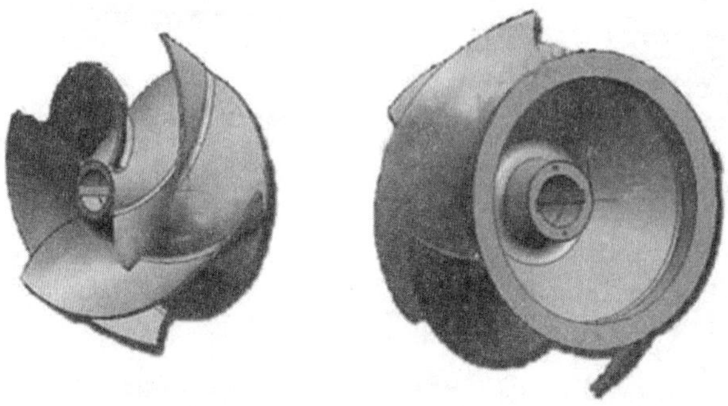

图 1-10　混流泵叶轮

导叶混流式潜水泵，适用于抽送清水或在轻度污水场合下使用。其可潜入水中运行，故可在水位变化大、扬程较高的工况下工作，特别适用于城市排水、市政建设、工矿、船坞升降水位以及水位涨落大的江湖地区农田排灌。

2. 容积式及其他类型泵与风机

1）活塞式膨胀机

活塞式膨胀机是气泵的一种。活塞泵主要由活塞在泵缸内做往复运动来吸入和排出液体。活塞不断往复运动，泵的吸入与压出过程随之连续不断地交替进行。

2）贯流式风机

近年来由于空气调节技术的发展，要求有一种小风量、低噪声、压头适当和在安装上便于与建筑物相配合的小型风机，贯流式风机就是适应这种要求的新型风机。贯流式风机如图 1-11 所示。

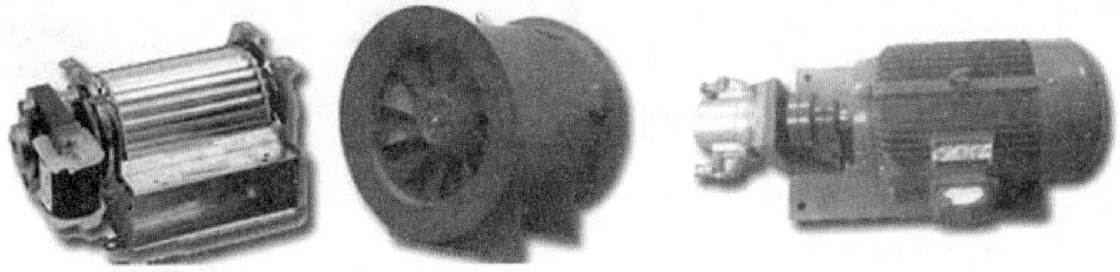

图 1-11　贯流式风机

3）水环式真空泵

水环式真空泵如图 1-12 所示。真空式气力输送系统中，要利用真空泵在管路中保持一定的真空度。有吸升式吸入管段的大型泵装置，在启动时也常用真空泵抽气充水。常用的真空泵是水环式真空泵。水环式真空泵实际上是一种压气机，它抽取容器中的气体将其加压到高于大气压，从而能够克服排气阻力将气体排入大气。

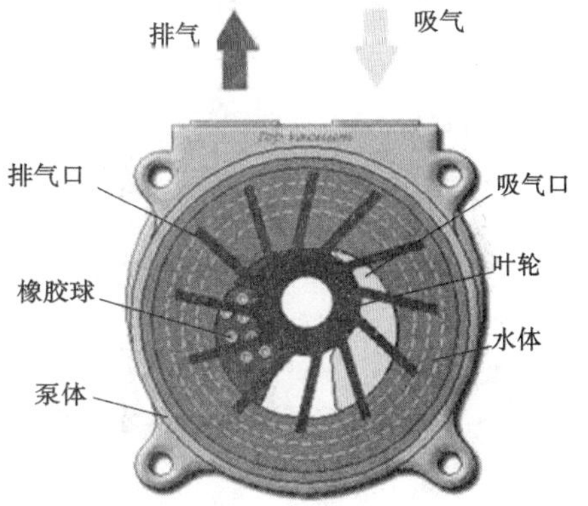

图 1-12　水环式真空泵

4）齿轮泵

齿轮泵如图 1-13 所示。齿轮泵是依靠泵缸与啮合齿轮间所形成的工作容积变化和移动来输送液体或使之增压的回转泵。由两个齿轮、泵体与前后盖组成两个封闭空间，当齿轮转动时，齿轮脱开侧的空间从小变大，形成真空，将液体吸入，齿轮啮合侧的空间从大变小，而将液体挤入管路中去。吸入腔与排出腔是靠两个齿轮的啮合线来隔开的。齿轮泵的排出口的压力完全取决于泵出口处阻力的大小。

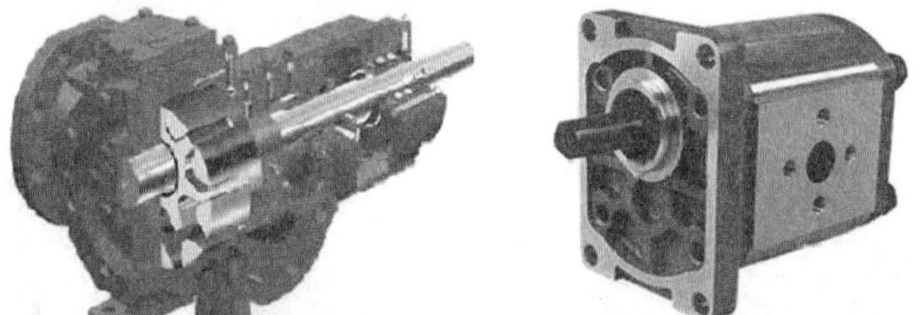

图 1-13　齿轮泵

5）螺杆泵

螺杆泵如图 1-14 所示。螺杆泵是一种利用螺杆相互啮合来吸入和排出液体的回转式泵。螺杆泵的转子由主动螺杆（可以是一根，也可以是两根或三根）和从动螺杆组成。主动螺杆与从动螺杆作相反方向转动，螺纹相互啮合，流体从吸入口进入，被螺旋轴向前推进增压至排出口。此泵适用于高压力、小流量的场合。制冷系统中常用作输送轴承润滑油及调速器用油的油泵。

6)喷射泵

图 1-14　螺杆泵

喷射泵如图 1-15 所示。它的工作原理是将高压的工作流体,由压力管送入工作喷嘴,经喷嘴后压能变成高速动能,将喷嘴外围的液体(或气体)带走。此时,因喷嘴出口形成高速动能使扩散室的喉部吸入室造成真空,从而使被抽吸流体不断进入与工作流体混合,然后通过扩散室将压力稍升高输送出去。由于工作流体连续喷射,吸入室继续保持真空,于是得以不断地抽吸和排出流体。

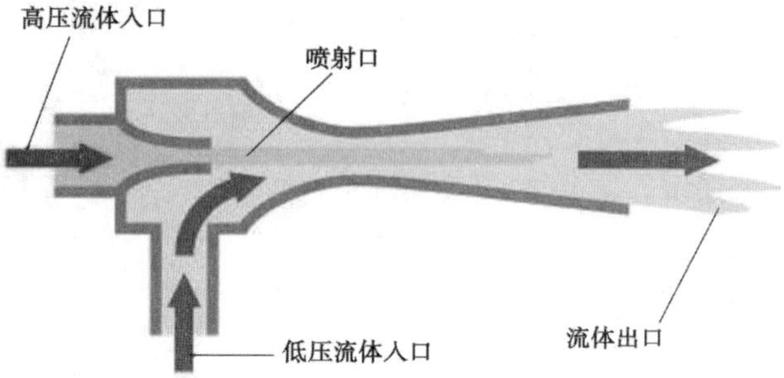

图 1-15　喷射泵

7)罗茨真空泵

罗茨真空泵内部结构如图 1-16 所示,实物如图 1-17 所示。罗茨泵的工作原理与罗茨鼓风机相似。由于转子的不断旋转,被抽气体从进气口吸入到转子与泵壳之间的空间内,再经排气口排出。由于吸气后 v_0空间是全封闭状态,所以在泵腔内气体没有压缩和膨胀。但当转子顶部转过排气口边缘,v_0空间与排气侧相通时,由于排气侧气体压强较高,则有一部分气体返冲到 v_0空间中去,使气体压强突然增高。当转子继续转动时,气体排出泵外。

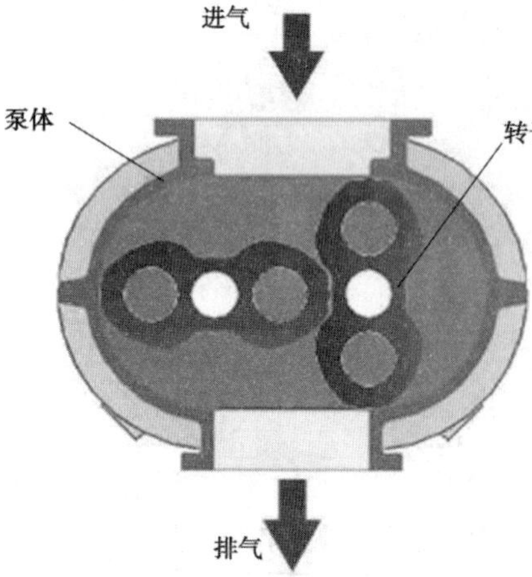

图 1-16　罗茨真空泵内部结构示意

图 1-17　罗茨真空泵实物

8)旋片式真空泵

旋片式真空泵(简称旋片泵)示意图如图 1-18 所示,实物图如图 1-19 所示。旋片式真空泵是一种油封式机械真空泵。其工作压强范围为 101325 ~ 1.33 × 10^{-2} Pa,属于低真空泵。它可以单独使用,也可以作为其他高真空泵或超高真空泵的前级泵。它已广泛地应用于冶金、机械、军工、电子、化工、轻工、石油及医药等生产和科研部门。

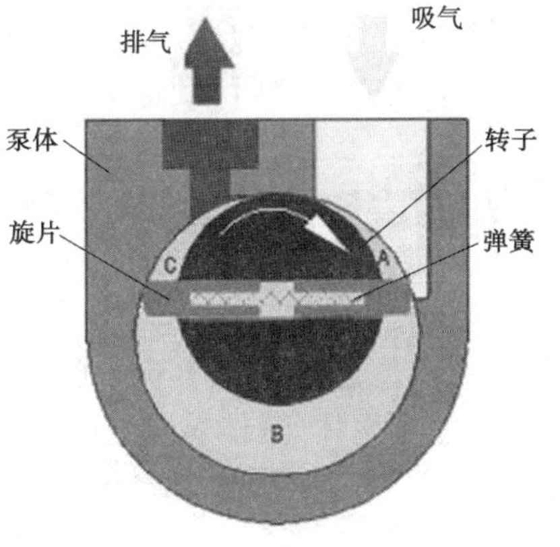

图 1-18　旋片式真空泵内部结构示意

图 1-19　旋片式真空泵实物

任务二　掌握流体力学基础知识

一、流体的主要物理性质

(一)密度和重度

单位体积的质量称为流体的密度,即

$$\rho = \frac{M}{V} \tag{1-1}$$

式中　M——流体的质量,kg;

　　V——流体的体积,m^3。

常温、一个标准大气压下 $\rho_{水} = 1 \times 10^3\ kg/m^3$,$\rho_{水银} = 13.6 \times 10^3\ kg/m^3$。

单位体积的重量称为流体的重度。重度也称为容重,即

$$\gamma = \frac{G}{V} \tag{1-2}$$

式中　G——流体的重量,N;

　　V——流体的体积,m^3。

由于 $G = mg$,所以 $\gamma = \rho g$。常温、一个标准大气压下 $\gamma_{水} = 9.8 \times 10^3\ kg/m^3$,$\gamma_{水银} = 133.28 \times 10^3\ kg/m^3$。

密度和重度随外界压强和温度的变化而变化。

液体的密度随压强和温度变化很小,可视为常数,而气体的密度随温度和压强变化较大。

(二)黏滞性

流体在运动时抵抗剪切变形的性质称为黏滞性。当某一流层对相邻流层发生位移而引起体积变形时,在流体中产生的切力就是这一性质的表现。

由于各流层之间的速度不同,相邻流层间有相对运动,便在接触面上产生一种相互作用的剪切力,这个力称为流体的内摩擦力,或黏滞力。

牛顿在平板实验的基础上于1867年在所著的《自然哲学的数学原理》中提出了流体内摩擦力的假说——牛顿内摩擦定律:当切应力一定时,黏滞性越大,剪切变形的速度越小,所以黏滞性又可定义为流体阻抗剪切变形速度的特性。

液体的黏度随温度的升高而减小。分子间的引力即内聚力是形成黏滞性的主要因素。

气体的黏度随温度的升高而增大。分子间的热运动引起的动量交换是形成黏滞性的主要因素。

牛顿内摩擦定律只适用于牛顿流体和层流运动。牛顿流体是指在温度不变的情况下切应力 τ 与流速梯度成正比,这时黏滞系数 μ 为常数。对于静止液体,液体质点之间没有相对运动,因而也就不存在黏滞性。

理想流体无黏滞性。

(三)压缩性和膨胀性

1. 液体的压缩性和膨胀性

压缩性是流体受压,分子间距离缩小,体积缩小的性质。液体的压缩性通常用压缩系数来表示。作用于流体上的温度升高,体积膨胀;温度降低,体积收缩,称之为流体的膨胀性。液体的膨胀性通常用膨胀系数来表示。

液体的压缩性和膨胀性都比较小。如水压强增加 1 个大气压,体积压缩率约为1/20 000;在常温下,温度升高 1 ℃,体积膨胀率约为1.5/100 000。

2. 气体的压缩性和膨胀性

气体的压缩性和膨胀性比较显著,在常温下符合理想气体状态方程。

二、流体静力学基础

流体静力学主要是讨论流体静止时的平衡规律以及这些规律的应用。“流体静止”指的是流体内部质点间没有相对运动,不呈现黏滞性,至于盛装液体的容器,不论它是静止的或是匀速、匀加速运动的都没有关系。

(一)流体的压力

单位面积上作用的表面力称为压力,在物理学中称为压强。当液体静止时,流体质点间没有相对运动,不存在摩擦力,所以静止流体的表面力只有法向力。流体内某点处单位面积 ΔA 上所受到的法向力 ΔF 之比,叫作压力 p(静压力),单位为 Pa 或 N/m^2,即

$$p = \lim_{\Delta A \to 0} \frac{\Delta F}{\Delta A} \tag{1-3}$$

如果法向力 F 均匀地作用于面积 A 上,则压力可表示为

$$p = F/A \tag{1-4}$$

式中 A——作用力下的作用面积,m^2;

F——作用面积上的法向作用力,N。

流体的静压力具有两个重要特性：

(1)流体静压力的方向总是作用面的内法线方向。

(2)静止流体内任一点的流体静压力在各个方向上都相等。

(二)流体静压力基本方程

1. 静压力基本方程式

在重力作用下的静止液体，其受力情况如图 1-20 所示。

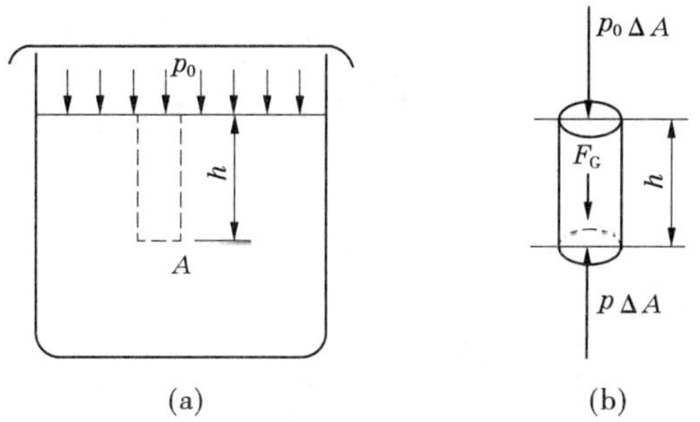

图 1-20　重力作用下的静止液体

由于小液柱处于平衡状态，则 A 点所受的压力为

$$p\Delta A = p_0\Delta A + \rho gh\Delta A \tag{1-5}$$

$$p = p_0 + \rho gh \tag{1-6}$$

式中，g 为重力加速度，此表达式即为流体静压力的基本方程，由式(1-6)可知：

(1)静止液体内任一点处的压力由两部分组成，一部分是液面上的压力 p_0，另一部分是 ρg 与该点离液面深度 h 的乘积。

(2)同一容器中同一液体内的静压力随液体深度 h 的增加而线性地增加。

(3)连通器内同一液体中深度 h 相同的各点压力都相等。由压力相等的点组成的面称为等压面。重力作用下静止液体中的等压面是一个水平面。

2. 静压力基本方程式的物理意义

图 1-21 为盛有液体的密闭容器，液面压力为 p_0，选择一基本水平面 Ox，根据静压力基本方程式可以确定距液面深度 h 处 A 点的压力 p，即

$$p = p_0 + \rho gh = p_0 + \rho g(z_0 - z) \tag{1-7}$$

式中　z_0——液面与基准水平面的距离；

z——液体内某点 A 与基准平面间的距离。

$$p/\rho g + z = p_0/\rho g + z_0 = 常数 \tag{1-8}$$

式(1-8)说明了静止液体中单位质量液体的压力能和位能可以互相转换，但各点的总能量却保持不变，即能量守恒，这就是静压力基本方程式中包含的物理意义。

在液压系统中，由外力产生的压力 p_0 通常比液体自重产生的压力大得多(液压系统高度一般不超过 10 m)，即 $\rho gh \ll p_0$，由液体重力引起的 ρgh 可忽略不计。因此，对液压传动来说，一般不考虑液体位置高度对于压力的影响，则可认为静止液体内各处的压力都是相等的。也就是说，在密闭容器内，施加于静止流体的压力可以等值地传递到液体各点。这就是

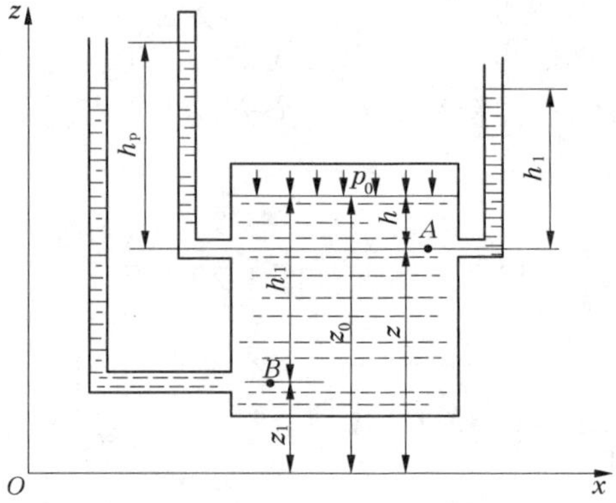

图 1-21　静压力基本方程物理意义

帕斯卡原理,也称为静压传递原理。

由此可见:液压传动可使力放大或缩小,也可以改变力的方向。液体内的压力是由负载决定的。

(三)压力的表示方法及单位

1. 压力的表示方法

压力的表示方法有两种:一种是以绝对真空作为基准所表示的压力,称为绝对压力;另一种是以大气压力作为基准所表示的压力,称为相对压力。由于大多数测压仪表所测得的压力都是相对压力,故相对压力也称表压力。

绝对压力与相对压力的关系为

$$绝对压力 = 相对压力 + 大气压力 \tag{1-9}$$

当绝对压力小于大气压力时, 负相对压力数值部分叫作真空度,即

$$真空度 = 大气压力 - 绝对压力 = -(绝对压力 - 大气压力) \tag{1-10}$$

由此可知,当以大气压力为基准计算压力时,基准以上的正值是表压力,基准以下的负值就是真空度。绝对压力、相对压力和真空度的相互关系如图 1-22 所示。

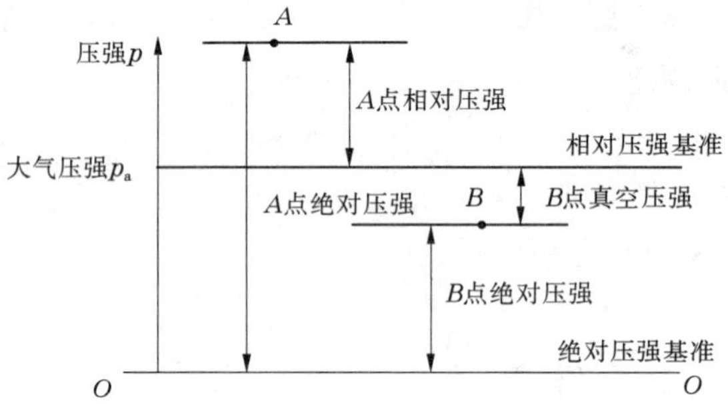

图 1-22　绝对压力、相对压力和真空度示意图

2. 压力的单位

法定压力(ISO)单位为帕斯卡(帕),符号为 Pa,工程上常用兆帕来表示压力。

$$1\ \mathrm{MPa} = 10^6\ \mathrm{Pa}$$

在工程上采用工程大气压,也采用水柱高或汞柱高度等,在液压技术中,目前采用的压

力单位还有巴，符号为 bar。

$$1\ \text{bar}=10^5\ \text{Pa}\approx 1.02\ \text{kgf/cm}^2$$

压力的单位及其他非法定计量单位的换算关系为

$$1\ \text{at(工程大气压)}=1\ \text{kgf/cm}^2=9.8\times10^4\ \text{N/m}^2$$

$$1\ \text{mH}_2\text{O(米水柱)}=9.8\times10^3\ \text{N/m}^2$$

$$1\ \text{mmHg(毫米汞柱)}=1.33\times10^2\ \text{N/m}^2$$

三、液体动力学基础

在系统中，液体总是在不断地流动，因此要研究液体在外力作用下的运动规律、作用在流体上的力及这些力和流体运动特性之间的关系。对液压流体力学我们只关心和研究平均作用力和运动之间的关系。现主要讨论三个基本方程式，即液流的连续性方程、伯努利方程和动量方程。它们是刚体力学中的能量守恒、质量守恒及动量守恒原理在流体力学中的具体应用。前两个方程描述了压力、流速与流量之间的关系，以及液体能量相互间的变换关系，后者描述了流动液体与固体壁面之间作用力的情况。液体是有黏性的，并在流动中表现出来，因此在研究液体运动规律时，不但要考虑质量力和压力，还要考虑黏性摩擦力。此外，液体的流动状态还与温度、密度、压力等参数有关。为了分析，可以简化条件，从理想液体着手，所谓理想液体是指没有黏性的液体，通常在等温的条件下把黏度、密度视作常量来讨论液体的运动规律。

（一）基本概念

1. 理想液体、定常流动和非定常流动

理想液体：既无黏性又不可压缩的液体。

定常流动：液体流动时，若液体中任何一点的压力、速度和密度都不随时间而变化，则这种流动就称为定常流动（恒定流动或非时变流动）。

非定常流动：只要压力、速度和密度中有一个随时间而变化，液体就是作非定常流动（非恒定流动或时变流动）。

当液体整个地作线形流动时，称为一维流动。当作平面或空间流动时，称为二维或三维流动。

2. 迹线、流线、流管流束、通流截面、平行流动和缓变流动

迹线：流动液体的某一质点在某一时间间隔内在空间的运动轨迹。

流线：表示某一瞬时液流中各处质点运动状态的一条条曲线，在此瞬时，流线上各质点速度方向与该线相切。

在非定常流动时，由于各点速度可能随时间变化，因此流线形状也可能随时间而变化。在定常流动时，流线不随时间而变化，这样流线就与迹线重合。由于流动液体中任一质点在某一瞬时只能有一个速度，所以流线之间不可能相交，也不可能突然转折，流线只能是一条光滑的曲线。

流管：在液体的流动空间中任意画一条不属于流线的封闭曲线，沿经过此封闭曲线上的每一点作流线，由这些流线组合的表面称为流管。

流束：流管内的流线群。定常流动时，流管和流束形状不变，且流线不能穿越流管，故流管与真实管流相似，将流管断面无限缩小趋近于零，就获得了微小流管或微小流束。微小流

束实质上与流线一致,可以认为运动的液体是由无数微小流束所组成的。

通流截面:流束中与所有流线正交的截面,截面上每点处的流动速度都垂直于这个面。

平行流动:流线彼此平行的流动。

缓变流动:流线夹角很小或流线曲率半径很大的流动。

平行流动和缓变流动都可算是一维流动。

3. 流量和平均流速

流量:单位时间内通过某通流截面的液体的体积。

在法定计量单位制(或 SI 单位制)中流量的单位为 m^3/s,常用单位为 L/min 或 mL/s。对于微小流速,由于通流截面面积很小,可近似认为通流截面上各点的流速 u 是相等的,所以通过该截面面积 dA 的流量为 $dq = u dA$,对此式进行积分,可得到整个通流截面面积 A 上的流量为 $q = \int_A u dA$。在实际工程中,通流截面上的流速分布规律很难真正知道,故直接从上式来求流量是困难的,为了便于计算,引入平均流速的概念,假想在通流截面上流速是均匀分布的,则流量等于平均流速乘以通流截面面积。令此流量与实际的不均匀流速通过的流量相等。

平均流速:

$$v = \frac{q}{A} \tag{1-11}$$

流量也可以用流过其截面的液体质量来表示,即质量流量 q_m,即

$$q_m = \int_A \rho u dA = \rho \int_A u dA = \rho q \tag{1-12}$$

4. 流动液体的压力

静止液体内任意点处的压力在各个方向上都是相等的,可是在流动液体内,由于惯性力和黏性力的影响,任意点处在各个方向上的压力并不相等,但数值相差甚微。当惯性力很小,且把液体当作理想液体时,流动液体内任意点处的压力在各个方向上的数值可以看作是相等的。

(二)连续性方程

连续性方程是质量守恒定律在流体力学中的一种表达形式,如果液体作定常流动,且不可压缩,那么任取一流管(见图 1-23),两端通流截面面积为 A_1 和 A_2,在流管中取一微小流束,流束两端的截面面积分别为 dA_1 和 dA_2,在微小截面上各点的速度可以认为是相等的,且分别为 u_1 和 u_2。根据质量守恒定律,在 dt 时间内流入此微小流束的质量应等于从此微小流束流出的质量,故有

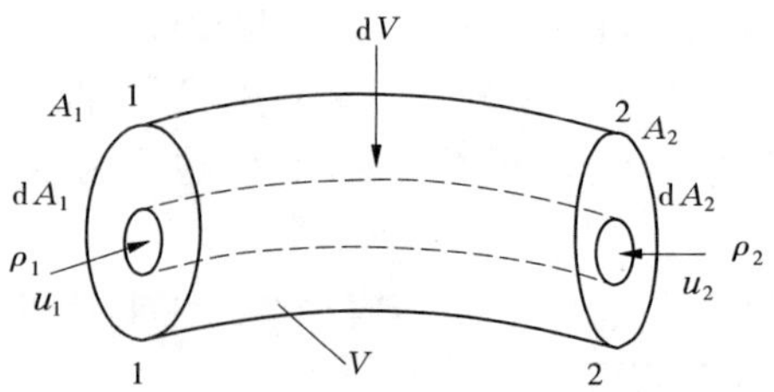

图 1-23　连续性方程推导简图

$$\rho u_1 \mathrm{d}A_1 \mathrm{d}t = \rho u_2 \mathrm{d}A_2 \mathrm{d}t$$

即

$$u_1 \mathrm{d}A_1 = u_2 \mathrm{d}A_2 \tag{1-13}$$

对整个流管，显然是微小流束的集合，对式(1-13)积分得

$$\int_{A_1} u_1 \mathrm{d}A_1 = \int_{A_2} u_2 \mathrm{d}A_2$$

即

$$q_1 = q_2 \tag{1-14}$$

如用平均速度表示，得

$$v_1 A_1 = v_2 A_2 \tag{1-15}$$

由于两通流截面是任意取的，故有

$$q = vA = \mathrm{C} \tag{1-16}$$

式(1-16)称为不可压缩液体作定常流动时的连续性方程。它说明通过流管任一通流截面的流量相等。此外还说明，当流量一定时，流速和通流截面面积成反比。

(三)伯努利方程

伯努利方程就是能量守恒定律在流动液体中的表现形式。要说明流动液体的能量问题，必须先讲述液流的受力平衡方程，即它的运动微分方程。

1. 理想液体的运动微分方程

$$\frac{1}{\rho}\mathrm{d}p + g\mathrm{d}z + u\mathrm{d}u = 0 \tag{1-17}$$

这就是重力场中理想液体沿流线作定常流动时的运动方程，即欧拉运动方程。它表示了单位质量液体的力平衡方程。

2. 理想液体的伯努利方程

将式(1-17)沿流线积分，便可得到理想液体微小流束的伯努利方程：

$$\frac{p}{\rho} + gz + \frac{u^2}{2} = \mathrm{C} \tag{1-18}$$

对流线上任意两点的伯努利方程两边同除以 g 可得

$$\frac{p_1}{\rho g} + z_1 + \frac{u_1^2}{2g} = \frac{p_2}{\rho g} + z_2 + \frac{u_2^2}{2g} \tag{1-19}$$

式(1-19)即为理想液体作定常流动的伯努利方程。上述两式表明理想液体作定常流动时，沿同一流线对运动微分方程的积分为常数，沿不同的流线积分则为另一常数，这就是能量守恒规律在流体力学中的体现；理想液体作定常流动时，液流中任意截面处液体的总比能(单位重量液体的总能量)由比压能($\frac{p}{\rho g}$)、比位能(z)与比动能($\frac{u^2}{2g}$)组成(均为长度量纲，因此从几何意义上讲可分别称为压力水头、位置水头和速度水头)，三者之间可互相转化，但总和为一定值。如果流动是在同一水平面内，或者流场中坐标 z 的变化与其他流动参数相比可以忽略不计，则式(1-19)可写成

$$\frac{p_1}{\rho g} + \frac{u_1^2}{2g} = \frac{p_2}{\rho g} + \frac{u_2^2}{2g} \tag{1-20}$$

式(1-20)表明，沿流线压力越低，速度越高。

3. 实际液体流束的伯努利方程

实际液体具有黏性，因此液体在流动时还需克服由黏性所引起的摩擦阻力，这必然要消耗能量，设因黏性而消耗的能量为 $h'_w g$，则实际液体微小流束的伯努利方程为

$$\frac{p_1}{\rho} + z_1 g + \frac{u_1^2}{2} = \frac{p_2}{\rho} + z_2 g + \frac{u_2^2}{2} + h'_w g \tag{1-21}$$

4. 实际液体总流的伯努利方程

用平均流速 v 代替管流截面面积 A_1 或 A_2 上各点处不等的流速 u，且令单位时间内截面 A 处液流的实际动能和按平均流速计算出的动能之比为动能修正系数 α，即

$$\alpha = 1 + \frac{3\int_A \Delta u^2 \mathrm{d}A}{v^2 A} \tag{1-22}$$

由式(1-22)可知 $\alpha > 1$，α 与液体流动状态即截面上流速分布有关，流速分布越不均匀，α 值越大；流速分布越均匀，α 值越接近于 1（层流时 $\alpha = 2$，紊流时 $\alpha \approx 1$）。

此外，对液体在管流中流动时因黏性摩擦而产生的能量损耗，也用平均能量损耗的概念来处理，即令

$$h_w = \frac{\int_q h'_w \mathrm{d}q}{q} \tag{1-23}$$

则伯努利方程可以写成

$$\frac{p_1}{\rho} + z_1 g + \frac{\alpha_1 v_1^2}{2} = \frac{p_2}{\rho} + z_2 g + \frac{\alpha_2 v_2^2}{2} + h_w g \tag{1-24}$$

式(1-24)就是仅受重力作用的实际液体在管流中作平行（或缓变）流动时截面上的伯努利方程。它的物理意义是单位质量液体的能量守恒。其中，$h_w g$ 为单位质量液体从截面 A_1 流到截面 A_2 过程中的能量损耗。因为在推导伯努利方程过程中逐次加入了限制条件，应用伯努利方程时，应注意下述各点：

(1) z 和 p 是指截面的同一点上的两个参数，A_1、A_2 上的点不一定都要取在同一条流线上，但一般对管流而言，计算点都取在轴心线上。把这两个点都取在两截面的轴心处，不过是为了方便。

(2) 液流是恒定流。如不是恒定流，要加入惯性项。

(3) 两个计算通流截面应取在平行流动或缓变流动处，但两截面之间的流动不受此限制。至于两截面间是什么流，是没有关系的，这最多影响能量损失的大小。

(4) 液流仅受重力作用，亦即盛放液体的容器没有牵连加速度的情况。

(5) 液体不可压缩，密度在运动中保持不变。

(6) 流量沿程不变，即没有分流。

(7) 适当地选取基准面，一般取液平面，这时 p 一般等于 p_a，$v = 0$。

(8) 截面上的压力应取同一种表示法，都取相对压力，或都取绝对压力。压力小于大气压时，则表压力为负值，但用真空度表示时要写正值。如绝对压力为 0.03 MPa，则表压力为 -0.07 MPa，真空度为 0.07 MPa。

(9) 注意动能修正系数，层流时 $\alpha = 2$，紊流时 $\alpha \approx 1$。

(四)管道中液流的能量损失

1. 流态

1883 年英国科学家雷诺(Reynolds)通过试验发现液体在流动中存在两种内部结构完全不同的流态:层流和紊流,试验示意图如图 1-24 所示。

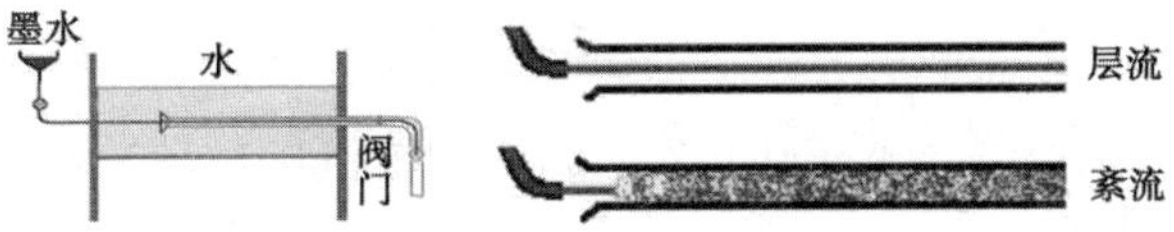

图 1-24　雷诺试验示意图

当管内流体运动速度较低时,流体只作轴向运动,而无横向运动。实际上此时流体在管内的运动是一种分层运动,各层间互不干扰,也互不相混,这种流动状态称为层流。

流体速度增大到某一数值时,管内流体出现垂直于轴线方向的横向运动,流体运动不再只是层流,开始了一定的混合,这种流动状态称为过渡流。

管中流体速度增大到一定程度时,流体在管中的横向运动十分剧烈,流体间产生了强烈的混合。流体的层状运动被彻底打破,流体在向前流动时处于无规则的混乱状态,这种流动状态称为紊流。

试验结果表明,液流形态不同,沿程水头损失的规律也不同。

相应于液体运动形态转变时的流速叫作临界流速。液体流态的判别是用无量纲数雷诺数 Re 作为判据的。雷诺数计算公式为

$$Re = \rho vL/\mu \tag{1-25}$$

式中　ρ——流体密度;

μ——动力黏度;

v——流场的特征速度;

L——特征长度。

雷诺数小,意味着流体流动时各质点间的黏性力占主要地位,流体各质点平行于管路内壁有规则地流动,呈层流流动状态。雷诺数大,意味着惯性力占主要地位,流体呈紊流(也称湍流)流动状态,一般管道雷诺数 $Re < 2\ 300$ 为层流状态,$Re > 4\ 000$ 为紊流状态,$Re = 2\ 300 \sim 4\ 000$ 为过渡状态。在不同的流动状态下,流体的运动规律、流速的分布等都是不同的,因而管道内流体的平均流速 v 与最大流速 v_{max} 的比值也是不同的。因此,雷诺数的大小决定了黏性流体的流动特性。外部条件几何相似时(几何相似的管子,流体流过几何相似的物体等),若它们的雷诺数相等,则流体流动状态也是几何相似的(流体动力学相似)。这一相似规律正是流量测量节流装置标准化的基础。

2. 水流阻力和水头损失的两种形式

水流阻力和水头损失是两个不同而又相关联的重要概念,确定它们的性质、大小和变化规律在工程实践中有十分重要的意义。

1)基本概念

水流阻力是由于液体的黏滞性作用和固体边界的影响,液体与固体之间、液体内部有相对运动的各液层之间存在的摩擦阻力的合力,水流阻力必然与水流的运动方向相反。

水流在运动过程中克服水流阻力而消耗的能量称为水头损失。其中,边界对水流的阻

力是产生水头损失的外因,液体的黏滞性是产生水头损失的内因,也是主要原因。

2)分类

根据边界条件的不同,可以把水头损失分为两类:对于平顺的边界,水头损失与流程成正比,称为沿程水头损失;局部边界急剧改变,导致水流结构改变、流速分布调整并产生漩涡区,从而引起的水头损失称为局部水头损失。

A. 沿程压力损失

定义:液体在等径直管中流动时因内、外摩擦而引起的压力损失。

$$\Delta p_{\lambda} = \lambda \frac{l}{d}\frac{\rho v^2}{2} \tag{1-26}$$

式中 l——管路的长度;

d——管道内径;

λ——沿程阻力系数,取值与流态、管材等有关。

液体作层流时,通流截面上的速度分布规律呈旋转抛物体状,液体在圆管中作层流流动时,其中心处的最大流速正好等于其平均流速的2倍。圆管层流,理论取值为 $\lambda = 64/Re$,但实际取值较大。紊流时与 Re 大小有关。

B. 局部压力损失

定义:液体流经阀口、弯管、通流截面变化等处所引起的压力损失。

局部压力损失 Δp_{ζ} 计算:

$$\Delta p_{\zeta} = \zeta \frac{\rho v^2}{2} \tag{1-27}$$

式中 ζ——局部阻力系数,由试验确定,查相关手册;

v——液流的平均速度。

C. 管路系统中的总压力损失

总压力损失等于所有沿程压力损失与所有局部压力损失之和,即

$$\sum \Delta p = \sum \Delta p_{\lambda} + \sum \Delta p_{\zeta} \tag{1-28}$$

复习思考题

1. 流体机械是如何分类的?
2. 什么叫流体的密度和重度?其关系如何?
3. 什么叫流体的黏性?它对流体的流动有什么作用?
4. 圆管中充满流动的流体,是靠近管壁的流速大?还是靠近管中心的流速大?为什么?
5. 流体静压强有哪些特性?
6. 伯努利方程的应用条件是什么?
7. 流体的损失分为哪两类?

情景二　排水设备维护与故障处理

■　**教学目的和要求**

◇　通过学习，应能了解矿井水的来源及性质、对排水设备的要求、离心式水泵的工作理论。掌握矿井排水设备分类及工作原理、矿井排水系统、矿用离心式水泵在管路上工作情况、矿用水泵结构与特性、水泵性能测定原理和排水设备维护与故障处理。

■　**重点和难点**

◇　**重点**：矿井排水设备分类及工作原理、矿井排水系统、离心式水泵工作理论、矿用水泵结构与特性、水泵性能测定原理等。

◇　**难点**：矿用离心式水泵管路上工作。

■　**考核知识点和考核要求**

◇　**识记**：矿井水的来源及性质、对排水设备的要求、矿井排水设备分类及工作原理和矿用水泵结构与特性。

◇　**领会**：排水管路压头特性、运行工况点的确定、水泵汽蚀与吸水高度、水泵正常工作的条件和矿用离心泵的调节。

◇　**综合应用**：排水设备维护与故障处理。

任务一　认识矿井排水设备的环境

一、矿井水的来源及性质

（一）矿井水的来源

1. 直接水源

直接水源：矿体及围岩空隙中的地下水、地表水、老窑积水。

（1）矿体及围岩空隙中的地卜水：

①孔隙水水源：存在于松散岩层的孔隙中。

②裂隙水水源：多为围岩裂隙水，水量小、水压大，无水力联系时涌水量渐减至干涸；若有水力联系，则涌水量增大，甚至造成事故。

③喀斯特水水源：在我国常见于奥陶系石灰岩地层中。水压高、水量大、来势汹涌，涌水量稳定，不易疏干、危害性大。

（2）地表水源：当矿井开采区域位于江、河、湖泊、水库、海洋等水体影响范围内时，适当的条件下，可成为矿井充水水源。

（3）老窑及采空区积水：强酸性水、腐蚀性大、突水时来势汹涌，若有水力联系，则难以疏干。

2. 间接水源

间接水源：大气降水——起控制作用。

(1)矿井充水程度与地区降水量大小、性质、强度及持续时间有关。

(2)矿井水量变化随气候季节性变化而变化。

(3)大气降水渗入量随开采深度增加而减少。

(二)矿井水的性质

矿井水密度比清水大，一般为 1 015 ~ 1 020 kg/m^3。

用涌水量反映矿井水的大小：绝对涌水量和相对涌水量，最大涌水量和正常涌水量。

含水系数 K：用同时期内相对于煤炭产量的涌水量作为比较各矿涌水量的大小参数。

$$K = \frac{24q}{T} \tag{2-1}$$

式中 q ——绝对涌水量，m^3/h；

T ——同期内煤炭产量，t。

强酸性矿井水对机械设备有强烈腐蚀作用，可采取的措施：水中加石灰等碱性物质中和；采用耐酸泵、管路防腐处理。

二、矿井排水设备组成

矿井排水设备由水泵、电动机、启动设备、管路及管路附件、仪表等组成。

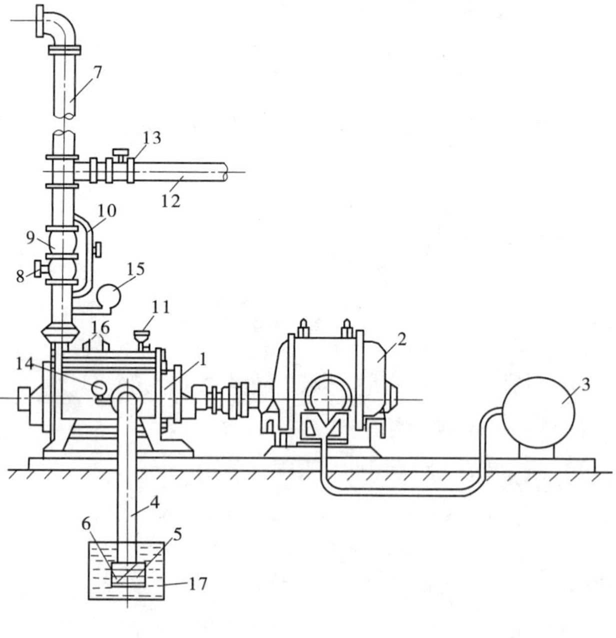

1—离心式水泵；2—电动机；3—启动设备；4—吸水管；5—滤水器；6—底阀；7—排水管；8—调节闸阀；9—逆止阀；10—旁通管；11—引水漏斗；12—放水管；13—放水闸阀；14—真空表；15—压力表；16—放气栓；17—吸水井

图 2-1 矿井排水设备示意图

离心式水泵(可简称为离心泵)是用来输送水或其他液体的设备，在电动机驱动下运转。

滤水器装在吸水管 4 的末端，其作用是防止水中杂物进入泵内。

调节闸阀安装在排水管路上，位于逆止阀的下方。其作用是调节水泵的流量和在关闭闸阀的情况下启动水泵，以减小电动机的启动负荷。

逆止阀安装在调节闸阀的上方，其作用是当水泵突然停止运转（如突然停电）时，或者在未关闭调节闸阀的情况下停泵时，能自动关闭，切断水流，使水泵不至受到水力冲击而遭损坏。

灌水漏斗的作用是在水泵启动前向泵内灌注引水。此时，水泵内的空气经放气栓放出。水泵再次启动时，可通过旁通管向水泵内灌注引水。

在检修水泵和排水管路时，应将放水管上的放水闸阀打开，通过放水管将排水管路中的水放回吸水井。

压力表和真空表的作用是检测排水管中的压力和吸水管中的真空度。

三、对排水设备的要求

矿井排水设备分为固定式（根据其服务范围又分为主排水设备、区域排水设备、辅助排水设备）和移动式。

（一）对固定排水设备的要求

装在井下专门硐室内的固定式排水设备，即使在很短的时间内遇到破坏，也有可能淹没坑道。要求如下：

（1）井下主排水设备应有工作水泵（n_1 台，20 h 内排出矿井 24 h 的正常涌水量）、备用水泵（$n_2 \geqslant 70\% n_1$，工作和备用水泵的总能力应在 20 h 内排出矿井 24 h 的最大涌水量）和检修水泵（$n_3 \geqslant 25\% n_1$）。可据水文地质条件情况在主泵房内预留一定数量水泵的安装位置。

（2）必须有工作和备用水管（排水能力）。

（3）配电设备应同工作、备用水泵和检修水泵相适应，并能够同时开动工作水泵和备用水泵；主泵房的供电线路不得少于两条回路，每条回路应能担负全部负荷的供电。

（4）工作的水泵机组必须工作可靠。

（5）主排水设备应有预防涌水突然增加致使设备被淹没的措施。

（6）较高的运行效率。

（7）尽量采用体型小的泵，以减小泵房尺寸，结构上应适于在井下安装、拆卸、运输和维修。

（8）电气设备应是防爆型的。

（二）对移动式排水设备的要求

移动式排水设备的特点是随着掘进工作面的推进或水位下降而移动。对移动式排水设备的要求如下：

（1）水泵应满足流量变化不大而扬程有较大变化的需要，有较好的吸水性能，保证把局部（水窝）的水排干。

（2）垂直泵轴平面上的外形尺寸较小，适用于在横截面小的巷道中工作。

（3）移动方便迅速。

四、矿井排水设备的分类及工作原理

(一)离心式水泵的分类

矿井排水设备多采用离心式水泵,离心式水泵按不同条件进行分类,常见的主要有以下六种分类方式。

(1)按照叶轮压头分类,分为低压、中压、高压。

(2)按照叶轮数目分类,分为单级、多级。

(3)按照吸入方式分类,分为单吸、双吸。

(4)按照叶轮结构分类,分为开式、半开式、闭式。

(5)按照泵壳结构分类,分为整体外壳式、分段外壳式和螺壳式。

(6)按照泵轴的位置分类,分为立式和卧式。

单吸单级离心式水泵示意图如图 2-2 所示,单吸多级离心式水泵示意图如图 2-3 所示。

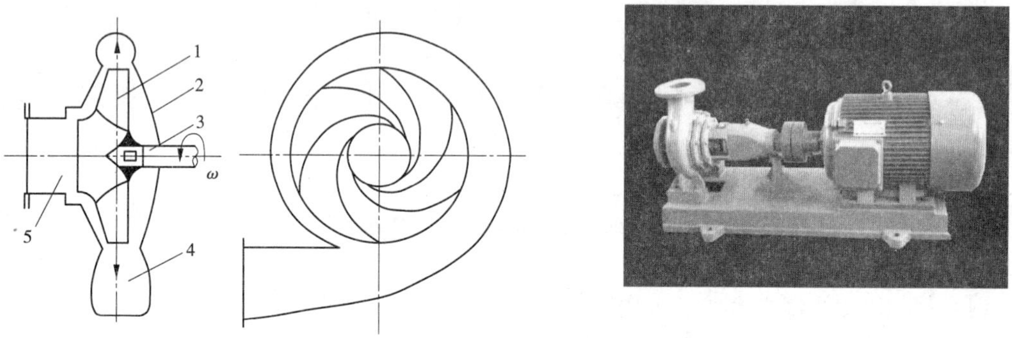

1—叶轮;2—泵壳;3—主轴;4—压出室;5—吸入室

图 2-2　单吸单级离心式水泵示意图

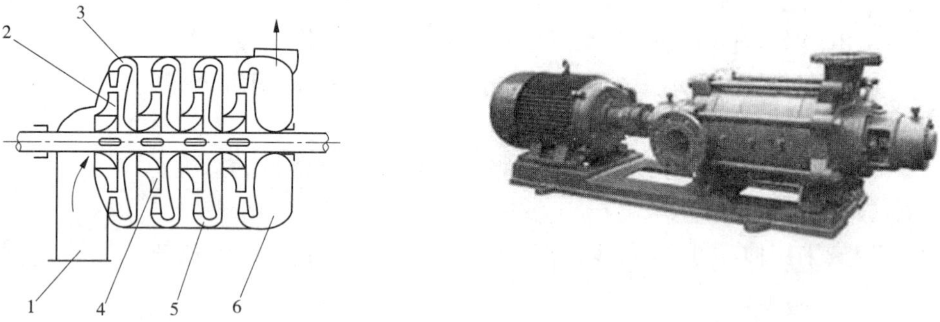

1—吸水管;2、4—叶轮;3、5—导叶;6—压出室

图 2-3　单吸多级离心式水泵示意图

(二)离心式水泵的工作原理

当水泵在未进行工作之前,其泵壳和吸水管中必须充满水,此时叶轮周围的水是静止的。当水泵电机带动叶轮高速旋转时,水获得了很大的离心力,当到达水泵出水口下方时便产生离心现象而冲出管口。由于泵壳做成螺旋线形状,水沿着螺旋上升时,其过水断面则由小逐渐增大,此时水速随着过水断面的增大而减小。图 2-4 为单吸单级离心式水泵工作原理图。

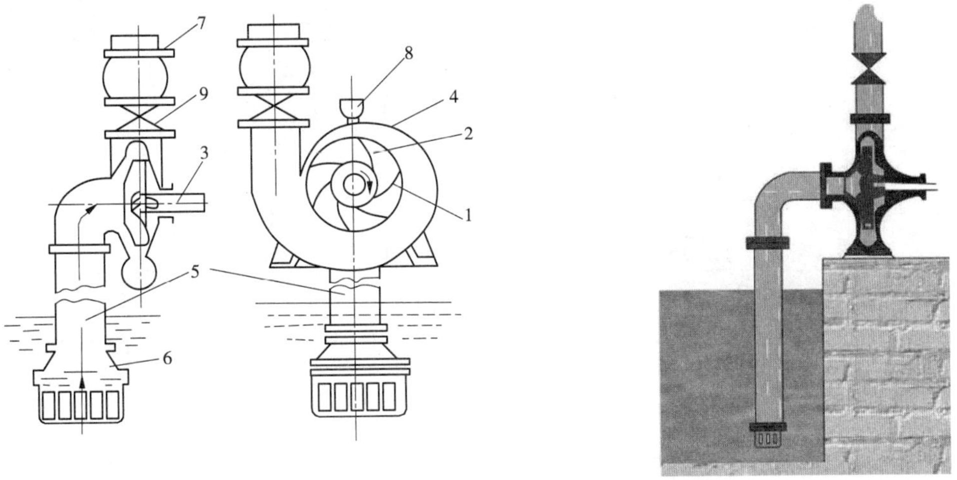

1—叶轮；2—叶片；3—泵轴；4—外壳；5—吸水管；6—滤水器底阀；7—排水管；8—漏斗；9—闸阀

图 2-4　单吸单级离心式水泵工作原理图

根据物理能量守恒定律，动能转换成压能并逐渐增加，当到达水泵出口处时，水的压能为最大，这种压能即为输水的动力。与此同时，叶轮中心的水被离心力甩向外部而形成真空状态，于是水池的水在大气压力的作用下通过吸水管进入泵壳，水泵不停地运转即可保证连续供水。

五、矿井排水系统

矿井排水系统的选择与井深、开拓方式及各水平涌水量有关，其可分为单水平开采的排水系统和多水平开采的排水系统。

（一）单水平开采的排水系统

单水平开采的排水系统分为直接排水、分段排水（水泵排水能力达不到时）。

如图 2-5(a) 所示的直接排水系统：结构简单，开拓量小，管路敷设容易，基建费用低，便于管理。

如图 2-5(b) 所示的分段排水系统：在井筒中部开拓泵房，并开水仓。优点是上下装置互不影响，缺点是必须开拓中间水仓。

如图 2-5(c) 所示的分段排水系统：在井筒中部只开泵房，不开水仓，上下装置串联。优点是不需要开水仓，缺点是上下装置相互配合，上下两泵都能串联，管路布置复杂。

如图 2-5(d) 所示的直接排水系统：斜井单水平开采时，可沿井筒敷设排水管或通过专用钻孔，下入排水管。优点是管路段，损失小。

增加斜井的集中排水系统在条件允许时，可通过钻孔直接将水排至地面，如图 2-6 所示。

（二）多水平开采的排水系统

根据工作安全可靠、费用消耗低等要求选择多水平开采的排水系统。

多水平同时开采时的排水系统（分段排水系统）如图 2-7 所示。

如图 2-7(a) 所示方案，各个水平分别设置水仓、泵房和排水装置，将各个水平的水分别排至地面。优点是上下水平互不干扰；缺点是装置多，管路多。

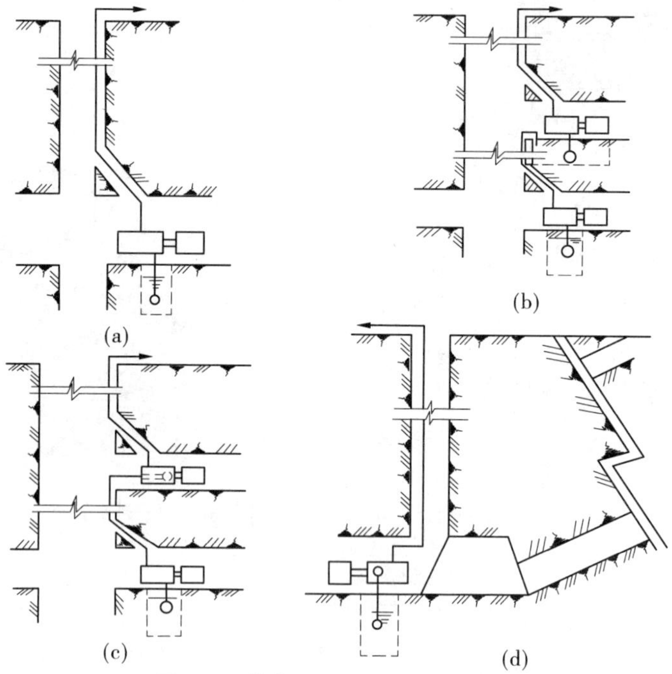

图 2-5　单水平开采时的排水系统

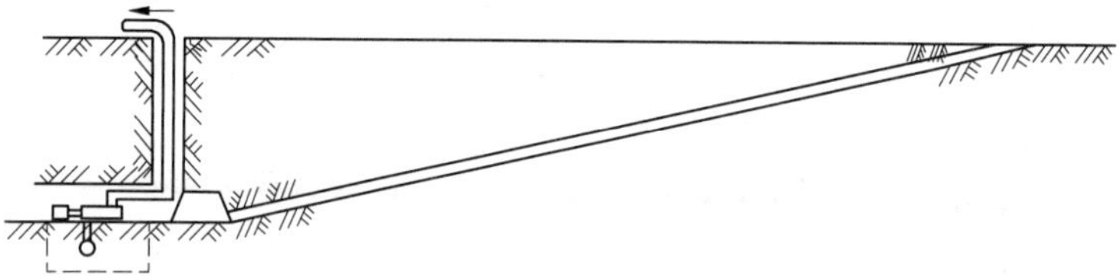

图 2-6　钻孔下排水管排水系统

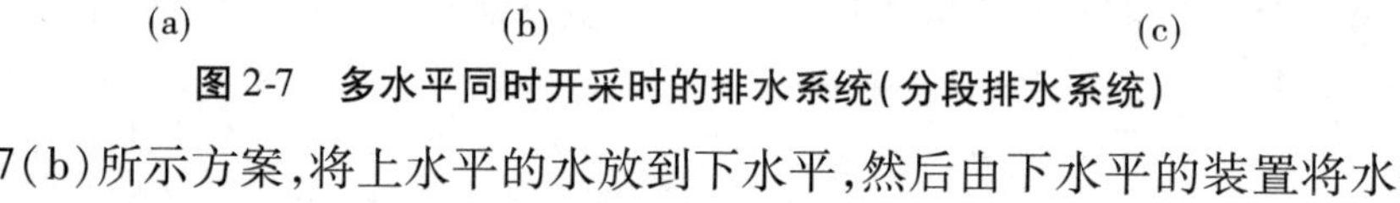

图 2-7　多水平同时开采时的排水系统(分段排水系统)

如图 2-7(b)所示方案,将上水平的水放到下水平,然后由下水平的装置将水排至地面。优点是只需要一台设备;缺点是损失了水的位能,增加了电耗。

如图 2-7(c)所示方案分段排水系统。最大缺点是上水平停止运转,两个水平都有被淹没的危险。

选择何种排水系统,可按以下几个方面进行比较:

(1)泵房开拓量,初期投资。

(2)设备投资费。

(3)生产费用,管理条件。

(4)设备运转的可靠性和安全性等。

矿井排水过程如图 2-8 所示。

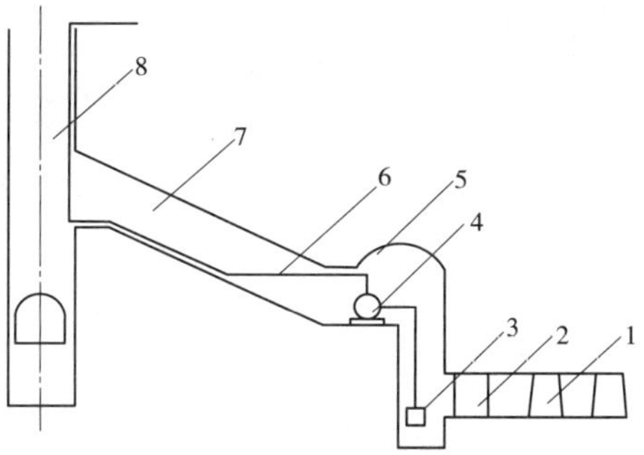

1—水仓;2—分水沟;3—吸水井;4—水泵;5—泵房;6—管子;7—管子道;8—井筒

图 2-8　矿井排水过程示意

六、水仓、水泵房和管子井

(一)水仓

水仓是容纳矿水的坑道。遇到突然断电或排水设备发生事故停止运行时,水仓可以接纳停歇期间的涌水,还起着沉淀矿水中固体颗粒的作用。

水仓有主仓和副仓,轮换清理和使用。主泵房的主仓和副仓,必须容纳 8 h 的正常涌水量。采区水仓不小于 4 h 的正常涌水量。

带有沉淀池的水仓布置方式如图 2-9 所示。

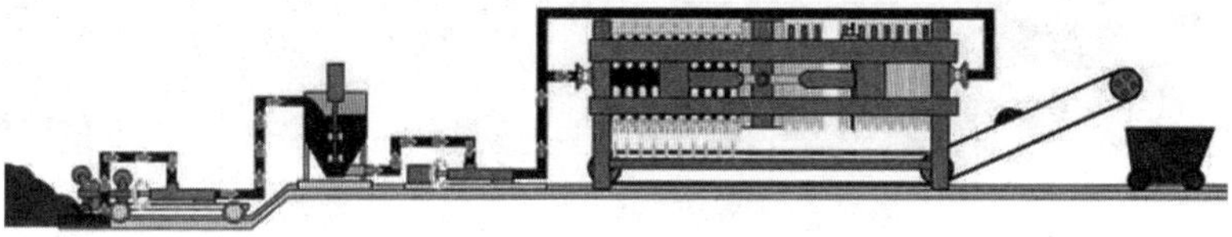

图 2-9　带有沉淀池的水仓布置方式

(二)主水泵房

大多数主水泵房布置在井底车场附近,其优点如下所述:

(1)可以利用巷道坡度聚集矿水。

(2)有良好的新鲜风流,便于电机冷却。

(3)排水管路短,水力损失小。

(4)中央变电所设在泵房隔壁,供电线路短。

(5)离井底车场近,便于运输。

(6)井底车场被淹没时还可以抢险排水,必要时便于撤出大型设备。

泵房尺寸主要根据泵机组的数量和外形尺寸而定。各机组之间的距离按拆装需要而定,通常取 1.5 ~2.5 m。泵与近壁距离不小于 0.7 m,与轨道的距离以不妨碍搬运设备为原则。有时需要留出增添水泵的空间。泵房高度应依泵房内管路的实际高度、起吊设备和起吊时的伸缩高度而定，通常取 2.4 ~ 3.5 m。泵房底板高出井底车场轨面 0.5 m。

三台泵两趟管路的中央水泵房结构及布置图如图 2-10 所示。

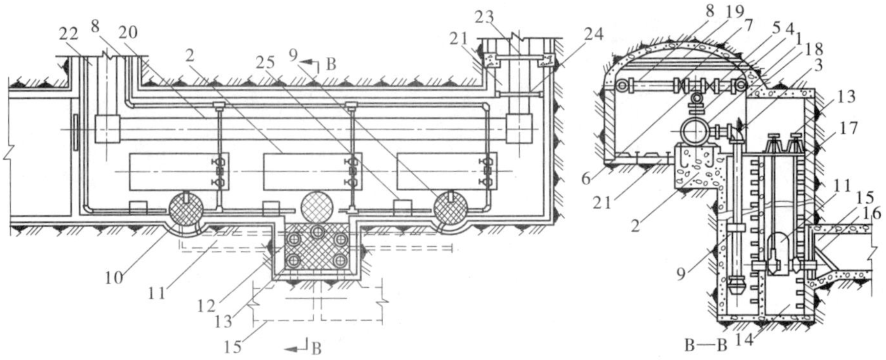

1—水泵；2—泵基础；3—吸水管；4—闸阀；5—逆止阀；6—管道；7—闸阀；8—排水管；9—吸水井；10—吸水井盖；11—分水沟；12—分水闸阀；13—水仓闸阀；14—分水井；15—水泵；16—箅子；17—梯子；18—轨道；19—起重梁；20—管子支架；21—人行运输巷；22—管子道；23—防水门；24—大门

图 2-10　三台泵两趟管路的中央水泵房结构及布置图

闸阀和逆止阀如图 2-11 所示。

图 2-11　闸阀和逆止阀

(三)管子道和管子间

管子道是指泵房与井筒直接接通的一条倾斜巷道,排水管由此敷入井筒。如图 2-12 所示,平台要高出泵房底板 7 m 以上,管子道中间敷设轨道,两条轨道之间设人行台阶。斜井内管路敷设如图 2-13 所示。

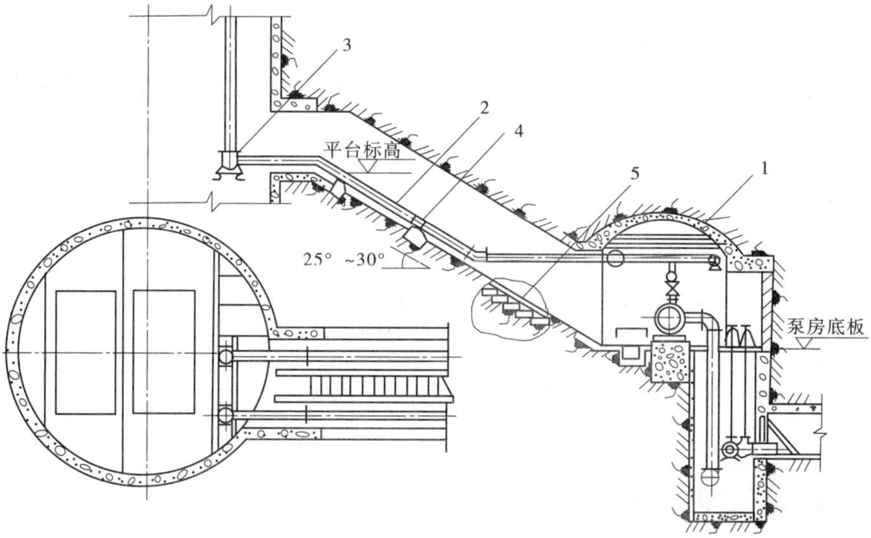

1—泵房;2—管路;3—带支承座的弯管;4—管墩和管卡;5—人行台阶和运输轨道

图 2-12　管子道

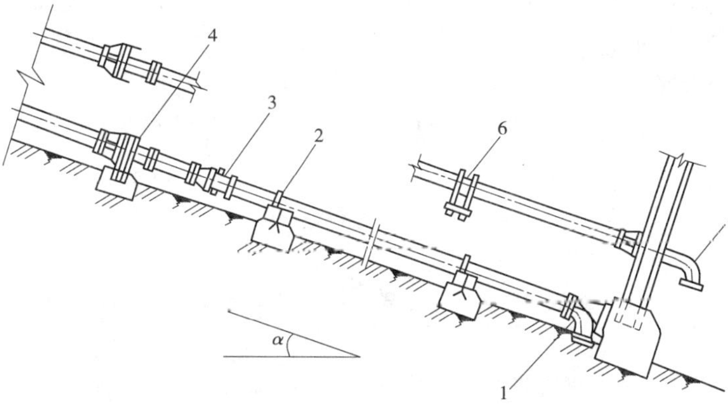

1、5—弯头支座;2—管墩卡子;3—伸缩管;4—直支承管;6—托架及管卡

图 2-13　斜井内管路敷设

任务二　掌握离心式水泵的结构及工作理论

一、离心式水泵的工作参数及型号意义

（一）离心式水泵的工作参数

表征水泵工作状况的参数：流量（排水量）、扬程（压头）、功率、效率、转速和允许吸上真空度等。

（1）流量 Q：单位时间内水泵排出的液体的体积，单位为 m^3/s 或 L/s。

（2）压头 H（扬程）：单位重量液体从水泵中获得的能量，单位为 m。

（3）有益功率 N_a：水泵输出的功率，单位为 kW。

$$N_a = \frac{\rho g Q H}{1\ 000} \tag{2-2}$$

式中　Q——流量，m^3/s；

H——扬程，m；

ρ——水的密度，kg/m^3；

g——重力加速度，m/s^2。

（4）轴功率 N：由原动机（电动机）输入水泵的功率，单位为 kW。

（5）效率 η：有益功率与轴功率的比值，无量纲。

$$\eta = \frac{N_a}{N} \times 100\% \tag{2-3}$$

（6）转速 n：水泵转子每分钟转数，单位为 r/min。

（7）允许吸上真空度 H_s：水泵在不发生汽蚀时，允许吸上真空度的最大值。用 H_s 来表征其吸水能力，单位为 m。

（二）水泵的型号意义

水泵型号表明水泵的结构类型、性能和尺寸大小，其编制方法尚未完全统一，故水泵型号的组成和含义在水泵样本及使用说明书中都有专门说明。目前我国多数泵的结构类型及特征，在泵型号中是用汉语拼音字母表示的。表 2-1 给出了部分离心式水泵型号中某些汉语拼音字母通常所代表的意义。

表 2-1　部分离心式水泵型号中某些汉语拼音字母通常所代表的意义

字母	意义	字母	意义
D	分段式多级泵	KD	中开式多级泵
DG	分段式多级锅炉给水泵	QJ	井用潜水泵
DL	立轴多级泵	S	单级双吸式离心泵
DS	首级用双吸叶轮的分段式多级泵	M	耐磨泵
F	耐腐蚀泵	WB	微型离心泵
JC	长轴深井泵	WG	高扬程横轴污水泵

例如：

D280-43×3泵

- D：(一)单吸多级分段式清水泵
- 280：(一)水泵的额定流量，m^3/h
- 43：(一)水泵的单级额定扬程，m
- 3：水泵级数

MD150-30×3泵

- MD：单吸多级分段式耐磨泵
- 150：水泵的额定流量，m^3/h
- 30：水泵的单级额定扬程，m
- 3：水泵级数

应当指出，近些年国内有些泵厂按国际标准设计的泵或从国外引进的泵，其型号的编制，除少数采用汉语拼音字母外，一般为表示该泵某些特征的外文缩略语。

二、离心式水泵的构造

(一) D 型水泵的构造

D 型水泵是单吸多级分段式离心泵。它可输送水温低于 80 ℃的清水或物理性能类似于水的液体。其流量范围和扬程范围大。目前矿井主排水泵多采用 D 型泵。D 型水泵经多年的发展已形成系列，其结构形式基本相同，只是尺寸大小不同，如图 2-14 所示。

图 2-14　D 型水泵外形图

D 型水泵的特点如下所述：

(1) D 型水泵的流量和扬程范围较大，适用于矿山排水，并有清水泵、耐磨泵和耐酸泵。

(2) 效率高，是我国设计制造的多级离心式水泵中效率最高的一种水泵。

(3) 采用单列向心滚柱轴承，减小了水泵的静阻力矩，提高了机械效率；同时，此轴承还可以满足运转时泵轴的轴向窜动。

(4) 通向吸水侧填料箱的水封管在进水段内部，不裸露在外边。

(5) 扬程特性曲线较平缓，没有上凸部分，且初始扬程较高，有利于水泵的稳定运行；零流量时功率低，有利于电动机启动；效率曲线平坦，因而扩大了它的工业利用区。

如图 2-15 所示为 D280-43×3 型水泵的结构图，主要由转动部分、固定部分、轴承部分和密封部分等组成。

1. 转动部分

转动部分是水泵的工作部件。主要由泵轴及装在泵轴上的数个叶轮和一个用以平衡轴

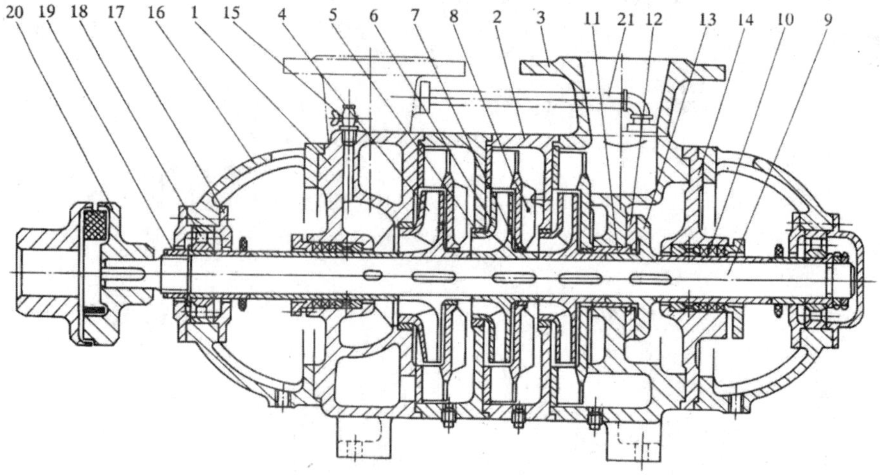

1—进水段;2—中段;3—出水段;4—尾盖;5—轴套;6—叶轮;7—导叶;
8—泵轴;9—填料压盖;10—填料;11—水封环;12—大口环;13—平衡盘;14—平衡环;
15—轴承座;16—联轴节;17—拉紧螺栓;18—放气栓;19—小口环

图 2-15　D280－43×3 型水泵的结构图

向推力的平衡盘组成。

1)叶轮

叶轮是离心式水泵的主要部件。其作用是将电动机输入的机械能传递给水,使水的压力能和动能得到提高。它的尺寸、形状和制造精度对水泵的性能影响很大。叶轮的形状取决于比转数。

如图 2-16 所示,叶轮按结构可分为三种形式:第一种形式,由前盖板、后盖板、叶片和轮毂组成,叫封闭式叶轮;第二种形式,由后盖板、叶片和轮毂组成,叫半开式叶轮;第三种形式,由叶片和轮毂组成,叫全开式叶轮。叶片绝大多数为后弯叶片,出口安装角为 15°～40°,常选用 20°～30°。叶片的数目一般为 5～12 片。通常低比转数叶轮取 6～8 片,中比转数叶轮取 6 片,高比转数叶轮取 5～6 片。D 型水泵的叶片数为 7 片。叶片数目太多,会增加水在叶轮中的摩擦阻力;叶片数目太少,又容易产生涡流。半开式叶轮和全开式叶轮常用输送含杂质较多的液体。叶轮常用的材料有铸铁 HT20－40、HT25－47,铸钢 ZG15、ZG25,铸铜 ZGCuR,不锈钢 1Cr13、2Cr13、1Cr18Ni9Ti,另外也有用铝铸铁的。

D 型水泵第一级叶轮的入口直径大于其余各级叶轮的入口直径,这样可以减小水进入首级叶轮的速度,提高水泵的抗汽蚀性能;同时,D 型水泵叶轮叶片的入口边缘呈扭曲状,为保证全部叶片入口断面都适应入口水流,从而减少水流对入口的冲击损失,这种水泵的初始扬程较高和效率曲线平坦。D 型水泵叶轮外形如图 2-17 所示。D280－43×3 型水泵的叶轮剖视图如图 2-18 所示。

2)泵轴

泵轴常用 45 钢锻造加工而成。其主要作用是传递扭矩和支承套装在其上的其他转动部件。为了防止泵轴锈蚀,泵轴与水接触的部分装有轴套,轴套锈蚀和磨损后能够更换,这样可以延长泵轴的寿命。离心泵在运转中,泵轴要承受很大的扭矩、弯矩,在高压注水泵中轴的最大弯曲度不得超过 0.03 mm,因此要求泵轴的强度、刚度、加工精度都必须要高、要

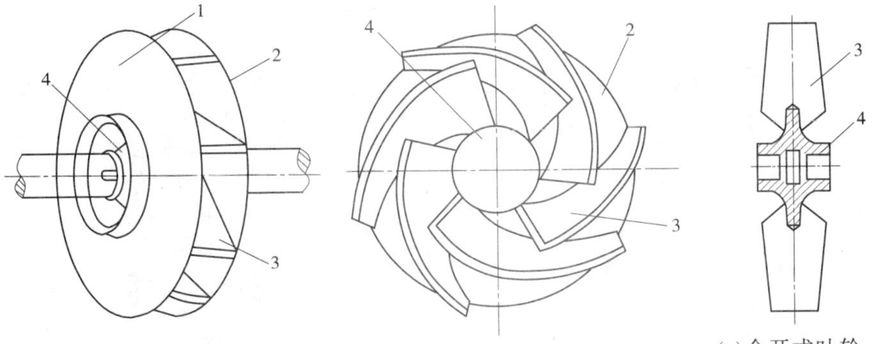

(a)封闭式叶轮　(b)半开式叶轮　(c)全开式叶轮（效率低，排污、含大量固体颗粒）

1—前盖板;2—后盖板;3—叶片;4—轮毂

图 2-16　叶轮的结构形式

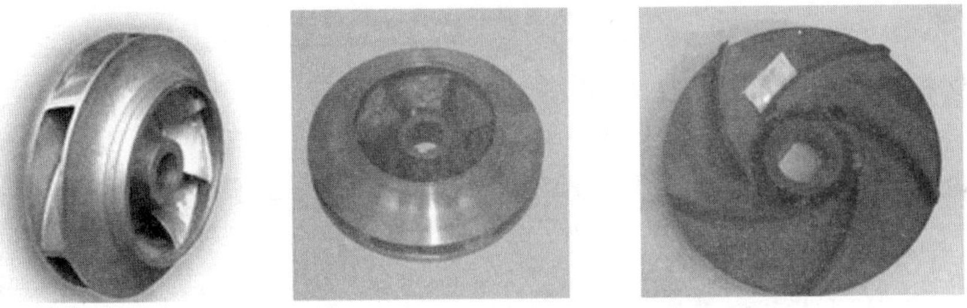

(a) 闭式叶轮(整体铸造)　(b) 半开式叶轮

图 2-17　D 型水泵叶轮外形图

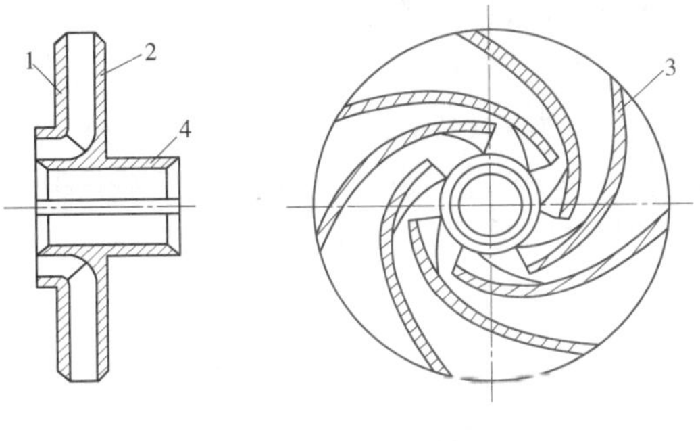

1—前盘;2—叶片;3—后盘,4　轮毂

图 2-18　D280－43×3 型水泵叶轮剖视图

好、要精。泵轴的材料一般选用 45 钢、40Cr、3Cr13、35CrMo 等强度、刚度好的材料，并进行调质处理。泵轴材料的选择如表 2-2 所示。

表 2-2　泵轴材料的选择

泵类型	轴材料	热处理	泵的工作条件
一般泵	45	调质处理 HB＝241～286	无腐蚀性液体
大功率高压泵	40Cr	调质处理 HB＝241～302	＜200 ℃
耐腐蚀泵	3Cr13	调质处理 HB＝269～302	腐蚀性液体
高温泵	35CrMo	调质处理 HB＝241～285	200～400 ℃

3）平衡盘

平衡盘的作用是平衡水泵的轴向推力。图 2-19 是 D 型泵平衡盘的安装位置及实物。

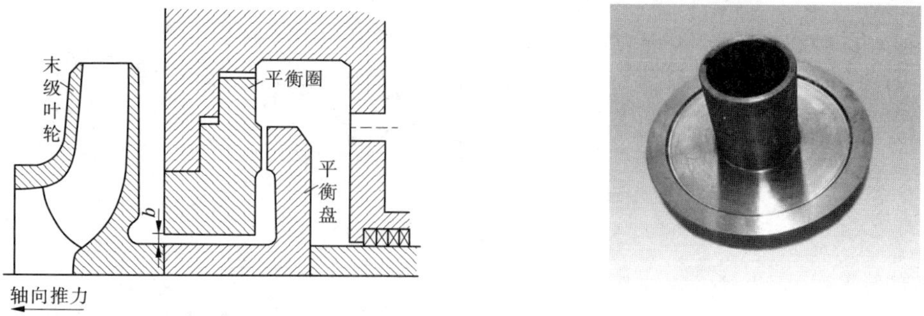

（a）安装位置　　　　（b）实物

图 2-19　D 型泵平衡盘的安装位置及实物

平衡盘的材料要求耐磨、耐扭力、耐冲刷，加工精度要高，而平衡盘和平衡环（套）所采用材料不同，加工工艺和热处理硬度也不一样，防止因摩擦过热产生变形而黏接在一起，发生故障。平衡盘的材料目前多数采用 HT25 – 47、45 钢、3Cr13，进行调质处理后，硬度为 HB241 ~ 302。

2. 固定部分

固定部分主要包括进水段（前段）、出水段（后段）和中间段等部件，并用拉紧螺栓（穿杠）将它们连接在一起。吸水口位于进水段，为水平方向；出水口位于出水段，为垂直向上。

在单吸多级离心式水泵中，水由进水段的吸入室均匀地进入叶轮，经由叶轮甩出后，水流具有相当大的动压。为了提高克服管路阻力的能力，必须将此项动压尽可能地转变为静压。D 型水泵动压的转变是由导水圈（见图 2-20）和返水圈所组成的中段与位于出水段中的环形压出室共同实现的。导水圈由若干叶片组成，水在叶片间的流道中通过。返水圈的作用是以最小的损失把水引入次级叶轮的入口。

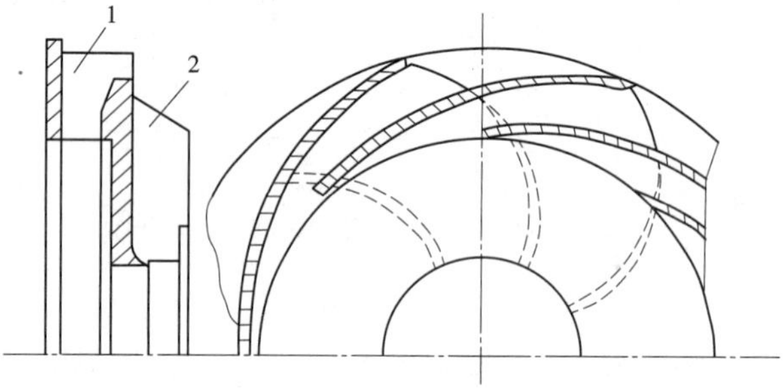

1—导叶片；2—反导叶片

图 2-20　D 型水泵导水圈

D 型水泵导叶外形如图 2-21 所示。

导水圈叶片数应比叶轮叶片数多一片或少一片，使其互为质数，否则会出现叶轮叶片与导水圈叶片重叠的现象，造成流速脉动，产生冲击和振动。需要指出的是，导水圈中流道的

(a) 正导叶

(b) 导叶＋叶轮

图 2-21 D 型水泵导叶外形

形状是按泵处于额定工况设计的。当水泵在额定工况工作时，叶轮出口处水的绝对速度方向与导叶流道的形状相吻合，使水从叶轮中无撞击地进入导水圈。当不在额定工况工作时，叶轮出口处水的绝对速度方向发生了变化，但是导水圈中流道的形状却不变，因而产生冲击，加大水力损失，使水泵的效率下降。

出水段的作用是以最小损失，将导水圈中流出的水汇集起来并均匀地引至出水口；同时，在此过程中，将一部分动压变为静压。D 型水泵出水段流道呈螺壳形，它可以将从导水圈散流出来的水，先后均匀地导入总流，并缓慢减速至出口。因而这种螺壳形的出水段流道，较非螺壳形的出水段流道冲击损失小，效率高。

离心式水泵的进水段、中间段、叶轮和出水段总称为水泵的过流部件。过流部件的形状和材质是影响水泵性能和寿命的主要因素。

3. 轴承部分

水泵转子部分支承在泵轴两端的轴承上。D 型水泵采用单列向心滚柱轴承，用黄油润滑。为了防止水进入轴承，泵轴两侧采用“O”形耐油橡胶密封圈和挡水圈。这种轴承允许少量的位移，有利于平衡装置改变间隙，以平衡轴向推力；同时，由于采用了滚动轴承，减少了静阻力矩和机械摩擦损失。

4. 水泵的密封

水泵各段之间的静止结合面采用纸垫密封。转动部分与固定部分之间的间隙是靠密封环及填料来密封的。

1）密封环

密封环又称口环。叶轮的吸水口和水泵固定部分之间、叶轮尾端轮毂和中段导叶内孔之间有环形缝隙。高压区的水经过这些缝隙进入低压区并形成循环流，从而使叶轮实际排入次级的流量减少，并多消耗部分能量。为了减少缝隙的泄漏量，应在保证转子正常转动的前提下，尽可能减小缝隙。为此，在每个叶轮前后的环形缝隙处安装了磨损后便于更换的密封环，如图 2-22 所示。装在叶轮入口处的密封环叫作大口环，装在级间缝隙处的密封环叫作小口环。密封环有固定安装和浮动安装两种。一般情况下，单级低压和多级中压离心泵都采取浮动安装，即将密封环紧紧装在泵体上，不用螺钉固定。而高压离心泵的密封环采用固定安装，即将密封环通过六根埋头螺钉固定在泵体上。目前密封环的主要材料有铸铁、1Cr13 不锈钢、球墨铸铁或铸铜。

D 型水泵的密封环为圆柱形，用螺栓固定在泵壳上，它承受着与转子间的摩擦，故密封环是水泵的易损零件之一。当密封环被磨损到一定程度后，水在泵腔内将发生大量的窜流，使水泵的排水量和效率显著下降，故应及时更换。

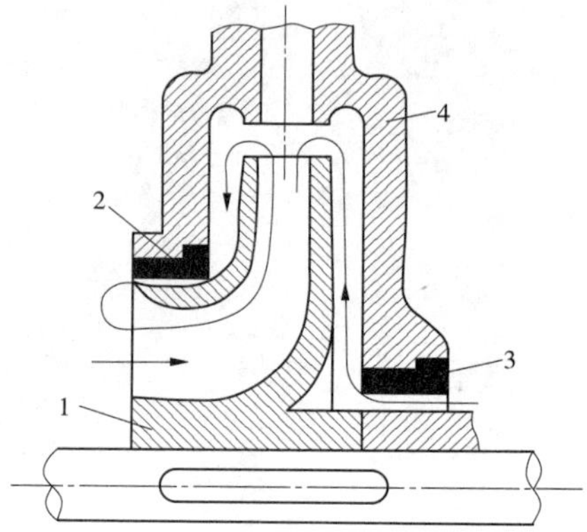

1—大口环；2—叶轮；3—小口环；4—泵壳

图 2-22　D 型水泵密封环

密封环与叶轮止口之间的配合间隙大小，对水泵的工作性能有很大影响。从理论上讲，配合间隙越小越好，但在实际工作中，如果间隙太小会使叶轮和密封环产生摩擦，甚至卡泵，泵反而不能正常工作。对于低压多级离心泵来说，一般密封环与叶轮止口配合间隙为0.45～0.55 mm，高压多级离心泵一般为 0.50～0.60 mm。

2）填料装置

在水泵轴穿过泵壳的地方设有填料装置（又称填料箱或填料函），以实现泵轴的密封。在泵轴穿过进水段处，外侧是大气压，内侧是首级叶轮入口的低压，如不进行密封，则外部大气将窜入泵内从而影响水泵的正常吸水；在泵轴穿过出水段处，如不进行密封，高压水将沿泵轴间隙向外泄漏，使水泵的流量减少。可见，吸水侧填料装置的作用是防止空气进入泵内，排水侧填料装置的作用是防止高压水向外泄漏。

D 型水泵吸水侧填料装置如图 2-23 所示。它由填料箱、填料（盘根）、水封环（填料环）及压盖等组成。

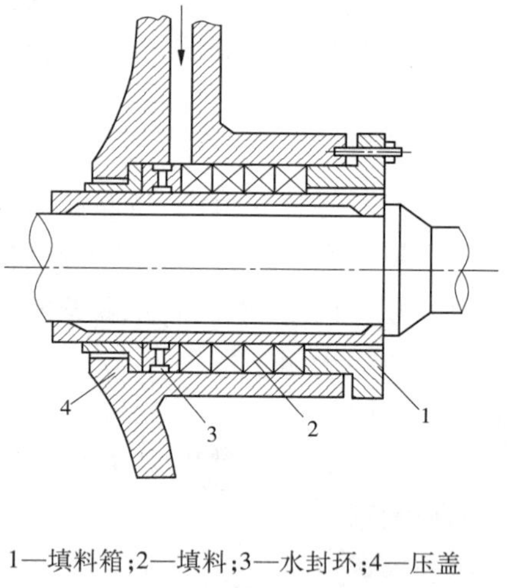

1—填料箱；2—填料；3—水封环；4—压盖

图 2-23　D 型水泵吸水侧填料装置

水封环装在进水侧填料箱的中部，其四周钻有若干小孔。由水泵中段引来的压力水，通过小孔进入环内浸湿填料而形成水封，增强了填料装置的密封作用，同时还能起到一定的润滑和冷却作用。

D 型水泵一般用油浸石棉绳作填料，将填料弯成圆形后，一圈一圈填入填料箱内。

填料压盖是用来压紧填料的，它穿在两条双头螺栓上，把螺母拧进拧出，便可调节填料松紧。为防止填料发热和增大摩擦阻力，填料压盖不可拧得太紧，一般以滴水不成串为宜。

D 型水泵排水侧填料装置的密封效果不如吸水侧要求高，故不设置水封环。其他结构与吸水侧相同。

（二）单级泵

只有一个叶轮的泵称为单级泵。按其转子支承方式，将这种泵分为悬臂式水泵和支承泵两类。

1. 悬臂式水泵

1）悬架式悬臂泵

我国设计生产的 IS 型水泵如图 2-24、图 2-25 所示，即为一台单级单吸悬架式离心泵。

其组成主要包括泵体、叶轮、泵盖、主轴、密封环、悬架轴承、轴套等。该泵泵脚与泵体铸为一体，轴承置于悬臂安装在泵体上的悬架内。因此，整台泵的质量主要由泵体承受，支架仅起辅助支承作用。

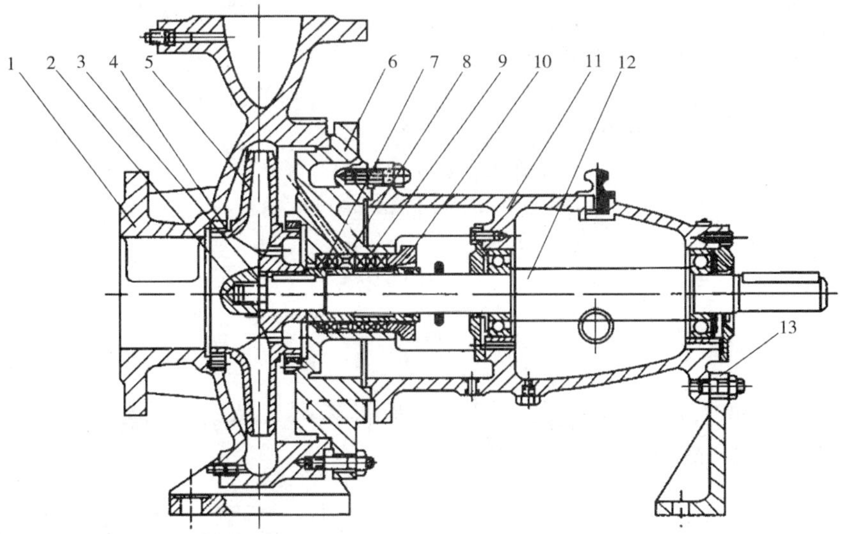

1—泵体；2—叶轮螺母；3—止动垫圈；4—密封环；5—叶轮；6—泵盖；7—轴套；
8—填料环；9—填料；10—填料压盖；11—悬架；12—泵轴；13—支架

图 2-24 悬架式悬臂泵结构剖视图

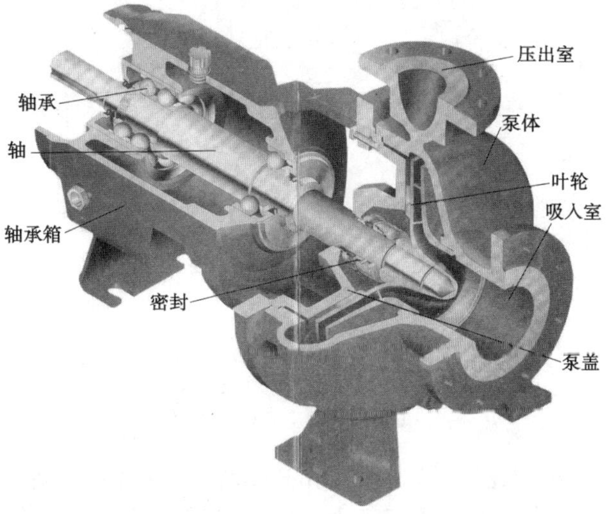

图 2-25 悬架式悬臂泵外形图

IS 型泵的泵体和泵盖为后开门的结构形式，检修方便，即检修时不用拆卸泵体、管路及电动机，只需拆下加长耦合器的中间连接件，便可退出转子部件，悬架轴承部件支撑着水泵的转子部件。为了平衡泵的轴向力，在叶轮前、后盖板处设有密封环，叶轮后盖板上开设有平衡孔。滚动轴承承受泵的径向力以及残余轴向力。泵的密封为填料密封，由填料后盖、填料环和填料等组成，防止进气或漏水。在轴通过填料环的部位装有轴套，以保护轴不被磨损。轴套和轴之间装有“O”形密封圈，目的同样是防止进气和漏水。泵的传动形式为通过加长弹性耦合器与电动机相连。从原动机方向看,泵一般为顺时针方向旋转。

IS 型泵广泛适用于工矿企业、城市给水,农田排灌,输送清水或物理、化学性质类似于清水的其他液体介质,其性能范围为:流量 $Q=6.3\sim400\ m^3/h$,扬程 $H=5\sim125$ m,工作介质温度不大于 80 ℃。

现以 IS 80－65－160 泵为例,说明型号意义:

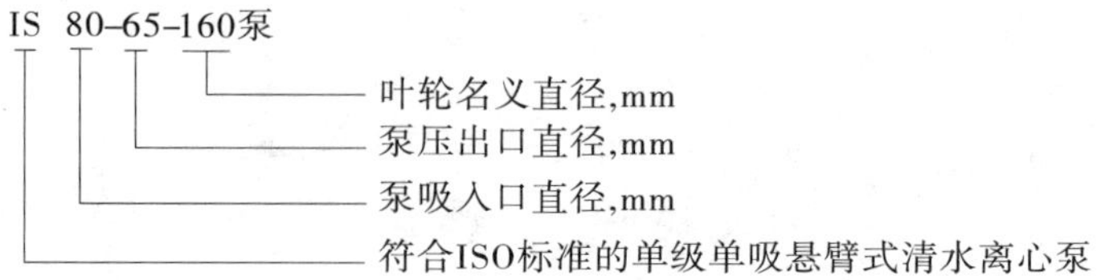

2)托架式悬臂泵

托架式悬臂泵如图 2-26 所示,是 B 型单级单吸式离心泵。其泵脚与托架铸为一体,泵体悬臂安装在托架上,故称为托架式悬臂泵。

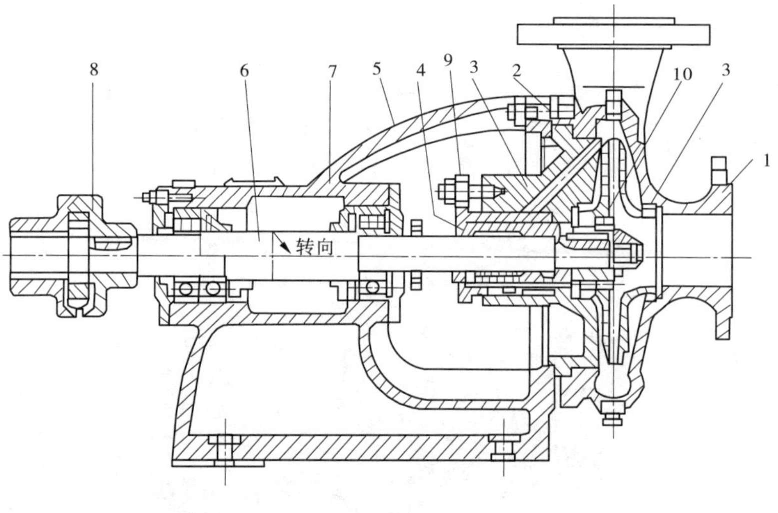

1—泵体;2—叶轮;3—密封环;4—轴套;5—泵盖;6—泵轴;
7—托架;8—耦合器;9—叶轮螺母;10—键

图 2-26　托架式悬臂泵(B 型)

B 型水泵的泵体相对于托架可以有不同的安装位置,以便根据管路的布置情况,用使泵体转动相应角度的方法,使泵的排水口朝上、朝下、朝前或朝后。检修此水泵时,需要将吸水管路和排水管路与泵体分离,同悬架式悬臂泵相比,显然是不方便的。再加上这种泵的全部质量主要靠托架承受,托架较笨重,故我国近年来开始生产的单级单吸式离心泵使用托架式悬臂结构的不多。但这种结构泵的应用历史较长,泵的出口又可以调换位置,泵壳采用贵重材料制造的泵用托架式悬臂结构还能大大降低成本。

B 型水泵的泵体由铸铁铸成,其内铸有逐渐扩散至水泵出水口的螺旋形流道。在出水口法兰盘上,有安装压力表用的螺孔(不安装压力表时用四方螺塞堵住)。泵体下部有一放水孔,当水泵停止使用时,可将水泵内的水放走,以防冬季冻裂。泵体与泵盖用止口结合,并用双头螺栓连接在托架上。

泵盖用铸铁铸成，泵盖与泵体的结合面间放有纸垫，以防止漏水。泵盖采用填料装置密封。填料装置由填料室、填料压盖、水封环和油浸石棉绳组成，以防止空气窜入和水渗出。少量高压水通过泵盖内的窜水孔流入填料室中的水封环，起水封作用。

泵轴用优质碳素钢制成，一端固定叶轮，一端接耦合器，支承在装于托架内的球轴承上。轴承用润滑脂润滑。从耦合器一端看，泵轴沿顺时针方向旋转。

叶轮用铸铁制成，是单侧进水。它的密封有单口环（只有大口环）和双口环（既有大口环，也有小口环）两种，一般口径小的、扬程低的为单口环；口径大的、扬程高的为双口环。单口环叶轮由轴承承受轴向推力。双口环的叶轮后盘上靠近轴孔处钻有若干平衡孔，用以平衡轴向推力。叶轮靠叶轮螺母和外舌止退垫圈固定在轴的一端。外舌止退垫圈能防止叶轮螺母松动。

托架采用铸铁铸成，内有轴承室。轴承室用来安装轴承，两端用轴承压盖压紧。

现以 4BJ35A 和（B）BJ100－15 为例，说明型号意义：

4 BJ 35 A
- A — 叶轮经过第一次切割
- 35 — 扬程，m
- BJ — 配机械密封的单级单吸悬臂式离心泵
- 4 — 吸水口直径被25除后的值

BJ 100－15
- 15 — 扬程，m
- 100 — 流量，m^3/h
- BJ — 配填料密封的单级单吸悬臂式离心泵

3）连体泵

图 2-27 给出的悬臂泵即为连体泵。它的叶轮 3 直接装在电动机 6 的一端，由泵体 1 和泵盖组成的泵壳与电动机的机壳直接相连。可以看出，这种泵的电动机轴虽然要加长，但它的整机结构紧凑，质量轻，故 WB 型微型离心泵以及多种型号的潜水泵和屏蔽泵均采用连体泵的结构形式。

2. 支承泵

大多数单级双吸式离心泵采用双支承结构，即支承转子的轴承位于叶轮两侧，且一般都靠近轴的两端。

图 2-28 所示的 S 型泵为单级双吸卧式双支承泵。它的转子是一单独的装配部件。双吸式叶轮 3 靠键 20、轴套 6 和轴套螺母 11 固定在轴 4 上。泵装配时，可用轴套螺母调整叶轮在轴上的轴向位置。泵转子用位于泵体两端的轴承体 12 内的两个轴承 15 实现双支承。在耦合器 16 处有径向力作用在泵轴上时，远离耦合器的左端轴承所受的径向载荷较小，故应将它的轴承外圈进行轴向紧固，以便让它承受转子的轴向力。

S 型泵是侧向吸入和压出，采用水平中开式泵壳，即泵壳沿通过轴线的水平中开线剖分。它的两个半螺旋形吸水室和螺旋形压水室都是由泵体 1 和泵盖 2 在中开面处对合而成

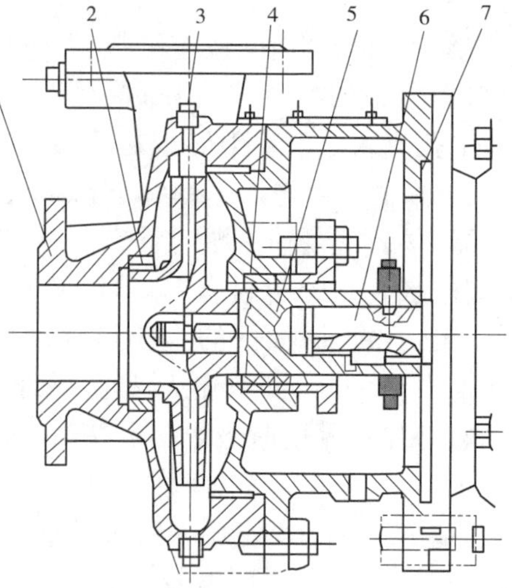

1—泵体;2—口环;3—叶轮;4—填料;5—联轴节;6—电动机轴;7—后盖架

图 2-27　连体泵

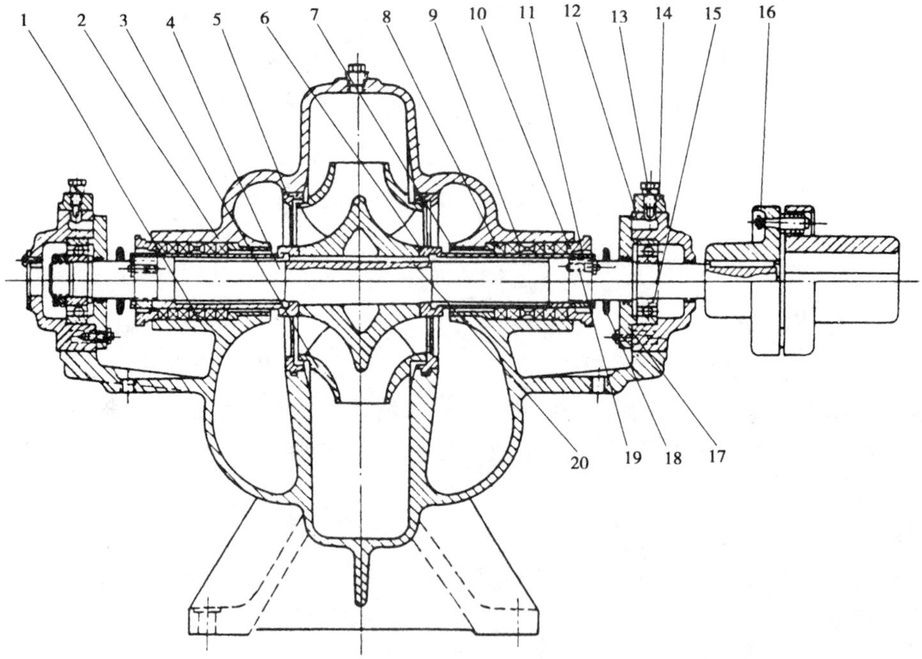

1—泵体;2—泵盖;3—叶轮;4—轴;5—密封环;6—轴套;7—填料套;8—填料;
9—填料环;10—填料压盖;11—轴套螺母;12—轴承体;13—连接螺钉;14—轴承压盖;
15—轴承;16—耦合器;17—轴承端盖;18—挡圈;19—螺栓;20—键

图 2-28　单级双吸式双支承泵

的。泵的吸水口和排水口均与泵体铸为一体。采用这种结构,泵检修时无须拆卸吸水管和排水管,也不要移动电动机,只要揭开泵盖即可检修泵内各零件。

S 型泵在叶轮吸水口的两侧都要设置轴封。该轴封也为填料密封。它由填料套 7、填料

8、填料环 9 和填料压盖 10 等组成。轴封所用的水封压力是通过在泵盖中开面上开出的凹槽，从压水室引到填料环的。但有的中开式双吸泵要通过专设的水封管将水送入填料环。

双支承泵与悬臂泵相比，虽因叶轮进口有轴穿过而使其水力性能稍有影响，且泵零件数量多些，泵体形状也比悬臂泵复杂，故工艺性差些，但双支承泵的刚性要优于悬臂泵。单级泵的双支承结构不仅可用于双吸泵，也可用于单吸泵。因两个特殊结构轴承的布局需要可以采用双支承结构。

（三）平衡机构（平衡装置）

1. 轴向力的产生

单吸离心泵在工作中，由于叶轮是不对称的，液体在吸入压力 $P_{吸}$ 作用下进入叶轮，而在排出压力 $P_{排}$ 作用下从叶轮流出。这时在叶轮吸入口的整个面上受 $P_{吸}$ 的作用而在叶轮两侧的盖板上同时受 $P_{排}$ 的作用，从图 2-29 中不难看出，$P_{排} > P_{吸}$，所以作用在叶轮两侧的力是不平衡的，产生了一个指向泵吸入口的力。因为产生的力与泵轴的方向平行，所以把这个力叫轴向力。

轴向力的产生，会导致泵的整个转子沿轴线向吸入口侧产生移动，从而引起叶轮和密封环的摩擦及泵体的振动，所以必须消除这个轴向力，泵才能正常运转。

2. 常用的平衡轴向力的方法

1）单级泵轴向力的平衡方法

（1）在小型单级离心泵中采用推力滚动轴承来平衡轴向力。

（2）采用双吸叶轮（见图 2-30）。采用双吸叶轮时，作用在叶轮盖板两侧的压力 $P_{排}$ 相同，作用在叶轮两侧吸入面上的压力 $P_{吸}$ 相同，基本上消除了轴向力。在泵上再安装止推轴承来克服由于加工误差而引起的轴向力。

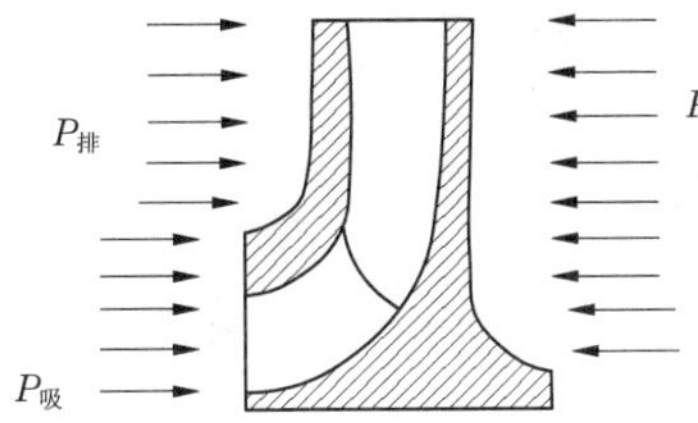

图 2-29　轴向力的产生

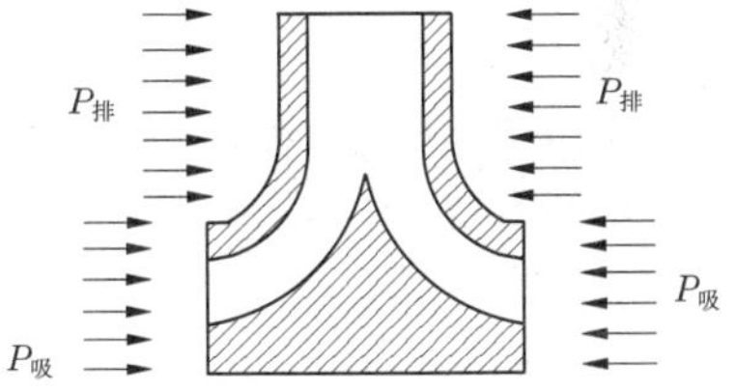

图 2-30　双吸叶轮轴向力的平衡

（3）采用平衡孔法。如图 2-30 所示，在叶轮的后盖板上开有平衡孔，从叶轮出口流出的液体，通过后盖板上的平衡孔流回叶轮的吸入口，使作用在叶轮吸入面上的压力与作用在后盖板上的压力基本相等。为了消除由加工误差引起的轴向力，在泵上安装止推轴承即可。

（4）平衡管法。这种方法是将高压侧密封环泄漏出的液体，经过一根外接管线返回泵的吸入口，这根管线称为平衡管，原理和平衡孔法基本相同。

2）多级离心泵轴向力平衡方法

A. 平衡鼓法

如图 2-31 所示是一种径向间隙液压平衡装置。它装在最后一级叶轮和平衡室之间，和泵轴一起旋转的叫平衡鼓轮，静止部分叫平衡鼓轮头。用一根管线将平衡室与泵进口连通，这样平衡室内的压力就等于进口压力与连通管线中损失压力之和。

平衡原理：平衡鼓轮前面是最后一级叶轮的后泵腔，其压力接近于泵的排出压力，因而平衡鼓两个端面之间有一个很大的压力差，从而把平衡鼓轮向后推，会带动整个转子向后移动。如果设法使这个推力和离心泵的轴向力相等，就达到了平衡轴向力的目的。

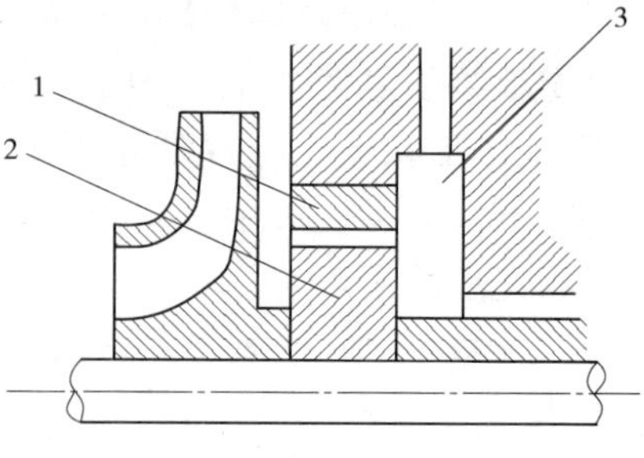

1—平衡鼓轮头；2—平衡鼓轮；3—平衡室

图 2-31　平衡鼓法

B. 平衡盘法

这种方法是一种轴向间隙液压平衡装置。它装在最后一级叶轮与平衡室之间，和轴一起转动的叫作平衡盘，静止不动的称为平衡环(套)。

平衡盘主要是用来平衡轴向力的，但它还起定位的作用，即用平衡盘的位置来保证叶轮出口与导翼口对中，以减少水力损失，提高离心泵的效率。

平衡原理：从叶轮出来的一部分液体经过平衡盘与平衡环之间的轴向间隙而漏入平衡室，再用管路把平衡室与泵吸入口连通，这时平衡盘背面所受的压力是平衡室压力。而平衡盘正面最小直径上受到的压力是泵的吐出压力，而在周界上是平衡室压力。只要选择好平衡盘的内外直径尺寸，就可以使平衡盘正面与背面的压力差和泵的轴向力相等，达到平衡的目的。

假如泵的轴向力增加，这额外的压力就把泵的转子推向吸入口侧，从而使平衡盘和平衡环之间的端面间隙减小，此时通过这间隙的漏失量减少，平衡室压力下降，这时平衡盘前后的压力差增加，将转子向吐出口方向推，直到与轴向力平衡。反之，如泵的轴向力减小，就会造成平衡盘与平衡环的轴向间隙增大，漏失量增加，平衡压力增高，直到又获得新的平衡。

C. 平衡盘与平衡鼓组合法

组合法实际上是一种径向、轴向液压平衡装置(见图 2-32)。高压多级离心泵普遍采用此法，平衡效果好。平衡原理与上述两种方法相同。

D. 叶轮对称布置平衡法

在多级水平中开式离心泵中采用叶轮对称布置的方法来平衡轴向力，使成组叶轮的吸入口方向正好相反，从而起到平衡轴向力的作用。在泵上也要安装止推轴承。

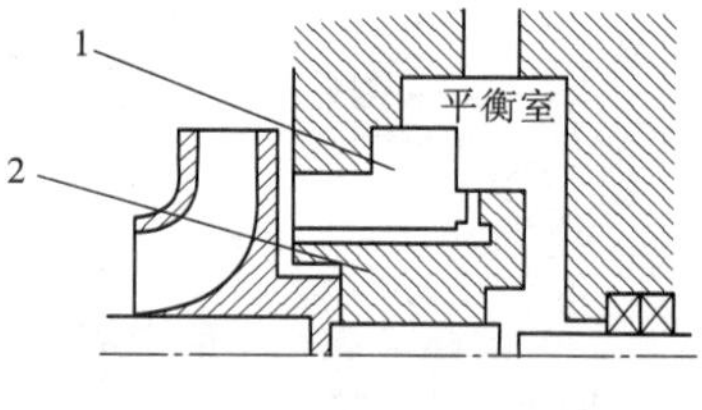

1—平衡盘头；2—平衡盘

图 2-32　组合平衡法

3. 平衡机构失灵及其危害

造成平衡机构失灵的主要原因有：平衡机构严重磨损；平衡管堵塞；平衡腔室穿孔与末级连通；密封环损坏。

危害：平衡机构失灵后，泵的轴向力无法平衡，造成泵转子往前窜，使叶轮止口与密封环产生摩擦，造成卡泵，甚至于烧泵等严重后果。

三、离心式水泵工作理论

(一) 离心式水泵(或风机)的能量损失和效率

离心式水泵(或风机)工作时有各种损失，按其产生原因不同可分为水力损失、容积损失和机械损失三种，如图 2-33 所示。

1. 水力损失 ΔH_h

流体经泵(或风机)时,用于克服沿程阻力和转弯、流道断面收缩及扩大、冲击叶片等局部阻力所消耗的能量称为水力损失。水力损失的大小与过流部件的几何形状、壁面粗糙程度以及流体的黏性有关。按其损失形式的不同又可分为摩擦损失和冲击损失。

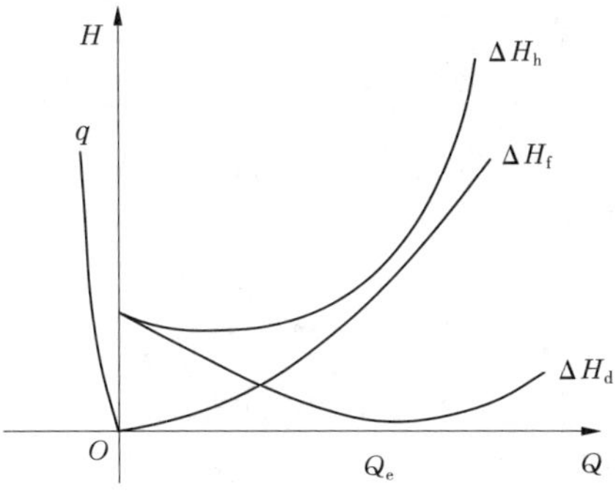

ΔH_f —摩擦损失; ΔH_d —冲击损失;
ΔH_h —水力损失;q—容积损失

图 2-33　水力损失和容积损失

1)摩擦损失 ΔH_f

摩擦损失 ΔH_f 指流体在叶轮和其他通流部件中的沿程损失及流体流经叶轮叶道入口、出口流道拐弯或流道截面扩大或缩小处的局部阻力损失。根据流体力学中的阻力公式(达西公式)可用下式计算:

$$\Delta H_f = \lambda \frac{l}{d} \frac{1}{2g} \left(\frac{Q}{A}\right)^2 + \frac{\sum \xi_i}{2g} \left(\frac{Q}{A}\right)^2 = RQ^2 \tag{2-4}$$

从式(2-4)可知,摩擦损失的大小基本上正比于流量的平方,流量为零时损失也为零,如图 2-33 中的 Q—ΔH_f 曲线所示。

2)冲击损失 ΔH_d

冲击损失 ΔH_d 指流体流经叶轮的叶片入口时,对叶片冲击引起的涡流损失。当流体进入叶道的速度方向和叶片入口方向不一致时,就要出现这种损失。当实际流量等于设计的额定流量 Q_e 时,流速 w_1 的方向和叶片入口角 β_1 方向一致,这时无冲击损失发生。当实际流量大于或小于 Q_e 时,由于 w_1 方向和叶片入口角方向不同,就会有冲击损失出现,如图 2-34 所示。当 $Q < Q_e$ 时流体冲击叶片迎面,在背面产生涡流。试验证明,冲击损失的大小和流量差 $(Q - Q_e)^2$ 成正比,其变化曲线如图 2-33 的 Q—ΔH_d 曲线所示。

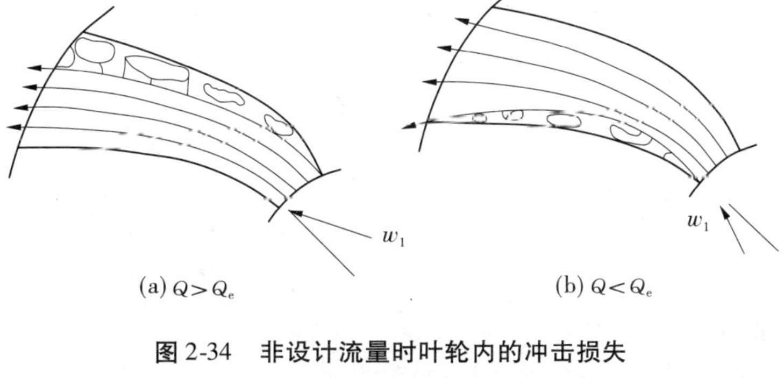

(a) $Q > Q_e$　　(b) $Q < Q_e$

图 2-34　非设计流量时叶轮内的冲击损失

由理论压头减去相应流量下的水力损失得到离心式泵(或风机)的实际压头,即

$$H = H_T - \Delta H_f - \Delta H_d = H_T - \Delta H_h \tag{2-5}$$

水力损失还可用水力效率 η_h 来表示。实际压头与理论压头的比值称水力效率,即

$$\eta_h = \frac{H}{H_T} = 1 - \frac{\Delta H_f + \Delta H_d}{H_T} \tag{2-6}$$

2. 容积损失(流量损失)

叶轮工作时,离心式泵(或风机)内总存在压力较高的区域和压力较低的区域。同时,由于结构上有运动件和固定件,这两种部件之间必然存在缝隙,这就使部分流体从高压区通过缝隙泄漏到低压区或大气中,如图 2-35 所示。这部分回流到低压区(或大气)的流体在流经叶轮时,显然已从叶轮中获得能量,但未能有效利用。因此,把这部分回流的流体称为容积损失。容积损失的大小取决于固定部件与运动部件间的密封性能和缝隙的几何形状。所以,实际流量可用下式计算:

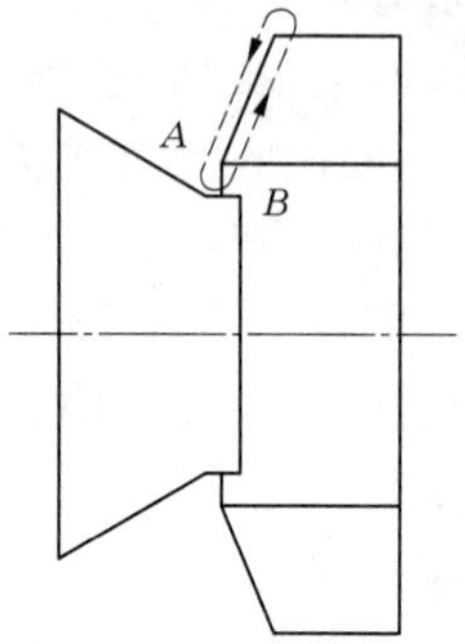

图 2-35 叶轮与集流器之间的回流

$$Q = Q_T - q \tag{2-7}$$

式中 Q_T——理边流量;

q——所有的容量损失,一般与压头的平方根成正比。

容积损失可用容积效率来表示,实际流量与理论流量的比值称为容积效率,即

$$\eta_v = \frac{Q}{Q_T} = \frac{Q_T - q}{Q_T} \tag{2-8}$$

3. 机械损失(功率损失)

泵的机械损失包括轴承和轴封的摩擦损失以及叶轮转动时其外表与机壳内流体之间发生的圆盘摩擦损失。这些损失使原动机传给泵的输入功率减少,即轴功率不能全部通过叶轮传给流体。机械损失的大小用机械效率 η_m 表示,即

$$\eta_m = \frac{N_T}{N} = 1 - \frac{\Delta N_m}{N} \tag{2-9}$$

式中 N——轴功率;

N_T——传给流体所需的理论功率, $N_T = \gamma Q_T H_T$;

ΔN_m——机械损失功率。

由式(2-6) ~ 式(2-9)即可得泵的全效率为

$$\eta = \frac{N_a}{N} = \frac{N_a}{N_T} \cdot \frac{N_T}{N} = \frac{\gamma QH}{\gamma Q_T H_T}\eta_m = \eta_h \eta_v \eta_m \tag{2-10}$$

式中 N_a——有效功率。

由此可见,泵的全效率等于水力效率、容积效率、机械效率的乘积。

(二)离心式泵的实际特性曲线

根据导出的无限多叶片时的理论压头特性方程和 $Q_T—H_{T\infty}$ 及 $Q_T—N_{T\infty}$ 曲线,考虑前面讨论的泵的各种能量损失。现在我们可求得实际性能曲线。

在图 2-36 所示的直角坐标系中,用横坐标表示 Q ,纵坐标刻上不同刻度分别表示压头 H 、轴功率 N 和效率 η 。根据式(2-10)可以绘出一条 $H_{T\infty}—Q_T$ 曲线。以后弯叶片叶轮为例,这是一条下斜的直线,如图 2-36(a)所示的曲线Ⅰ;有限叶片时,考虑轴向涡流的影响变成如图 2-36(a)所示的曲线Ⅱ。

由于离心式泵存在水力损失,故流体必将消耗部分能量来克服流动阻力。这部分损失应从曲线Ⅱ中扣除,于是就得出了曲线Ⅲ。所扣除的包括以直影线部分代表的冲击损失和

以倾斜影线部分代表的摩擦损失。

除水力损失外，还应从曲线Ⅲ中扣除泵的容量损失。于是得出泵的实际压头特性曲线，即 $Q—H$ 曲线。

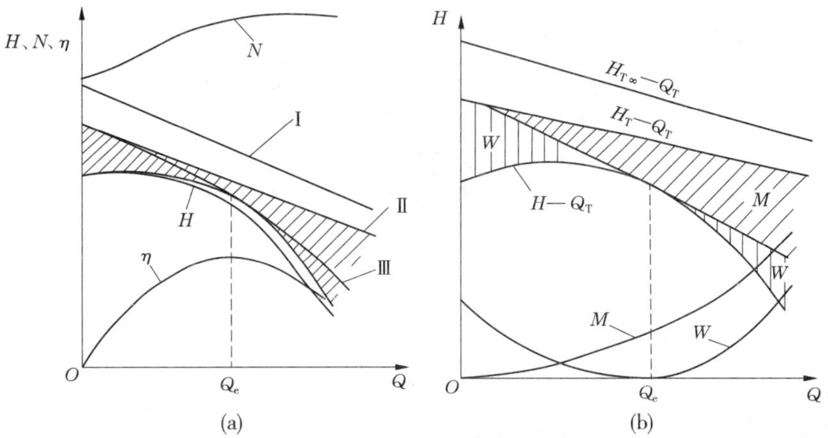

图 2-36　计算的实际特性曲线

$Q—N$ 曲线表示泵的轴功率与流量的关系。因为轴功率 N 是理论功率 N_T 与机械损失功率 ΔN_m 之和，即

$$N = N_T + \Delta N_m = \gamma Q_T H_T + \Delta N_m \tag{2-11}$$

根据这一关系式，可以在图 2-36 上绘出一条 $Q—N$ 曲线，如图 2-36 中的 N 。

有了 $Q—H$ 和 $Q—N$ 两条曲线，可按计算不同流量下的 η 值，从而得出 $Q—\eta$ 曲线。从理论上讲，离心式泵（或风机）的实际特性曲线可利用上述方法求得。但因经验公式的局限性以及影响流动的诸因素的复杂性，所以在工程实际中，离心式泵（和风机）的实际压头、实际流量和实际功率（简称流量、压头、功率）都是通过试验求出的。根据试验数据绘制的压头、功率、效率与流量之间的关系曲线称为实际特性曲线。这三条曲线是泵（或风机）在一定转速下的基本特性曲线，其中最重要的是压头—流量曲线，揭示了泵（或风机）的两个最重要、最有意义的性能参数之间的关系。另外，在离心式泵特性曲线中还有真空度和流量之间的关系曲线。

图中 $Q—\eta$ 曲线的最高点表明在这点工作效率最高，对应的参数称为额定参数，用下标 e 来表示，如图 2-37 中的 N_e、H_e、Q_e、η_e、H_{se} 。泵在特性曲线上某点工作时，则称该点为工况点。对应每一转速可得出一组特性曲线，习惯上绘在一张图上。

典型的离心式水泵的实际特性曲线的横坐标为流量 Q。以下是四种特性曲线：

功率特性曲线 $N = f(Q)$ ：零流量时功率最小，随流量的增加而不断上升。

压头（扬程）特性曲线 $H = f(Q)$ ：当 $\beta_2 < 90°$ 时为后弯叶片的叶轮，其扬程特性呈单斜下降形状。

允许吸上真空度特性曲线 $H_s = f(Q)$ ：随流量的增加而下降。

效率特性曲线 $\eta = f(Q)$ ：效率有最大值。

（三）泵与风机的相似理论

叶轮内的流动情况是相当复杂的，单纯凭借理论不能准确地计算出泵或风机的工作参数，因此不得不求助于试验方法来解决。而试验应有理论来作为指导，把流体力学中的相似

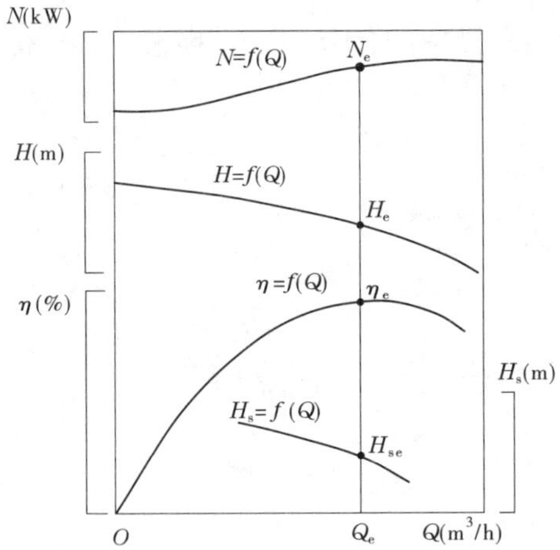

图 2-37 典型离心式泵的实际特性曲线

理论应用到泵和风机，就能进行下列工作：

(1)根据模型试验的结果，进行新型泵或风机的设计，或者利用已有泵和风机的参数作为设计的依据，扩展系列。

(2)根据已知泵或风机的试验性能曲线推算与该泵或风机相似的泵或风机的性能曲线。

(3)根据一台泵或风机在某一状态下的工作参数，换算成其他工作状态的工作参数(如改变转速)。

可见，在泵与风机中应用相似理论不仅有助于解决泵和风机的设计、制造方面的问题，而且也有助于解决泵和风机的运转问题。

1. 相似条件和相似定律

1)相似条件

根据相似原理，要使泵或风机中的流动相似，应满足几何相似、运动相似和动力相似三个相似条件。

(1)几何相似(边界相似)：模型与实物相似的前提，模型和实物在几何上一一对应。相似的泵或风机的各通流部件对应的线性尺寸间的比值为一常数，对应的角度相等。

(2)运动相似：两相似的泵或风机对应点上流体的同名速度大小比值为一常数，方向相同。

(3)动力相似(力多边形相似)：两几何相似的泵或风机运转时对应点的同名力大小比值为一常数，方向相同。

几何相似是运动相似的先决条件，没有几何相似就没有运动相似，但在几何相似的条件下不一定有运动相似，只有工作在相似工况下的泵和风机(统称涡轮机)才能运动相似。这是因为泵和风机的速度三角形不仅取决于边界条件(几何形状)，而且取决于工况(流量变化、速度变化)，不同工况时的速度三角形不同。彼此相似的泵和风机工作时，速度三角形相似的工况称为对应工况(相似工况)。在其中一台特性上任选一个工况点，必然在另一台上能找到与之对应的一个工况。额定工况(设计工况)是相似工况中的一种。

2) 相似定律

彼此相似的泵或风机在相似工况点的压头、流量、功率之间存在一定的比例关系，现分别推导如下。

符合相似条件的两台水泵，以下各式成立：

$$Q_2/Q_1 = n_2/n_1(D_2/D_1)^3 \tag{2-12}$$

$$H_2/H_1 = (n_2/n_1)^2(D_2/D_1)^2 \tag{2-13}$$

$$P_2/P_1 = (n_2/n_1)^3(D_2/D_1)^5(\rho_2/\rho_1) \tag{2-14}$$

$$\eta_1 = \eta_2 \tag{2-15}$$

式中　Q_1、Q_2——泵1、泵2的流量；

n_1、n_2——泵1、泵2的泵轴转速；

D_1、D_2——泵1、泵2叶轮外径；

P_1、P_2——泵1、泵2的轴功率；

ρ_1、ρ_2——泵1、泵2输送介质的密度；

η_1、η_2——泵1、泵2的效率。

相似定律的用途：可以依据模型试验的结果推算出实物的特性，以及当工作介质、转速发生变化后的特性。现举例说明如下。

【例2-1】　有一台3BA－6A水泵，铭牌上参数为 $H = 37.5$ m，$Q = 50$ m^3/h，$n = 2\ 900$ r/min，$\eta = 60\%$，配用电机为15 kW。现用此泵排 $\gamma = 21\ 000$ N/m^3 的化学浆，若 n 不变，求此时水泵的性能参数，原配用的电机能否适应？

解：水泵铭牌参数是以20 ℃清水情况下提供的，这时水的重度是 $\gamma_m = 10\ 000$ N/m^3。当排化学浆时，因转速不变，依据相似定律，该泵的性能参数应为

$$Q' = Q = 50 \text{ m}^3/\text{h}$$

$$H' = H\frac{\gamma}{\gamma_m} = 37.5 \times \frac{2.1 \times 10^4}{10^4} = 78.75(\text{mH}_2\text{O})$$

$$\eta' = \eta = 60\%$$

取电机的安全系数 $K = 1.15$，则所需的电机功率为

$$N = K\frac{\gamma_m H'Q'}{1\ 000\eta'} = 1.15 \times \frac{10^4 \times 78.75 \times \dfrac{50}{3\ 600}}{1\ 000 \times 0.6} = 20.96(\text{kW}) > 15 \text{ kW}$$

故需重选电动机。

2. 比例定律

对工作介质不变的同一泵或风机有 $\rho = \rho_m$，$D_2 = D_{2m}$，则相似定律中的各式就变成

$$\frac{H}{H_m} = \frac{P}{P_m} = \left(\frac{n}{n_m}\right)^2 \tag{2-16}$$

$$\frac{Q}{Q_m} = \frac{n}{n_m} \tag{2-17}$$

$$\frac{N}{N_m} = \left(\frac{n}{n_m}\right)^3 \tag{2-18}$$

$$\eta = \eta_m \tag{2-19}$$

式(2-17)～式(2-19)说明某泵或风机转速变化时，对应工况点的压头、流量和功率分别

按转速比的平方、一次方和三次方而变化。这种关系称为比例定律。

3. 比转数

相似定律只说明相似泵或风机在相似工况点的性能参数间的关系。由于各种类型泵或风机叶轮形状各异,都有各自的性能曲线,这就需要综合性参数来对泵和风机进行分类。这个参数就是比转数。

当输送介质相同时,即 $\rho = \rho_m$,则

$$\frac{D_2}{D_{2m}} = \sqrt{\frac{H}{H_m}} \frac{n_m}{n}$$

把上式代入式(2-19),并进行变换为

$$n\frac{Q^{\frac{1}{2}}}{H^{\frac{3}{4}}} = n_m \frac{Q_m^{\frac{1}{2}}}{H_m^{\frac{3}{4}}} = n_s \tag{2-20}$$

式中 n_s ——比转数。

比转数实质上是个比例(相似)常数,它的大小是由叶轮本身形状(也即性能参数)决定的。但这里应注意以下几点:

(1)由于所取的工况点不同,经计算后得到的 n_s 值不同。所以,按人为规定用泵或风机额定工况点的参数计算,即用式(2-20)计算时,应取额定工况参数(额定流量、压头和转速)。

(2)比转数 n_s 是由相似定律推导得来的。因此,比转数相等是泵和风机几何相似、工况相似的必要条件,但不是充分条件,即两个叶轮相似一定能得出比转数相等,但比转数相等并不说明两个叶轮一定相似。

(3)计算比转数时,由于采用不同的单位、相同的参数可计算出不同的比转数值,我国规定作为相似风机中的模型风机的比转数计算条件是:在额定工况点, $Q_m = 1\ m^3/s$, $H_m = 1\ mmH_2O$ 时,模型风机的转速 n_m 值即作为该系列风机比转数 n_s 值。因为在这样的条件下, $Q_m^{\frac{1}{2}}/H_m^{\frac{3}{4}} = 1$,在数值上 $n_m = n_s$ 。对于水泵,我国规定计算比转数的条件是:在额定工况点, $Q_m = 0.075\ m^3/s$, $H_m = 1\ m$ 时的转速 n_m 作为该系列水泵的比转数。于是就有:

$$n_m \times \frac{0.075^{\frac{1}{2}}}{1^{\frac{3}{4}}} = \sqrt{0.075}n_m = n\frac{Q^{\frac{1}{2}}}{H^{\frac{3}{4}}}$$

即

$$n_s = n_m = \frac{1}{\sqrt{0.075}}n\frac{Q^{\frac{1}{2}}}{H^{\frac{3}{4}}} = 3.65n\frac{Q^{\frac{1}{2}}}{H^{\frac{3}{4}}} \tag{2-21}$$

计算时,各参数的单位应与模型机参数的单位一致。

4. 比转数

实际上应将比转数理解为叶轮的比转数,而不是整机的。所以,式(2-21)中 Q、H 是对一个叶轮的流量和压头而言的,对于双吸单级泵, n_s 应为

$$n_s = \frac{3.65n\,(Q/2)^{\frac{1}{2}}}{H^{\frac{3}{4}}} \tag{2-22}$$

对于多级泵, n_s 应为

$$n_s = \frac{3.65nQ^{\frac{1}{2}}}{(H/i)^{\frac{3}{4}}} \tag{2-23}$$

式中 i——水泵级数。

【例 2-2】 求 $Q = 70\ m^3/h$，$H = 20\ m$，$n = 1\ 450\ r/min$ 的单级双吸水泵的比转数。

解：由式(2-22)得：

$$n_s = \frac{3.65n\ (Q/2)^{\frac{1}{2}}}{H^{\frac{3}{4}}} = 3.65 \times 1\ 450 \times \frac{\frac{70}{3\ 600 \times 2}}{20^{\frac{3}{4}}} = 55.2$$

按以上定义的比转数是有量纲的，但习惯上将其看作无量纲参数。

比转数 n_s 的大小反映出叶轮的形状和性能曲线的变化趋势。比转数大，泵或风机的流量大，而压头小，则叶轮的进口直径和出口宽度较大，而出口直径则较小，因此叶轮厚而小；反之，叶轮相对地扁而大。

任务三　排水设备的操作与故障处理

一、离心式水泵的操作

在日常生产工作中，正确地管理、使用和操作机泵，是保证设备正常运转和维护安全、高效的重要措施和手段。因此，我们要建立一套严格的操作规程和保养制度，要认真贯彻以预防为主、检修为辅的原则，做到勤检查、勤保养，严格操作，防止事故的发生，圆满完成油水集输、污水处理和油田注水工作。

（一）启泵前的检查

(1)按操作规程检查电气设备、仪器仪表及闸刀开关。

(2)检查电动机是否完好，测量电机绝缘电阻。电机在热态下每千伏绝缘电阻值不小于 1 MΩ，在一般情况下也要大于 500 MΩ。在不同温度下绝缘电阻值见表 2-3。

表 2-3　不同温度下绝缘电阻值

定子线圈温度(℃)	10	20	30	40	50	60	70	80
电阻(MΩ)	540	280	140	70	35	17	9	6

若是 380 V 的电机，就使用 500 V 级摇表测量电机定子的绝缘电阻，最低不小于 0.5 MΩ。

(3)检查各固定螺丝有无松动或缺少现象，检查机泵周围有无妨碍启动运行的杂物，检查电机接地是否牢固。

(4)检查电机转向是否与泵转向一致。

(5)检查进出口阀门是否灵活好用，并打开进口阀门，关闭出口阀门，查看泵盘根是否漏水。打开放空阀，待确认泵内灌满水、空气排净后再将放空阀关闭。

(6)泵盘 3 ~5 圈，检查泵和电机转动是否灵活，听听有无杂音；用撬杠前后拨动泵，检查泵窜量是否合格。

(7)检查联轴器是否完好，护罩是否牢固，有无偏斜现象。

(8)检查大罐液面高度，是否符合启泵条件。

(9)对于注水站和大型输油站，要检查润滑油设备和冷却水系统，并调整到正常工作状态。

(10)一切准备就绪,要和有关部门(岗位)联系,准备启动机泵。

(二)启泵的程序

(1)岗位值班人员、大班、电工等有关人员相互联系、配合好,并注意安全。

(2)注水站和大型输油站要求合闸时必须得到供电部门许可,接到信号后,方可按启动按钮,启泵后要注意观察电流变化情况。

(3)泵压升到铭牌压力后,缓缓打开泵出口阀门直至所需要的工作压力。

(4)启动后必须仔细观察,若发现异常现象要立即排除。在正常情况下要做到以下几方面:

①检查泵的吸液情况和排液情况,进口压力表、出口压力表、电流、电压、流量计等仪表的指示值是否符合要求。

②检查盘根漏失量和温度情况:盘根漏失量每分钟不大于30滴、温度正常。检查泵和电机轴承部位温度是否正常;滑动轴承温度最高不得超过65 ℃,正常保持在45 ℃左右;滚动轴承温度最高不超过75 ℃,正常保持在40~50 ℃。

③检查泵所属管路、阀门是否有漏失、破裂、堵塞现象。

④检查机泵振动情况,应符合表2-4的规定。

表2-4　不同转速下振动值

额定转速(r/min)	3 000	1 500	1 000	760~630	580~480
振动值(mm)	0.06	0.10	0.13	0.16	0.18

⑤启泵工作全部完成后,应及时向生产调度和有关单位汇报并做好记录。

(三)机泵在运转过程中应注意的事项

(1)定时定位检查机泵运转情况;仪表显示是否正常,机泵是否在最佳状态运转。

(2)检查轴承温度是否正常,升高或降低以缓缓为好,并查出升高或降低的原因;检查轴承密封,以防进水或脏物,影响轴承润滑。

(3)定时检查大罐液面,防止冒顶和抽空,一般情况下液面不得低于3.5 m,又不得高出安全液面。

(4)检查电机定子、转子温升情况,应符合表2-5规定。

表2-5　温度要求　　(单位:℃)

项目		绝缘等级				
		A	E	B	F	H
环境温度		35	35	35	35	35
最高允许温度		90	105	110	125	145
允许温升	温度计法	60	70	75	90	110
	电阻法	65	80	85		

①表2-5所列温升为最高界限,不能超过,只能低于这个数值。

②电机额定电流是以空气35 ℃为标准，如果环境温度高于35 ℃，就应降低电机出力；如果低于35 ℃，可适当增加电机出力。

③电机运行时电压最高不得超过额定电压的10%，最低不得低于额定电压的5%。如果电压高于或低于规定值，应采取措施，及时向有关部门汇报并停止运转。

④注水站和大型输油站，还要注意检查电机冷却装置运行情况，冷却水温度不能高，保证电机机体温度正常。

(5)油气水站更应注意易燃的油气状况，防止发生火灾。

(四)停泵的程序

停泵是根据设备和生产情况要求做出的决定。

(1)与生产调度和有关部门取得联系，以求同意和配合。

(2)先将泵的出口阀门关小，降低排量，减轻电机负荷，再按停泵按钮，待泵转速递减后再将泵出口阀门关死，待泵全停后人员才能走开，并记录泵惰走时间及原因。

(3)停泵后必须断开电源开关，盘泵2～3圈。

(4)关闭进口阀门，关闭冷却水阀门、润滑油阀门。

(5)控制大罐液面，搞好设备卫生工作。

(6)向生产调度和有关部门汇报停机完毕。

(五)倒泵程序

倒泵时注意做到稳、准、缓，倒泵时要求管压波动范围要小，一般要求不得超过0.2 MPa。

(1)按照启泵操作要求启动将要运转的泵，启动后缓缓打开出口阀门。

(2)将要被停止的泵出口阀门缓缓关小，保持管路压力以波动不大为好。

(3)将要启用的泵和停用的泵出口阀门开大、关小反复操作，直到要停用的泵出口阀门关死，将停下的泵盘2～3圈。

(4)调整控制汇管和干线压力。

(六)紧急停泵及步骤

1.运转的机泵出现下列特别异常情况之一时必须采取紧急停泵

(1)在设备运转过程中发生人身事故或机组某部位突然发生断裂。

(2)机泵体或轴承发高烧超过最高限值时。

(3)电机运转电流、电压突然升高或降低超过规定限值，或设备着火、电机有焦糊味等。

(4)泵内汽化发热或发生剧烈振动。

(5)机泵内有严重摩擦和撞击声，或位移超过2～3 mm。

(6)与运转的机泵有关联的工艺管线和容器发生破裂等故障。

2.紧急停泵步骤

(1)快速按停机泵按钮，将机泵停下。

(2)关闭出口阀门，待泵停稳后盘泵2～3圈。

(3)控制大罐液面，关闭进口、冷却水、润滑油等阀门。

(4)若是加热输油泵，要控制炉温和火焰。

(5)向调度及有关单位汇报，并做好记录，等待处理。

二、离心式水泵在管路上运行与调节

(一)排水管路压头特性

排水管路:排水时水所经过的管路。

管路压头特性:通过管路的流量与所需压头(扬程)之间的关系。

要实现液体在管路中流动,需要水泵传递给液体一定的能量,用来克服液体在管路中流动时的流动阻力损失(沿程阻力损失、局部阻力损失)、管路进出口的高差(位差)以及系统出口的动能损失。

1. 排水管路的特性方程——能量守恒方程(伯努利方程)

排水设备安装简图如图 2-38 所示。

排水时水泵传递给水的压头(能量)与水需要泵传递给它的压头是相等的,用 H 表示。

1—1 和 2—2 之间写出能量守恒方程(伯努利方程):

$$\frac{p'_a}{\rho g} + \frac{v_1^2}{2g} + H = H_x + H_p + \frac{p_a}{\rho g} + \frac{v_2^2}{2g} + (\Delta H_x + \Delta H_p) \quad (2\text{-}24)$$

$$p'_a = p_a$$

其中,H 为需要水泵传递给水的压头(传递给单位质量水的能量),m;$v_1 \approx 0$,$v_2 = v_p = \frac{4Q}{\pi d_p^2}$;$Q$ 为管路中的流量,m^3/s。

$$H_c = H_x + H_p \quad (2\text{-}25)$$

式中 H_c——测地高度,m;

H_x——吸水高度,m;

H_p——排水高度,m。

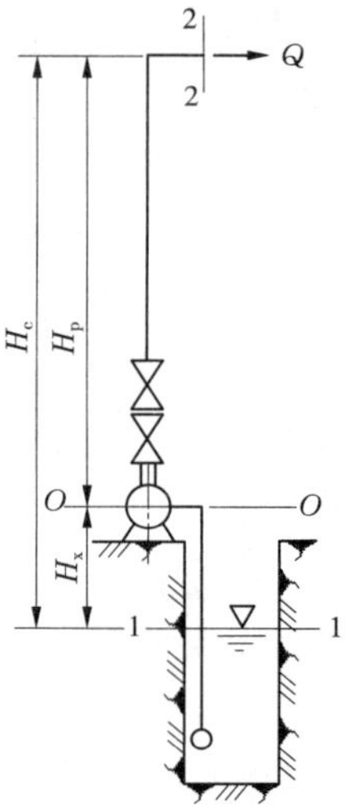

图 2-38 排水设备简图

ΔH_x 和 ΔH_p 分别为吸水管和排水管中的压头损失,其中包括沿程损失和局部损失:

$$\Delta H_x = \Delta H_{xf} + \Delta H_{xj} = \lambda_x \frac{l_x}{d_x}\frac{v_x^2}{2g} + \sum \xi_x \frac{v_x^2}{2g} \quad (2\text{-}26)$$

$$\Delta H_p = \Delta H_{pf} + \Delta H_{pj} = \lambda_p \frac{l_p}{d_p}\frac{v_p^2}{2g} + \sum \xi_p \frac{v_p^2}{2g} \quad (2\text{-}27)$$

式中 λ_x、λ_p——吸水管、排水管沿程阻力损失系数;

l_x、l_p——吸水管、排水管的沿程管路长度,m;

$\sum \xi_x$、$\sum \xi_p$——吸水管、排水管路上的局部阻力损失系数之和;

d_x、d_p——吸水管、排水管的沿程管路内径,m。

$$H = H_c + R_T Q^2 \quad (2\text{-}28)$$

式中 R_T——管路阻力系数,s^2/m^5。

$$R_T = \frac{8}{\pi^2 g}\left[\lambda_x \frac{l_x}{d_x^5} + \lambda_p \frac{l_p}{d_p^5} + \sum \xi_x \frac{1}{d_x^4} + (\sum \xi_p + 1)\frac{1}{d_p^4}\right] \quad (2\text{-}29)$$

讨论:

(1)方程所表达的意义:通过管路中的流量与所需要的压头之间的关系。

（2）$H = f(H_c, R_T, Q)$，对于具体矿井来说，H_c 是一定的，当 Q 一定时，H 的大小取决于 R_T，R_T 与管长、管径、管壁粗糙度、管件的种类（材料）和数量有关。

（3）当 Q 发生变化时，H 也会发生变化，二者是二次抛物线关系。

（4）管路效率 $\eta_g = \frac{H_c}{H}$（H 为需要泵输给单位质量液体的总能量，H_c 为排水过程中单位质量液体自水泵获得的有益能量），要提高管路效率，必须减小 R_T（保持管内壁光滑，选择阻力较小的管件，减少其用量，尽量缩短管路敷设长度等）以降低 H。

2. 排水管路压头特性曲线

管路特性曲线如图 2-39 所示，压头损失随流量的增加而增大。

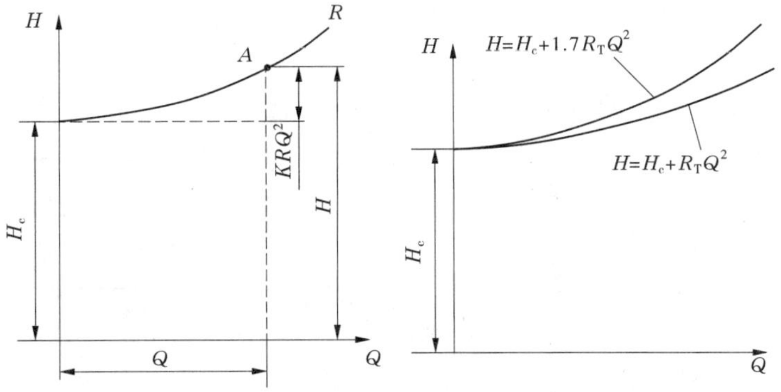

图 2-39　管路特性曲线

（二）运转工况点的确定

运转工况点由泵特性和管路特性共同确定，泵在一定的管路上工作时，其扬程、流量、轴功率、效率等参数都是确定的。工况点是水泵的实际扬程（压头）特性曲线与绘制在同一坐标图上的管路特性曲线的交点。工况参数是由工况点作一垂线与各特性曲线的交点的值。

在工作点泵产生的扬程等于管路系统液流阻力损失 h_L、几何高度差 h_g、液面压力差 h_p 之和，即

$$H_A = h_L + h_g + h_p \tag{2-30}$$

改变离心泵的工作点，通常可采用改变管路系统特性和离心泵性能的方法来达到。

1. 改变管路系统特性的调节方法

（1）改变排出端流量调节阀门开度，此法就是改变管路系统的阻力。使离心泵的流量和扬程沿着 $Q—H$ 特性曲线而变化。当开大阀门时，泵的流量增大；当关小阀门时，泵的流量减小。利用这种方法来减小流量是不经济的，因为大部分能量消耗在阀门阻力上。但由于此法简单，故在离心泵操作中经常采用。

（2）利用旁路调节法。此法是开启旁路阀门时，一部分液体从泵的排出管返回吸入管，泵出口流量减少，管路系统特性曲线变平，但因返回液体量多，则总的排出流量减小。

2. 改变泵的特性调节方法

（1）改变泵的转速 n。泵的流量扬程和功率均随泵的转速改变而改变，即

$$\frac{Q_1}{Q_2} = \frac{n_1}{n_2} \qquad \frac{H_1}{H_2} = \left(\frac{n_1}{n_2}\right)^2 \qquad \frac{N_1}{N_2} = \left(\frac{n_1}{n_2}\right)^3$$

式中 H_1、Q_1、N_1——在 n_1 转速时的扬程、排量、轴功率。

H_2、Q_2、N_2——在 n_2 转速时的扬程、排量、轴功率。

(2)改变叶轮直径的方法。更换直径小的叶轮或切割叶轮,但必面符合切割定律。

(3)改变叶轮级数的方法。在多级离心泵中去掉一个或几个叶轮,改变整台泵的级数,减小泵的扬程。

(4)堵塞叶轮部分入口的方法。堵塞叶轮部分入口,使离心泵的流量减少。

(三)水泵汽蚀与吸水高度

1. 水泵汽蚀

1)吸水过程的能量平衡分析

矿用泵以吸水方式工作,靠叶轮入口处的负压和水面上的大气压之差使水升高,将水吸入泵内。

吸水高度:泵轴线所在的水平面与吸水池水平面的标高之差,如图2-40所示,即 $H_x = z_1 - z_0$。

0—0 和 1—1 截面之间的能量方程为

$$\frac{p_0}{\rho g} + z_0 + \frac{v_0^2}{2g} = \frac{p_1}{\rho g} + z_1 + \frac{v_1^2}{2g} + \Delta H_{0-1} \tag{2-31}$$

$$p_0 = p_a, v_0 \approx 0$$

式中 p_1——泵入口截面水的压强;

v_1——泵入口截面水的流速;

$\frac{p_1}{\rho g} + \frac{v_1^2}{2g}$——泵入口截面上单位质量水具有的能量,$\frac{p_1}{\rho g} + \frac{v_1^2}{2g} = E_{x1}$;

ΔH_{0-1}——吸水管内的水头损失,$\Delta H_{0-1} = \Delta H_x$;

H_x——吸水高度,$H_x = z_1 - z_0$。

$$H_x = \frac{p_a}{\rho g} - E_{x1} - \Delta H_x \tag{2-32}$$

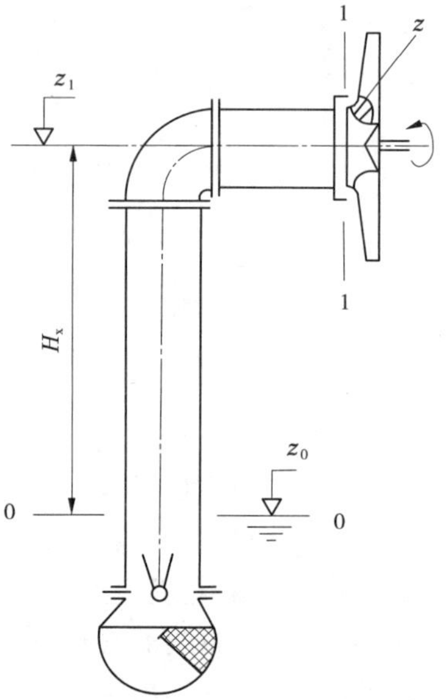

图2-40 汽蚀与吸水高度

分析可知,即使 $v_1 = 0$,$p_1 = 0$($E_{x1} = 0$)且 $\Delta H_{0-1} = \Delta H_x = 0$,最大吸水高度 $H_x = 10$ m(按1个工程大气压 $p_a = 98\ 065$ Pa,$\rho = 1\ 000$ kg/m^3 计算),实际情况远小于10 m,只有4~6 m。

2)水泵中的汽蚀现象及其危害

水泵在运转时,若某些原因而使泵内局部位置的压力降到低于水在相应温度的饱和蒸汽压时,水就会发生汽化,从水中离析出大量气泡。随着水的流动,低压区的这些气泡被带到高压区时,会突然凝聚,气泡重新凝结后,体积突然收缩,便在高压区出现空穴。于是四周的高压水以很大的速度去填补这种空穴,这时产生巨大的水力冲击。此时水的动能变为弹性变形能,由于液体变形很小,观察资料表明冲击变形形成的压力可高达几百兆帕。在压力升高后,紧接着弹性变形能又转变成动能,此时压力降低,这样不断循环往复,直至把冲击能转变成热能等能量耗尽。当这种气泡产生在金属表面时，就会破坏金属表面。液体以这种方式对固体表面产生的破坏现象称为汽蚀。

汽蚀时，产生的冲击频率很高，每分钟可达几万次，并集中作用在微小的金属表面上，而瞬时局部压力又可达几十兆帕到几百兆帕。叶轮或壳体的壁面受到多次如此大的压力后，会引起塑性变形和局部硬化，并产生金属疲劳现象，使其刚性变脆，很快会产生裂纹与剥落，直至金属表面形成蜂窝状的孔洞。汽蚀的进一步作用，可使裂纹相互贯穿，直到叶轮或泵壳蚀坏和断裂。这就是汽蚀的机械剥蚀作用。被蚀坏的离心泵叶轮叶片如图 2-41 所示。

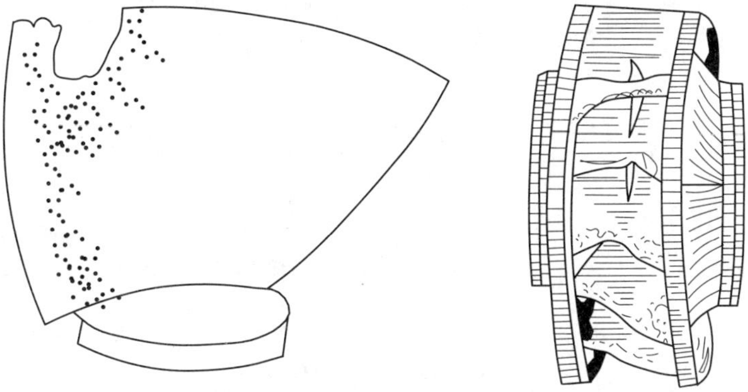

图 2-41 被蚀坏的离心泵叶轮叶片

液体产生的气泡中，还夹杂有一些活泼气体（如氧气），借助于气泡凝结时所释放的热量，对金属起化学腐蚀作用。在高温、高压下，水流会产生一些带电现象。过流部件因汽蚀产生温度差异，过流部件的冷端与热端形成电偶而产生电位差，从而对金属表面发生电解作用（电化学作用），金属的光滑层因电解而逐渐变得粗糙。表面光洁度破坏后，更加速机械剥蚀。在机械剥蚀、化学腐蚀和电化学等共同作用下，就更加快了金属损坏速度。这里还需要提及一点，当水中泥沙含量较高时，泥沙的磨蚀破坏了水泵过流部件的表层，当其中某些部位发生汽蚀时，则有加快金属蚀坏的作用。

汽蚀发生时，周期性的压力升高和水流质点被彼此间的撞击以及对泵壳、叶轮的打击，将使水泵产生强烈的噪声和振动现象。其振动可引起机组基础或机座的振动。当汽蚀振动的频率与水泵固有频率接近时，能引起共振，从而使其振幅大大增加。

在产生汽蚀的过程中，由于水流中含有大量气泡，破坏了液体的正常流动规律，因而叶轮与液体之间的能量交换的稳定性遭到破坏，能量损失增加，从而引起水泵的流量、扬程和效率迅速下降，甚至出现断流状态，如图 2-42 所示。

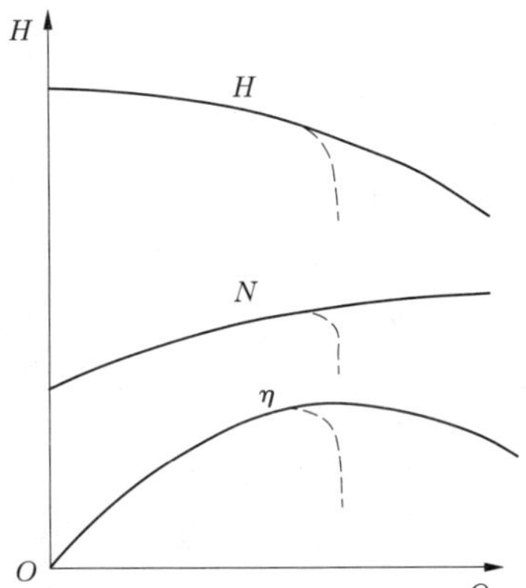

图 2-42 水泵汽蚀时特性曲线的变化

2. 允许吸上真空度——标志泵的吸水能力

吸上真空度 H_s：以真空度表示的泵入口处的绝对压力 p_1。

$$H_s = \frac{p_a - p_1}{\rho g} = H_x + \Delta H_x + \frac{v_x^2}{2g} \tag{2-33}$$

吸上真空度是以水头（水柱高）表示的吸水所需的总能量。吸水高度达到临界值（p_1 降到最小值）时，吸上真空度也达临界值 H_{smax}。

$$H_{smax} = H_{xcr} + \Delta H_x + \frac{v_x^2}{2g} \tag{2-34}$$

H_{smax} 随流量的增大而下降，此值一般由泵厂家用试验方法得到，只要水泵运转时入口处的真空度不超过此值，就不会发生汽蚀，为了安全，要求留出 0.3 m 的富裕量，实际许用值为泵的允许吸上真空度：

$$H_s = H_{smax} - 0.3 \tag{2-35}$$

水泵厂给的允许吸上真空度是指水温 20 ℃、大气压为 98 070 Pa 条件下的数值，条件不同时需换算。

3. 水泵吸水几何高度

为了防止水泵汽蚀，对吸水高度必须限制，但从水泵工作角度考虑，又希望有较高的吸水高度。

$$[H_x] = H_s - \Delta H_x - \frac{v_x^2}{2g} \tag{2-36}$$

（四）水泵正常工作条件

水泵正常工作条件包括稳定工作条件、经济工作条件和不发生汽蚀的条件。

（1）稳定工作条件：

$$(0.9 \sim 0.95) H_0 \geq H_c \tag{2-37}$$

式中 H_0 ——泵工作时，正常转速下零流量扬程，m；

H_c ——管路测地高度，m。

供电电压的变化，引起电动机和泵的转速变化，泵的特性曲线发生变化，出现两种不稳定情况（$H_0 < H_c$）：①同时出现两个工况点；②无工况点。

（2）经济工作条件：要求工况点位于工业利用区内，如图 2-43 所示。

$$\eta \geq (85 \sim 90)\eta_{max} \tag{2-38}$$

（3）不发生汽蚀的条件：水泵实际安装吸水高度 H_x 不得大于水泵允许安装的几何高度 $[H_x]$，即

$$H_x \leq [H_x] = H_s - \Delta H_x - \frac{v_x^2}{2g} \tag{2-39}$$

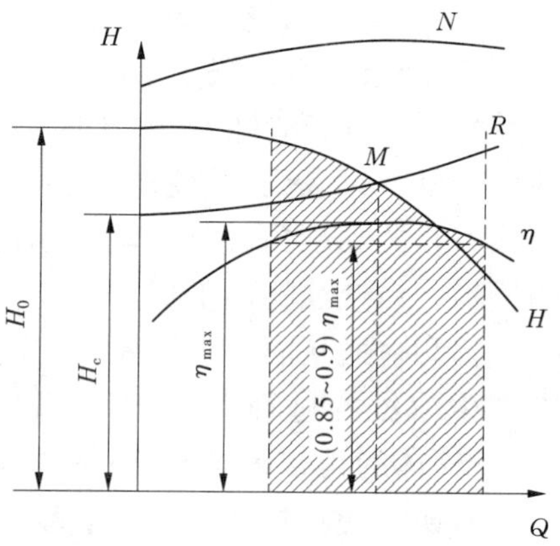

图 2-43 泵工业利用区的确定

（五）离心式水泵联合工作

一台泵工作不能满足排水要求时采用两台或多台泵联合工作，常用的联合工作方式是串联和并联。讨论和掌握联合工作的特点、目的、工况及各自的工况点。

1. 串联工作

多台水泵的吸、排水口彼此首尾相接于一条管路工作——多级泵。

(1)目的:增大扬程。

(2)特点:流量相等,扬程相加。

(3)等效泵的扬程特性曲线:等流量线上扬程相加。

(4)等效工况点(m)和串联条件下每台泵各自的工况点(m_1,m_2)和单独工作时的工况点:

$$Q_m = Q_{m1} = Q_{m2}, H_m = H_{m1} + H_{m2}$$

2. 并联工作

多台泵同时向一条管路输水。

(1)目的:增大排水量。

(2)特点:各台泵扬程相等,并等于管路所需扬程,两台泵流量之和等于管路流量。

(3)并联工作时等效泵扬程特性曲线:等扬程线上流量相加。

(4)等效工况点(m)和并联条件下每台泵各自的工况点(m_1,m_2)及单独工作时的工况点(1 点和 2 点)$Q_m > Q_1$,$Q_m > Q_2$,$Q_{m1} < Q_1$,$Q_{m2} < Q_2$,形成这种情况的原因是并联后管路流量加大,管路中水头损失相应增加。总地来说,管路阻力系数越小,管路特性曲线越平缓,并联效益越好;管路阻力系数越大,管路特性曲线越陡,并联效果越差。

并联极限工况点 L:等效泵扬程特性曲线与扬程特性较高的泵的特性曲线的交点。

三、离心式水泵的保养

(一)一级保养规程

时间规定:机泵累计运转 1 000 ± 16 h,由值班人员进行,主要作业内容如下:

(1)检查联轴器(靠背轮、对轮)的完好情况,扭紧螺丝,搞好卫生工作。

(2)更换或补填盘根,做到压盖平行压入,压盖距盘根盒端面距离不大于 5 mm,达到每分钟渗漏不超过 30 滴。

(3)检查清洗轴承,并填加或更换润滑油。

(4)检查清洗泵进口过滤网,校对进出口压力表。

(5)检查电机轴承和加注润滑油。

(6)检查并扭紧机组各部固定螺丝,处理各部管路渗漏。

(二)二级保养规程

时间规定:机泵累计运转 3 000 ± 24 h,以维修大班或机械工长为主,由值班人员配合。作业内容如下:

(1)全面完成一级保养作业内容。

(2)测量检查轴承间隙,必要时进行调整和更换,保证间隙符合相关技术标准规定。

(3)检查泵的工作窜量(平衡盘间隙):检查平衡盘磨损情况,调整泵的工作窜量,保证在总窜量的一半减 0.5 mm 范围内,必要时进行检修或更换新平衡盘和平衡环(套)。

(4)检查联轴器的同心度。

低压离心式泵径向允差为 0.10 mm,轴向允差为 0.10 mm 之内。

高压离心式泵径向允差在 0.06 mm 以内,轴向允差不超过 0.06 mm。

两对轮间距一般为 4 ~ 6 mm。

(三)三级保养规程(以 D300 - 150 × 11 型泵为例)

时间规定:机泵累计运行 10 000 ± 72 h,由泵修专业队伍在现场进行,泵站(队)维修大班人员配合。

作业步骤及内容如下:

(1)拆卸与泵连接的所有管线和泵吐出口法兰,并进行检查和清洗,要畅通无阻、无损伤。

(2)拆泵。

①松开后瓦盖螺丝,取出上下瓦。

②卸下后瓦架和尾盖。

③测量平衡盘间隙,并做好记录;松开后轴套锁紧螺母,取出后轴套,取下平衡盘,换上工艺套,装上后轴套,用轴套锁紧螺母锁紧,测量泵的总窜量,并做好记录;松开轴套锁紧螺母,取下后轴套、平衡盘,放在木板(或胶皮)上。

④松开吐出段与泵底座连接螺丝,拆掉平衡管。

⑤松开穿杠螺丝,取下吐出段。

⑥取下安装套(卸压套),取下最末级叶轮、中段,取下挡套、叶轮、中段,直到将第一级叶轮取下;用支轴架,将轴支起并将轴找平。

(3)清洗检查所有零件是否有裂纹、严重磨损、缺陷、麻坑等,需要更换的进行更换。

(4)测量尺寸:叶轮止口与密封环配合间隙标准:低压泵 0.45 ~ 0.50 mm,高压泵 0.5 ~ 0.6 mm;挡套与承磨套的配合间隙,标准为 0.45 ~ 0.55 mm。

(5)测量轴的弯曲度:用水平尺或框式水平仪将轴找平后,用百分表测量,最大弯曲度不超过 0.03 mm(低压泵为 0.05 mm)。转子安装标准:叶轮、挡套径向跳动不大于 0.03 mm,平衡盘端面跳动不大于 0.05 mm。叶轮内孔端面、挡套内孔端面跳动不大于 0.02 mm。

(6)组装:按拆卸的相反顺序进行,将穿杠螺丝紧好后,装上工艺套、后轴套,并用锁紧螺母锁紧,测量泵的总窜量,标准为 5 ~ 7 mm,卸下工艺套,装上平衡盘,测量泵的工作窜量。标准:工作窜量为总窜量的一半减 0.5 mm。装上尾盖、后瓦架、上下瓦,并进行瓦间隙的测量和调整,标准:顶间隙 0.18 mm 或 $2d$‰,其中 d 为轴径,单位为 mm。侧间隙为顶间隙的 1/2 左右。紧固泵出口端盖与泵底座螺丝。

(7)连接所有管线和出口法兰,达到不渗、不漏。加好盘根。

(8)检查联轴器,并进行找正,标准:径向和端面跳动不大于 0.06 mm,两对轮间隙为 4 ~ 6 mm,装好联轴器护罩。

(9)试运:由值班人员按启泵程序进行检查后,由值班人员启动泵,泵运转 24 h,一切正常后进行交接。

(四)泵的大修

以 D300 - 150 × 11 型高压注水泵为例,时间规定:"一保、二保、三保",一保周期 240 ~ 260 h,二保周期 1 400 ~ 1 500 h,三保周期 5 000 ~ 5 500 h 或临时急需,由泵修专业人员在专用厂房内进行。

作业步骤及内容如下:

(1)拆卸与泵连接的所有管线,并检查是否畅通、损坏,然后用布或木塞将两头堵好,以免脏物进入;拆卸泵的进、出口法兰螺丝,拆卸泵底脚与泵底座连接螺丝。

(2)用起吊设备将泵整体运回厂房,并紧固在临时底座上。

(3)拆卸顺序:

①取出前后盘根,拆卸平衡管,拆卸联轴器。

②拆卸前后轴瓦,并取下上下瓦;拆卸前后瓦架和尾盖。用支轴架将前后轴头支起,测量平衡盘间隙和泵的总窜量,并做好记录。

③松开后轴套锁紧螺母,取下后轴套、平衡盘(或工艺套)、平衡套(或静平衡盘)、卸压套。

④松开穿杠螺丝,取下吐出段。

⑤取下末级叶轮、挡套、中段、导翼,取下次级叶轮、挡套、中段、导翼,依次类推,直到取下首级叶轮。取下轴,并松开前轴套锁紧螺母,取下前轴套。

⑥从中段上取下密封环,从导翼上取下承磨套。

(4)清洗所有配件,检查是否有裂纹、严重磨损、缺陷、气孔、麻坑等,若发现问题进行处理或更换新配件。

(5)组装前的准备:

①对叶轮、挡套、承磨套、密封环、平衡盘、平衡套(或静平衡盘)进行尺寸测量,并做好记录,对不合格的进行更换。在专用芯轴上用百分表对叶轮、挡套、平衡盘、前后轴套径向和内孔端面跳动进行测量,对不合格的进行研磨或更换。标准:内孔端面跳动允差 0.02 mm,径向跳动允差 0.03 mm。

②测量轴的弯曲度:将轴架在 V 形铁上,用百分表测量。标准:中间 0.03 mm 以下,两端 0.02 mm 以内;不合格则进行校直或更换。

③转子小装:将检查合格的叶轮、挡套、安装套(或卸压套)、平衡盘、前后轴套装在轴上,并用前后轴套锁紧螺母紧固好,将整个转子放在 V 形铁上,用百分表测量叶轮、挡套、平衡盘的径向和端面跳动。标准:径向和端面跳动允差为 0.05 mm。不合格时进行调整或对叶轮、挡套、平衡盘、卸压套、前后轴套端面进行研磨,直到合格,并做好记录。

④测量密封环、承磨套外径和内径尺寸,并做好记录。叶轮止口与密封环配合间隙、挡套与承磨套配合间隙为 0.50 ~ 0.60 mm 和 0.45 ~ 0.55 mm。

⑤将检查合格的承磨套装在中段上,将第一级密封环装在吸入段上,将平衡套(或平衡板)装在吐出段上。

⑥将检查合格的轴,装上前轴套、前轴套锁紧螺母,并将前尾盖装在吸入段上,将前瓦架与尾盖连在一起;将轴穿进吸入段,并将前瓦装好,用支轴架将轴后端支起。

(6)组装:

①装第一级叶轮、挡套、导翼、中段,再装第一个次级叶轮、挡套、导翼、中段,依次类推,装完末级叶轮后装卸压套(或安装套),装上吐出段,用穿杠螺丝将吸入段、吐出段、中段紧固在一起,紧螺丝时注意对角紧,并用专用工具测量前后端盖的平行度,以免紧偏。

②装上工艺套、后轴套,并用前后轴套锁紧螺母将转子紧固好,测量泵的总窜量,并做好记录。标准:5 ~ 7 mm。换下工艺套,装上平衡盘,测量泵的工作窜量,即平衡盘间隙,标准:工作窜量为总窜量的一半减 0.5 mm,并做好记录。

③装上后尾盖和后瓦架,装好上下瓦,并用压铅丝法和塞尺测量轴瓦顶间隙和侧间隙。

标准:顶间隙为0.18 mm左右(或2d‰),侧间隙为顶间隙的1/2左右。如不合标准,则进行调整或更换,前轴瓦用同样方法进行测量和调整,并做好记录。

④测抬量:拆卸上下瓦,测出总抬量,装好下瓦,测出上抬量,上抬量为总抬量的1/2加0.05 mm。

⑤加好盘根,装上联轴器,连接好平衡管。

(7)用起吊设备将整台泵吊往现场安装。

(8)联轴器找正:用两块百分表进行对轮找正,用调整泵与底座前后底脚垫片的办法,使径向允差和端面允差分别在0.06 mm以内,两对轮间距为4~6 mm。

(9)紧固好泵与底座连接螺丝,连接好进出口法兰(注意加垫子或钢圈),连接好所有辅助管线。

(10)对电机进行正反转试验,确认转向与泵转向一致后,连接对轮螺丝,盘泵3~5圈后装好对轮护罩,准备试运。

(11)由值班人员按照启泵程序进行检查和启泵。

(12)验收。

离心泵运转24 h后,由泵修专业人员和泵站机械工长进行验收交接。验收的主要内容如下:

①泵的效率要达到铭牌规定。

②对轮间隙、平衡盘间隙、排量、压力、轴瓦温度、盘根温度和漏失量、泵和电机振动等情况,要达到标准要求。

③检修资料整洁、清楚、齐全。

四、离心式泵常见故障原因及排除方法

离心式泵在使用过程中发生故障是比较常见的,原因也是多种多样的,正确地进行分析和判断,才能准确、迅速地找出真正原因,加以排除,减少损失,保证泵正常运转。主要方法是看、听、闻、摸、思考,先从简单的故障原因查起,通过分析、判断找出真正的原因,而后采取具体的处理措施,一定会达到良好效果。离心式泵常见的故障原因及排除方法如表2-6所示。

表2-6 离心泵常见故障原因和排除方法

故障现象	故障原因	排除方法
一、开泵后不上水,出口压力表无读数,吸入真空表负压较高	1. 来水阀门未开或阀板脱落 2. 泵进口过滤器被堵死 3. 来水管线堵死不通 4. 进口法兰垫没开孔或盲板未拆掉	1. 打开来水阀门或检修阀门 2. 打开盖板,清洗过滤器 3. 检查来水管线并清堵弄通 4. 更换法兰垫或拆掉盲板
二、开泵后不上水、出口压力表无读数	1. 泵内和吸入管线内没灌满水,有空气 2. 罐内液面过低 3. 叶轮流道堵死 4. 电机转向错误(反转)	1. 重新灌泵,放净空气 2. 提高罐内液面 3. 检查叶轮,清除堵塞物 4. 调换电机相序,使电机转向与泵转向一致

续表 2-6

故障现象	故障原因	排除方法
三、开泵后不出水,压力正常	1. 出口管线堵塞 2. 出口阀门闸板脱落 3. 干线压力(或回压)高于泵压 4. 出口单流阀卡死,未打开	1. 检修出口管线 2. 检修出口阀门或更换 3. 调整管路特性或多开泵 4. 检修单流阀
四、泵出口流量不足,未达到额定流量	1. 开泵太多来水不足 2. 罐内积砂太多、出口管路有堵塞现象 3. 干线压力高(回压高) 4. 进口过滤器被杂物堵塞 5. 供水管线直径太小,阻力太大 6. 叶轮被堵塞或叶轮、导翼被损坏 7. 口环与叶轮、挡套与衬套有严重磨损、间隙过大 8. 平衡盘磨损,平衡压力太高,漏失量过多 9. 流量计不准	1. 调整开泵台数或更换大直径来水管线 2. 清理大罐,清理出口管路 3. 调整回压 4. 清洗过滤网 5. 更换供水管线 6. 检查清理或更换叶轮导翼 7. 拆泵进行“三保”更换配件 8. 调整平衡盘工作间隙或更换磨损件 9. 校对流量计
五、水泵不能启动或启泵后轴功率大	1. 出口阀门开度过大,超过铭牌规定太多 2. 泵转子与定子发生严重摩擦 3. 轴承损坏摩擦严重 4. 电机转速太高,超规定 5. 电机与泵偏心,振动严重 6. 泵轴刚性太差,弯曲 7. 盘根加多或压的太紧 8. 电压特低	1. 关小出口阀门,调整到正常位置 2. 调整转子位置或检修消除摩擦 3. 更换轴承,正确装配 4. 降低泵的转数,调整匹配电机 5. 重新找好同心度 6. 更换泵轴或校直泵轴 7. 调整盘根压盖,紧度适中 8. 与供电单位联系,调整电压
六、泵振动大并发出杂音超出规定值	1. 机泵不同心偏差太大 2. 基础不坚固地脚螺丝松动,设计安装不合格 3. 泵内未灌满水,有空气 4. 排量过大或过小 5. 进出水管线没固定,悬空 6. 轴承严重磨损,间隙过大 7. 转子不平衡,内部磨损严重 8. 泵轴弯曲引起定转子摩擦,叶轮、口环、导翼损坏 9. 联轴器不规矩,缺螺丝和垫圈、胶圈损坏 10. 平衡盘严重磨损,造成轴向推力过大	1. 重新检查校正同心度 2. 加固基础,扭紧地脚螺丝,检查安装质量,采取补救措施 3. 重新放空灌水 4. 调整泵出口阀门,合理控制 5. 检查问题所在,重新加固管线 6. 检查轴承,重新调整或更换 7. 进行检修,更换配件 8. 进行检修,换掉损坏的配件 9. 修理或更换联轴器,配齐螺丝、胶圈和垫圈 10. 检查平衡机构,进行修理或更换,平衡轴向推力

续表 2-6

故障现象	故障原因	排除方法
七、盘根漏失严重,或溅水	1. 盘根盒里面衬垫磨损严重与轴套间隙过大 2. 泵轴弯曲超过标准 3. 轴套磨损严重,出现沟槽 4. 盘根质量差,不合格或加填方法不对,对接口在同一方向 5. 泵转子磨振动过大,间隙过大 6. 泵轴套端面密封不好或轴套锁紧螺母松动,高压水从轴套内径与轴之间溅出,成雾状	1. 更换衬垫或重新镶套 2. 检修泵轴或更换泵轴 3. 更换轴套 4. 更换质量好的盘根 5. 检修泵,更换配件,调整好配合间隙 6. 重新研磨轴套与叶轮端面,或加紫铜皮垫子,并紧固轴套锁紧螺母
八、盘根过热冒烟	1. 盘根料硬度过大,没弹性 2. 盘根压盖压偏或压得太紧,偏磨轴套 3. 填料水封环位置不正,冷却水不通 4. 盘根长度过长,接头重叠起棱、偏磨	1. 重新选择弹性好的盘根 2. 调整压盖,松紧适度,不能偏磨 3. 找好水封环位置,使冷却水畅通 4. 切割盘根长度要准确,接口偏角为 45°或 30°
九、轴承发热或轴瓦研坏	1. 轴与轴承配合不好或端部压偏 2. 轴承磨损严重,弹子盘沙架损坏 3. 润滑油过多、过少,或有杂质 4. 转子动平衡不好,振动太大 5. 油环带油不好 6. 泵轴弯曲或椭圆度过大 7. 机组不同心,振动过大 8. 轴瓦与轴配合不好,接触面不够 9. 冷却效果不好	1. 调整配合间隙,压紧适度 2. 修理或更换轴承 3. 添加适量润滑油,保证油质洁净 4. 检查转子动平衡,消除振动 5. 检查油环质量或加适量的油 6. 检查修理泵轴 7. 重新对机组进行找正 8. 检查轴瓦,重新刮研或更换轴瓦 9. 调整冷却水量,处理不当之处
十、运转的泵停泵后转子盘不动	1. 泵内结垢严重,间隙过小 2. 运转时间长,配件有破碎现象,卡死泵轴 3. 操作不合理,多级泵平衡盘黏结咬死	1. 停泵解体,清除污垢 2. 检修检查内部配件更换配件 3. 检查平衡机构,进行处理
十一、停泵后机泵倒转	1. 泵出口单流阀不能自动关闭 2. 违反操作规程,没关出口阀门 3. 泵出口阀门有问题,没关严	1. 检查检修单流阀 2. 正确操作关闭出口阀门,再停泵 3. 检查检修出口阀门
十二、多级泵平衡盘磨损过快	1. 轴向推力过大,平衡效果差 2. 平衡盘颈部间隙小,平衡盘推不开 3. 平衡管及进出口孔道堵塞,平衡盘背侧压力卸不掉 4. 泵启动放空没放净抽空,造成轴向推力太大	1. 调整平衡机构 2. 适当扩大颈部间隙 3. 清理检查平衡管及孔道,保证畅通 4. 放空彻底,合理操作控制好泵流量和罐的液面

续表 2-6

故障现象	故障原因	排除方法
十三、泵内过分发热或汽化	1. 泵内没灌水，抽空 2. 排量过小或泵出口阀在关死状态工作	1. 停泵，放空，灌满水 2. 适当打开出口阀门保证足够的排量
十四、泵压突然下降	关闭出口阀门，如果泵压正常，可确定排出管线穿孔或断裂	维修管线

复习思考题

1. 矿井生产中水仓有什么作用？至少要几个？
2. 为什么要将主水泵房设置在副井井底车场附近？
3. 矿山排水设备由哪几部分组成？其上设置底阀、调节闸阀和逆止阀的目的是什么？
4. 为什么说水泵特性曲线与管路特性曲线的交点就是水泵的工况点？
5. 产生汽蚀现象的原因是什么？它对泵工作有哪些危害？如何防止汽蚀现象的产生？
6. 厂家给定的允许吸上真空度的条件是什么？如何正确确定水泵的吸水高度？
7. 采用减少叶轮个数调节多级水泵工况点时，为什么不能拆除吸水侧叶轮？应当拆除哪一个？
8. 叶轮主要有哪几种结构？各有何特点？
9. 为什么大、小口环磨损后会恶化水泵的性能？
10. 填料的松紧程度如何确定？为什么？
11. 分别说明 D 型泵、B 型泵和 IS 型泵的使用范围。
12. 装在吸水面上的离心式水泵，为什么在启动前必须要先向泵和吸水管内充满水？
13. 试述离心式水泵启动和停泵的操作过程。
14. 离心式水泵为什么不能过久地在关闭调节闸阀的情况下运转？
15. 试述水泵启动时吸不上水的原因及处理方法。
16. 提高排水设备经济运行的措施有哪些？

情景三　通风设备维护与故障处理

■ 教学目的和要求

◇ 主要介绍矿井通风设备的作用、矿井通风系统、矿用风机分类、通风机工作理论、通风机在网路上工作和矿用通风机的结构及性能。通过学习,应能了解矿井通风设备的作用,掌握离心式风机和轴流式风机结构及性能特点、矿井通风系统、矿用风机分类、通风机工作理论、通风机在网路上工作和通风机的选型。

■ 重点和难点

◇ **重点**:矿用风机的分类、作用、结构及性能特点,通风机工作理论和通风机在网路上工作特性分析。

◇ **难点**:通风机在网路上工作和通风机的选型。

■ 考核知识点和考核要求

◇ **识记**:应掌握矿用风机分类、作用,离心式风机与轴流式风机结构及性能特点。

◇ **领会**:通风机工作理论。

◇ **综合应用**:通风机在网路上工作特性分析。

任务一　认识矿井通风设备

一、矿井通风设备的作用

(一)主通风设备的作用

(1)稀释井下的有害气体并将其排出至地表,及时将新鲜空气送入井下,以保证井下人员能够安全、高效地劳动和工作。井下由于采矿作业而产生的有害气体,在煤矿中主要有储藏在煤层中的瓦斯,如沼气、碳酸气、一氧化碳、二氧化碳等。井下这些有害气体,如不及时排出,就会毒害井下工作人员,轻者降低劳动生产率,重者造成中毒事故,甚至造成死亡。这些气体中,有的超过一定浓度(如一氧化碳、沼气等)还会引起爆炸。

(2)排出井下混入粉尘的污浊空气。岩石巷道作业中产生的矿石和岩石的微粉尘会飘浮在井下空气中,造成空气污浊。特别是飘混在空气中的二氧化硅(SiO_2)粉尘,对人体的危害很大。长期工作在这种环境中,人易患矽肺病。除此之外,在采煤过程中,产生的大量煤尘,虽然对人的危害不及岩石粉尘那样严重,但是由于它可以引起爆炸,所以及时排出煤矿中的细煤尘就成为煤矿井下通风的一项重要任务。

(3)降低井下工作环境的温度。由于井下作业地处井下几百米,其温度要比地表高很多,及时送入新鲜空气,使井下温度经常保持在 26 ℃以下,以改善工人工作的高温环境。

(4)增加井下空气的含氧量。井下坑木腐烂、矿物氧化、人员呼吸等造成井下空气含氧量下降,如不及时补充,会影响井下人员的正常工作。

因此,要求通风设备必须安全、可靠地运行。

(二)对主通风设备的要求

主要通风机的安装和使用应符合下列要求:

(1)主要通风机必须安装在地面;装有通风机的井口必须封闭严密,其外部漏风率在无提升设备时不得超过 5%,有提升设备时不得超过 15%。

(2)必须保证主要通风机连续运转。

(3)必须安装 2 套同等能力的主要通风机装置,其中 1 套作备用,备用通风机必须能在 10 min 内启动。在建井期间可安装 1 套通风机和 1 部备用电动机。生产矿井现有的 2 套不同能力的主要通风机,在满足生产要求时,可继续使用。

(4)严禁采用局部通风机或风机群作为主要通风机使用。

(5)装有主要通风机的出风井口必须安装防爆门,其面积不得小于该井断面面积,并且必须正对风井风流方向。

(6)至少每月检查 1 次主要通风机。改变通风机转数或叶片角度时,必须经矿技术负责人批准。

(7)新安装的主要通风机投入使用前,必须进行 1 次通风机性能测定和试运转工作,以后每 5 年至少进行 1 次性能测定。

(8)生产矿井主要通风机必须装有反风设施,并能在 10 min 内改变巷道中的风流方向。当风流方向改变后,主要通风机的供给风量不应小于正常供风量的 40%。

(9)主通风机因检修、停电或其他原因需要停风时,必须制定停风措施,经总工程师批准。

(10)要有两条专用供电线路。

(11)安装在工业广场内或城镇居民区的通风设备,若噪声超过《工业企业厂界环境噪声排放标准》(GB 12348—2008),应进行综合治理。

二、矿井通风方式和通风系统

(一)矿井通风方式

矿井主要通风机的工作方式有抽出式、压入式和压抽混合式三种。我国 90% 以上的矿井采用抽出式工作方法,如图 3-1 所示。

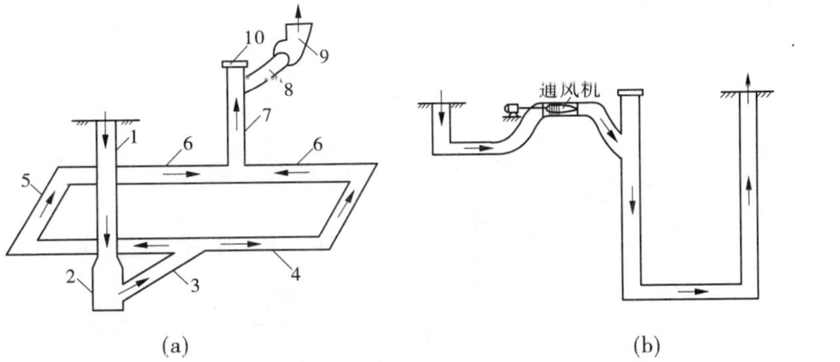

1—进风井;2—井底车场;3—运输石门;4—运输平巷;5—回采工作面;
6—回风巷;7—出风井;8—风硐;9—通风机;10—风门

图 3-1 矿井通风方式示意图

(二)矿井通风系统

(1)中央并列式:利用布置在井田中央的主、副两个井筒,一个进风,一个出风。采用这种通风方式的好处是两个井筒打通后就可实现通风,如图 3-2(a)所示。

(2)对角式:利用位于井田中央位置的主要井筒中的副井进风,在井田两翼边界处各装一台风机,将井下污浊空气抽出的一种通风方式,如图 3-2(b)所示。

(3)中央边界式:利用主要井筒进风,而通风机装在井田边界上,将井下污浊空气抽出的一种通风方式,如图 3-2(c)所示。

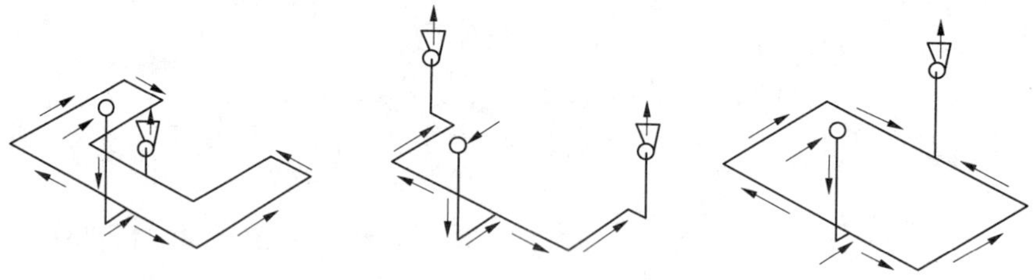

(a)中央并列式　(b)对角式　(c)中央边界式

图 3-2　矿井通风系统示意图

三、矿井通风机的分类

(1)按流体在叶轮内的流动方向分:离心式、轴流式、混流式、对旋式。

(2)按叶轮数目分:单级风机和多级风机。

(3)按叶轮进风口数目分:单侧进风式(叶轮只有一个进风口)、双侧进风式(叶轮有两个进风口)。

(4)按通风机产生风压大小分:低压风机(全压低于 1 000 Pa)、中压风机(全压在 1 000 ~ 3 000 Pa)和高压风机(全压在 3 000 ~ 15 000 Pa)。

(5)按用途分:主要通风机(主扇),负责全矿井、一翼或一个分区的通风;局部通风机(局扇),负责掘进工作面或加强采煤工作面通风。

单级、单侧进风离心式通风机如图 3-3 所示。单级、双侧进风离心式通风机如图 3-4 所示。

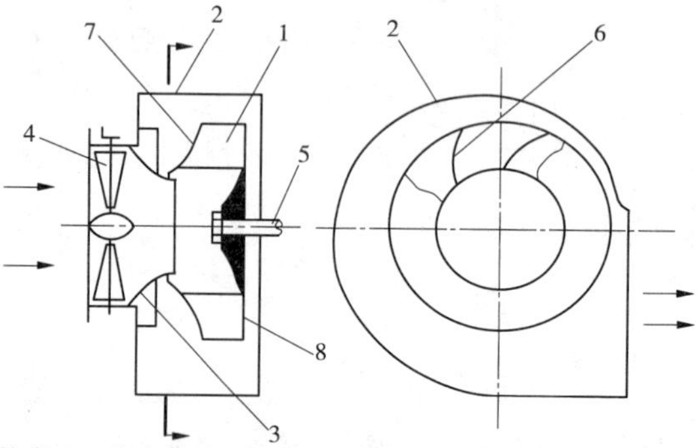

1—叶轮;2—外壳;3—集流器;4—轴向导流器;5—主轴;6—叶片;7—前盘;8—后盘

图 3-3　单级、单侧进风离心式通风机

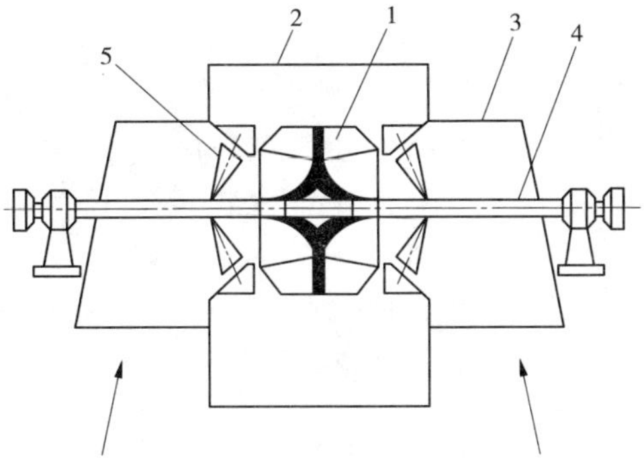

1—叶轮;2—外壳;3—进风箱;4—主轴;5—轴向导流器

图 3-4 单级、双侧进风离心式通风机

离心式通风机叶轮结构示意图如图 3-5 所示。离心式通风机蜗壳如图 3-6 所示。

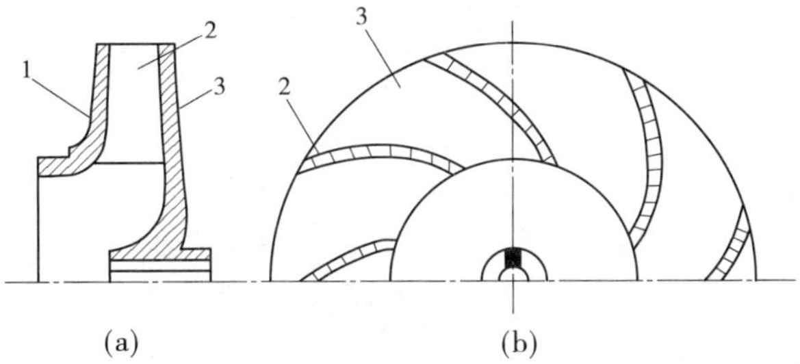

1—前盘;2—叶片;3—后盘

图 3-5 离心式通风机叶轮结构示意图

图 3-6 离心式通风机蜗壳

单级、轴流式通风机示意图如图 3-7 所示。两级、轴流式通风机如图 3-8 所示。

对旋轴流式主通风机的扩散器如图 3-9 所示。对旋轴流式主通风机的扩散弯头如图 3-10 所示。

对旋轴流式主通风机如图 3-11 所示。对旋式局部通风机如图 3-12 所示。局扇风筒如图 3-13 所示。

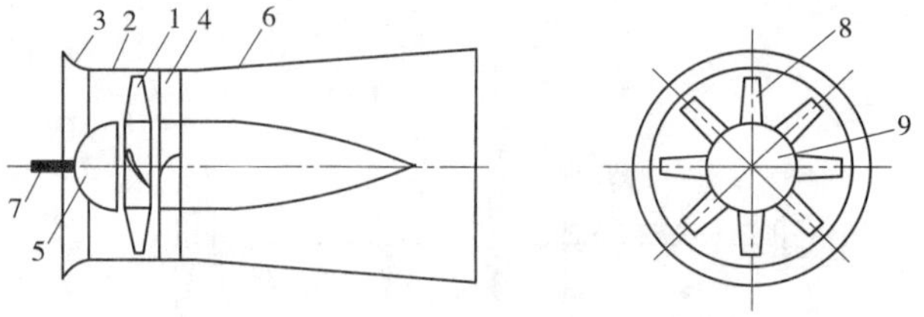

1—叶轮;2—外壳;3—集流器;4—后导叶;5—疏流罩;6—扩散器;7—主轴;8—叶片;9—轮毂

图 3-7 单级、轴流式通风机示意图

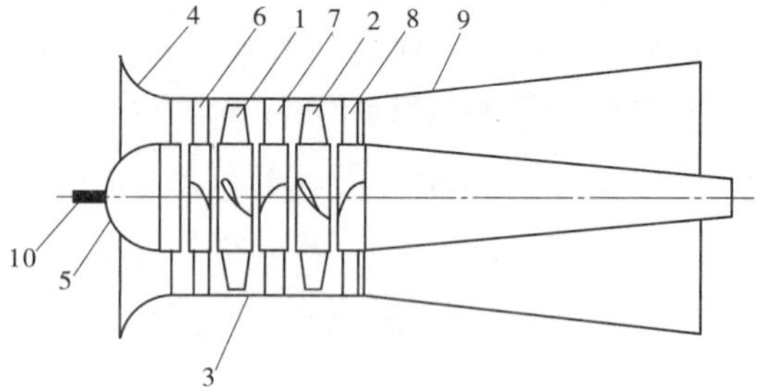

1—一级叶轮;2—二级叶轮;3—外壳;4—集流器;5—疏流罩;

6—前导叶;7—中导叶;8—后导叶;9—扩散器;10—主轴

图 3-8 两级、轴流式通风机

图 3-9 对旋轴流式主通风机的扩散器

图 3-10 对旋轴流式主通风机的扩散弯头

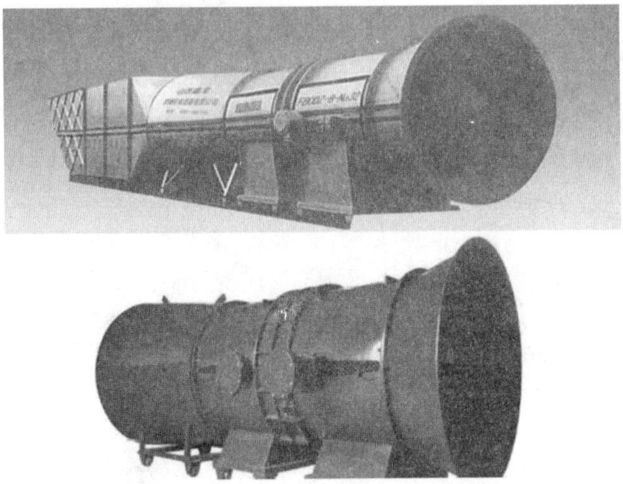

图 3-11　对旋轴流式主通风机

图 3-12　对旋式局部通风机

图 3-13　局扇风筒

四、矿用通风机构造

(一)离心式通风机构造

离心式通风机主要由动轮(工作轮)、螺形外壳和扩散器组成,如图 3-14 所示。离心式通风机运转时,空气由进风道沿与机轴平行的方向吸入,经直角转弯,在旋转的动轮推动下,依靠离心力的作用,使空气经扩散器排出。目前,我国煤矿使用的离心式通风机主要有G4-72型、G4-73型和K4-73型等。这些类型的通风机具有规格齐全、效率高和噪声低等特点。

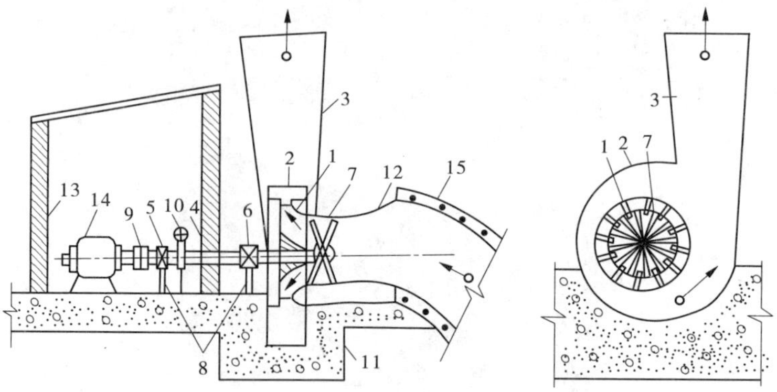

1—动轮;2—螺形外壳;3—扩散器;4—通风机轴;5—止推轴承;6—径向轴承;
7—前导器;8—轴承架;9—齿轮联轴器;10—制动器;11—机座;12—吸风口;
13—通风机房;14—电动机;15—风硐

图 3-14　离心式通风机

离心式通风机的主要气动部件是叶轮、集流器和外壳。用于矿井通风的离心式风机属于中、低压风机。过去,它的叶轮叶片多采用圆弧形;近年来,多采用机翼型叶片。图 3-15和图 3-16 分别给出了可用于矿井通风的 4-72 型和 4-73 型风机空气动力略图。中、低压风机叶轮多采用后弯叶片,叶片安装角在 108°~165°,4-72 型和 4-73 型风机的安装角一致,均为 135°。叶轮的叶片数目,与叶片安装角以及叶轮外径对内径的比值有关,通过试验可以找到某一最佳值,G4-72 型和 G4-73 型风机的叶轮叶片数目均为 10 片。

集流器的作用是保证气流平稳地进入叶轮,使叶轮得到良好的进气条件,而且应尽量减少在集流器中的流动损失。4-72 型和 4-73 型风机的集流器是锥弧形的,它的前部是圆锥形的收敛段,后部是近似双曲线的扩散段,前后两段之间的过渡段是收敛度较大的喉部。气流进入这种集流器后,首先是缓慢加速,在喉部形成高速气流,而后又均匀扩散,均匀地充满整个叶轮叶道。集流器的喉部形状和喉部直径,对风机效率有较大影响。集流器与叶轮入口部分之间的间隙形式和大小,对容积损失和流动损失有重要影响。4-72 型和 4-73 型风机采用径向间隙,通过这种间隙的泄漏气流方向,与主气流方向一致,不会干扰主气流。此外,为了减少容积损失,在工艺允许的条件下,应尽可能采用较小的间隙尺寸。

风机外壳的作用是汇集从叶轮流出的气流,并输送到外壳的出口。外壳截面呈矩形,型线呈螺壳状。假定气流在所有径向截面中的流速保持常数,其螺壳的型线应是阿基米德螺线;或假定叶轮出口绝对速度在圆周方向的分量,即旋绕速度 c_{2u} 的分布规律为 $c_{2u}R$ = 常数,则螺壳的型线为对数蜗旋线。对于这两种型线,均可用结构方形法近似地绘出。如图 3-16所示,以螺壳的开度 $A=64$ 的 1/4 为边长作结构方形,分别以方形的四个顶点为圆心,以 R_1、R_2、R_3、R_4 为半径作圆弧,即得外壳的型线。

其中,$R_1 = r_2 + \frac{1}{8}A = 50 + \frac{1}{8} \times 64 = 58$;$R_2 = r_2 + \frac{3}{8}A = 50 + \frac{3}{8} \times 64 = 74$;

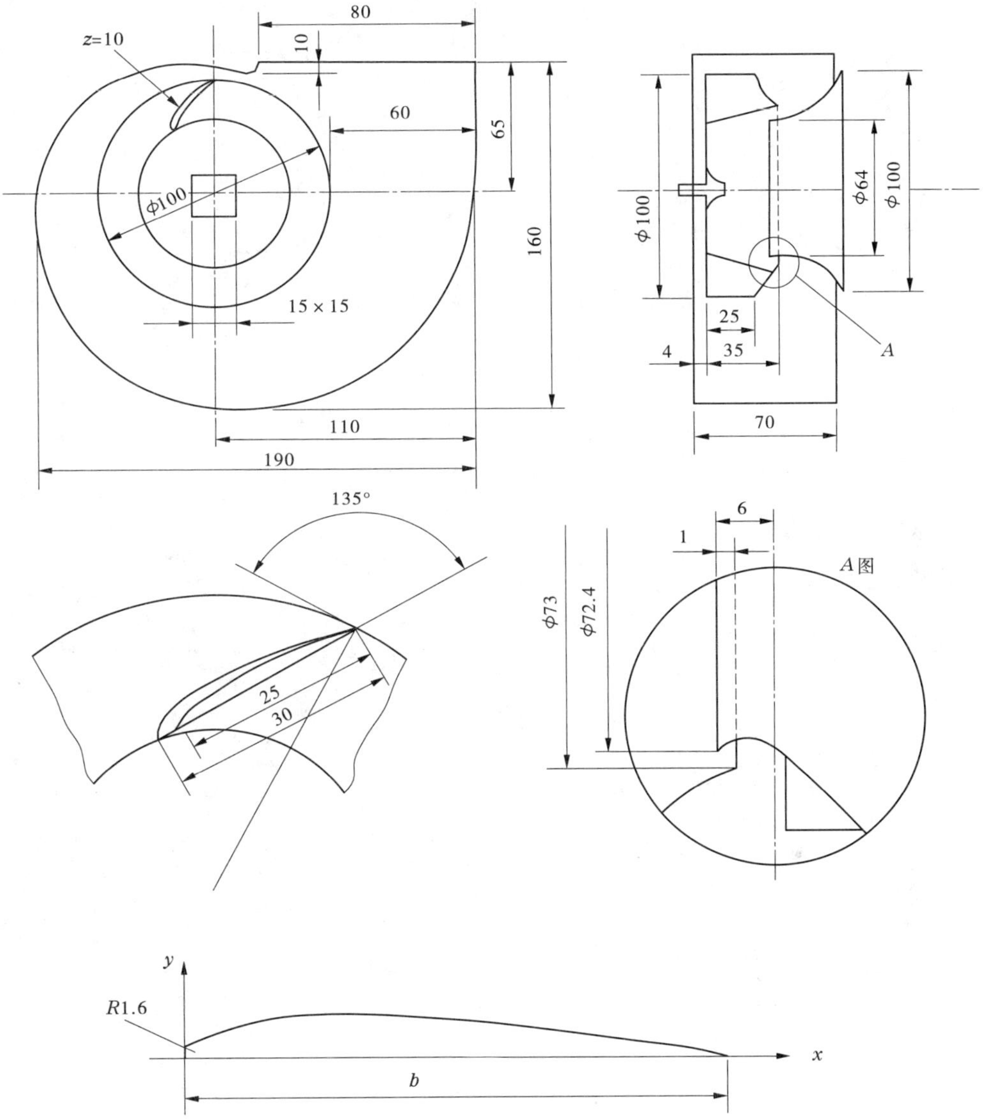

图 3-15　4-72 型风机空气动力略图

$$R_3=r_2+\frac{5}{8}A=50+\frac{5}{8}\times 64=90;R_4=r_2+\frac{7}{8}A=50+\frac{7}{8}\times 64=106。$$

上式中的 r_2 为叶轮外缘半径。至于外壳的舌部与叶轮外缘之间的间隙 s，若过大，将产生大量的回流；若过小，则效率下降，噪声加大。通常取 $s/D_2=0.05\sim0.10$。

双进风的离心式风机，在入口处装有进风箱，如图 3-17 中部件 4 所示。进风箱的作用是将外界气流导入风机入口，其几何形状对叶轮入口速度场有较大影响。旧式进风箱一般用矩形截面的直角弯头，常出现涡流区，内阻大。图 3-18 是一种新型结构的进风箱，在转弯处装了一块倾斜 30°的复板（图中部件 A），箱外侧采用后斜平板。这种进风箱使气流平稳地进入叶轮，阻力较小。

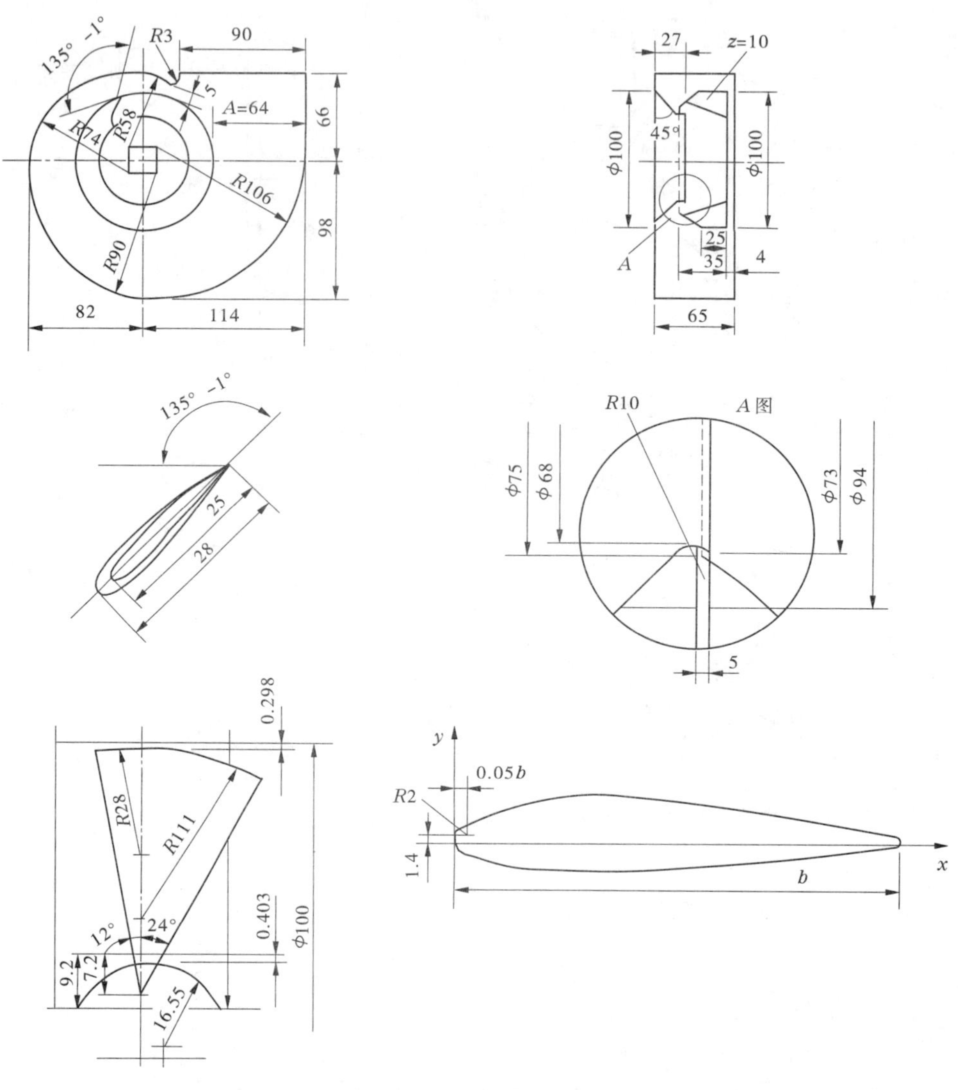

图 3-16　4－73 型风机空气动力略图

中、小型矿井用的 4－72－11 型风机和 G4－73 型风机是按 4－72 和 4－73 型风机的空气动力略图制造的。4－72－11 型离心风机结构如图 3-19 所示，主要结构是焊接的，机翼型叶片用优质锰钢板制成。矿山常用的№16（16 表示叶轮直径 1 600 mm）和№20 的外壳可拆成三部分，上下可分开，上半部又可左右分开，各部分之间用螺栓连接，拆卸方便，易于检修。为适应在各种条件下应用，外壳的出口可以位于轴下部，水平向外；可位于轴上部，垂直向上；亦可位于轴上部，水平向外。除此之外，叶轮还分为右旋和左旋两种。风机与电动机的连接方式分为无轴承箱直联或采用滚动轴承支承，用联轴器连接，适用于矿井通风用的 No. 16 和No. 20的传动方式为皮带传动，风机端的皮带轮，采用两端支承。

4－72－11 型离心风机的类型特性如图 3-20 所示。其中，标有 No. 5 的各条曲线，用于机号 No. 5、No. 6、No. 8 风机，标有 No. 10 的各条曲线用于机号 No. 10、No. 12、No. 16 和

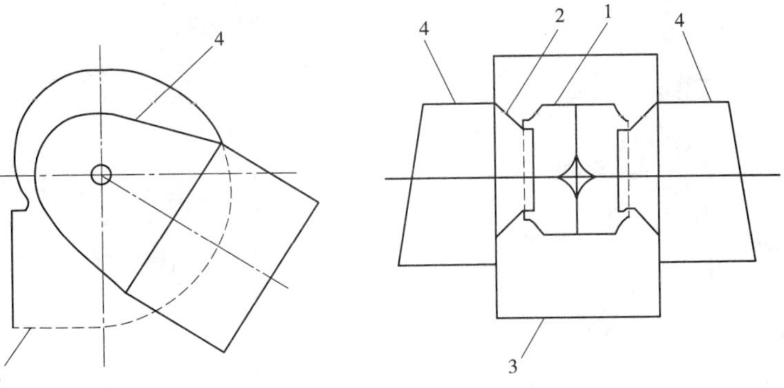

1—叶轮;2—集流器;3—外壳;4—进风箱

图 3-17　双进口离心式通风机

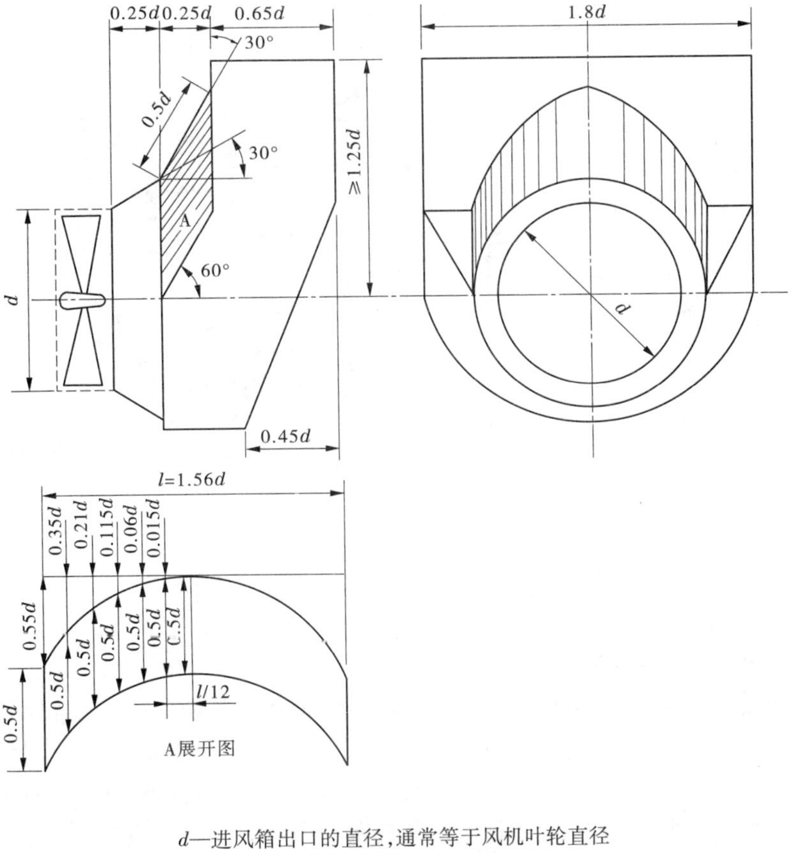

d—进风箱出口的直径,通常等于风机叶轮直径

图 3-18　新型结构的进风箱

No. 20风机。

G4 – 73 – 11 型离心风机结构如图 3-21 所示(G 表示锅炉用),与 4 – 72 – 11 型相比较,该类型装有前导器,可在 0° ~60°范围内调整。其风压和风量较 4 – 72 – 11 型大,效率达

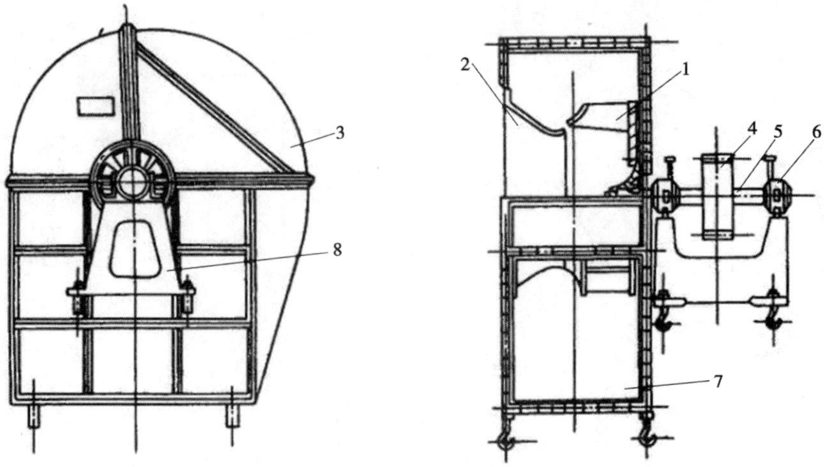

1—叶轮;2—进风口;3—机壳;4—皮带轮;5—轴;6—轴承;7—出风口;8—轴承座

图 3-19　4－72－11 型离心风机结构

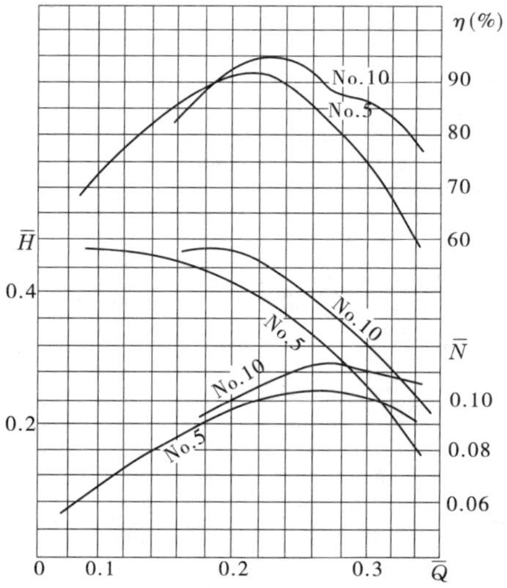

图 3-20　4－72－11 型离心风机类型特性

93%。其类型特性如图 3-22 所示。

大型矿井通风用的离心式 K4－73－01 型风机结构如图 3-23 所示。风机具有双入口，叶轮、集流器、进风箱和外壳的上半部用钢板焊接。传动实心短轴用优质钢制成，各轴承采用静阻力矩较小的滚动轴承。由于叶轮轴两侧出头，故电机可以随意装在任一侧。因此，在开采末期更换大电机时，不必停车，即可事先在另一侧装好电机，等待联结。风机外壳下半部由用户用混凝土制成。K4－73－01 型风机的类型特性如图 3-24 所示。

(二)轴流式通风机构造

轴流式通风机主要由集风口、流线罩、前导器、动轮、整流器和扩散器等部件组成，如图 3-25所示。轴流式通风机运转时，空气沿着机轴进入集风口，动轮旋转把空气向前推动，产生压力，然后经扩散器排出。我国煤矿在用的

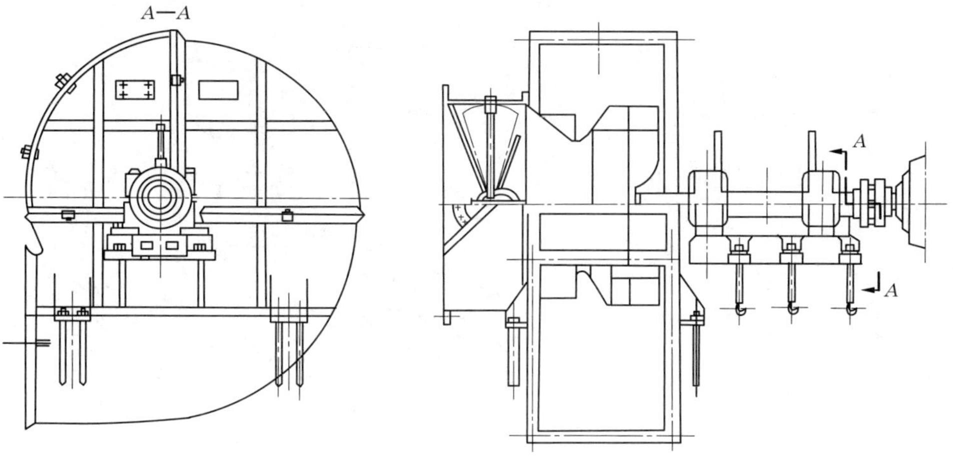

图 3-21 G4－73－11 型离心风机结构

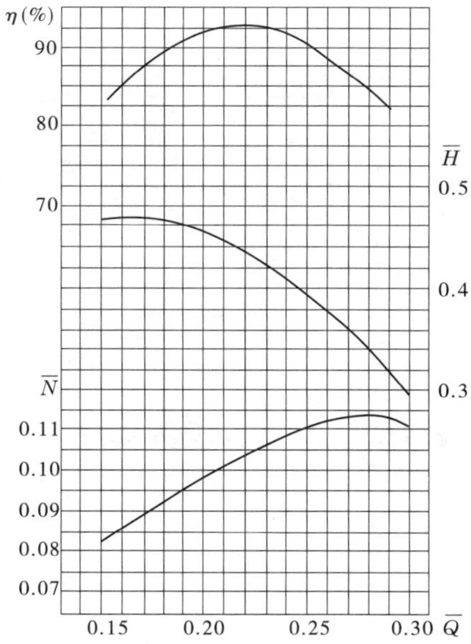

图 3-22 G4－73－11 型离心风机类型特性

轴流式通风机有 1K58、2K58、GAF 和 BD 或 BDK(对旋式)系列轴流式通风机。

叶轮是风机的主要部件，决定着风机性能的主要因素是风机翼型、叶轮外径、外径对轮毂直径的比值(轮毂比)和叶轮转速。适用于矿用风机的翼型有对称翼型、CLARK－Y 翼型和 RAF－6E 翼型等。叶轮外径和风机轴转速决定圆周速度，直接影响到风机全压。轮毂比与风机比转速有关。一般来说，轮毂比大时，轴向速度 c_a增大，叶片数目 z 和叶片相对宽度 b/l(b 为弦长，l 为叶片展长)也相应增大，风机的风压系数提高；反之，轮毂比小，多数取 0.6，风压系数也较低。叶轮叶片安装角直接影响旋绕速度的增量，影响风机全压。通常，可在 10°～45°范围内调整叶轮叶片安装角。

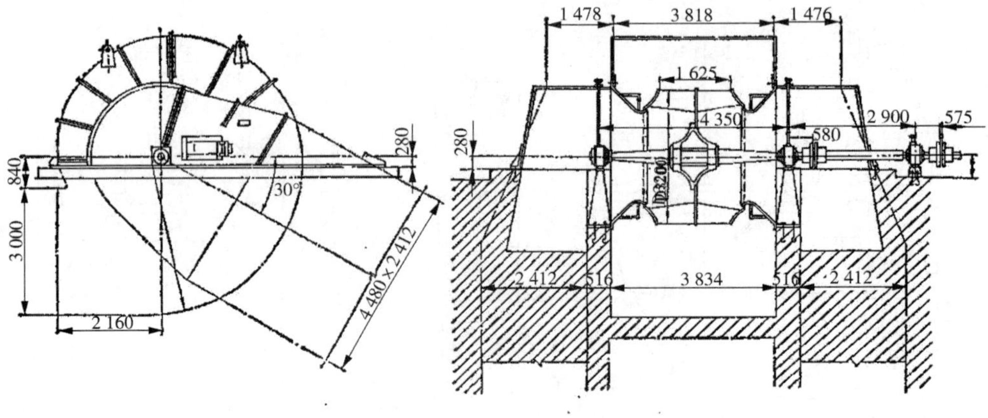

图 3-23　K4－73－01 型风机结构

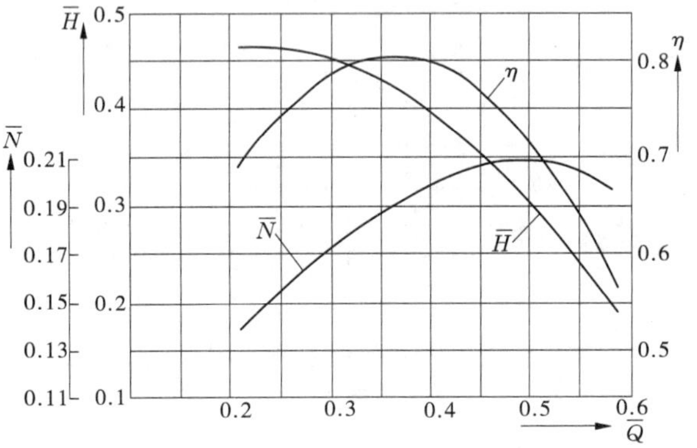

图 3-24　K4－73－01 型风机类型特性

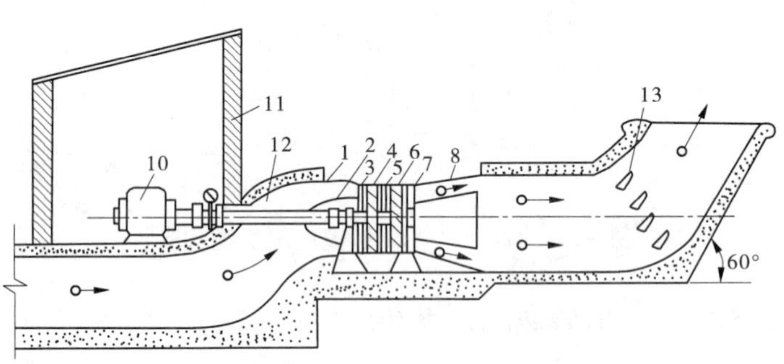

1—集风口；2—流线罩；3—前导器；4—第一级动轮；5—中间整流器；6—第二级动轮；7—后整流器；8—扩散器；9—通风机架；10—电动机；11—通风机房；12—风硐；13—流线型挡风板

图 3-25　轴流式通风机

在多级轴流式通风机中，级间设置中导叶。它的作用是将前级叶轮的流出气流方向，转为轴向流入后级叶轮。如图 3-26 所示，前级叶轮出流以速度 c_2 流向中导叶，在中导叶中转为轴向 c_1 流出，使两级叶轮获得同样的入口条件。导叶通常采用圆弧形叶片。

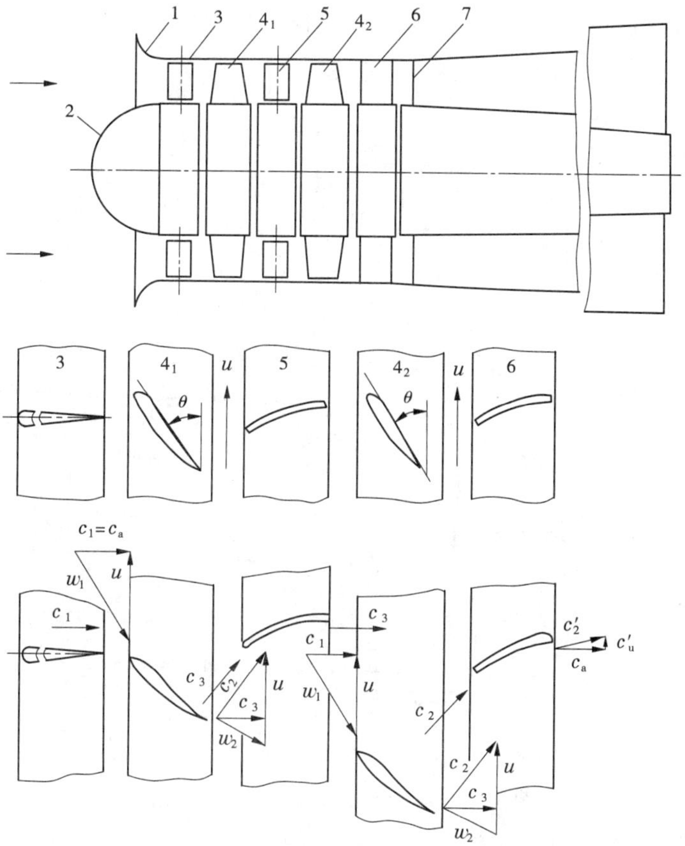

1—集流器；2—整流罩；3—前导叶；4—叶轮；
5—中导叶；6—后导叶；7—扩散器

图 3-26　一般矿用轴流式通风机气动图

后导叶的作用是将最后一级叶轮的出流方向转为接近轴向流出。剩余的旋绕速度 c_u' 使气流不仅沿轴向，而且沿螺线方向在扩散器中流动，有利于改善扩散器的工作。

扩散器的作用是把风机出口动压的一部分转换为静压，以提高风机的静效率。

风机外壳呈圆筒形，重要的是叶轮外缘与外壳内表面的径向间隙应尽可能地减小。通常 $\bar{s} = s/l$（s 为径向间隙，l 为叶片展长）在 0.01 ~ 0.06。

某些风机设有前导叶，用以控制进入叶轮的气流方向，达到调节特性的目的。此导叶可分为两段，头部固定不动，足部可以摆动。这样，外界气流可以较小的冲击进入前导叶，而后改变方向进入叶轮。前导叶以及中导叶和后导叶的数目应与叶轮叶片数互为质数，以避免气流通过时产生同期扰动。

集流器和整流罩的作用是，使气流顺利地进入风机的环形入口通道，并在叶轮入口处形成均匀的速度场。目前，矿用轴流风机集流器型线为圆弧型，整流罩的型面为球面或椭球面。

国产2K60型风机结构如图3-27所示。叶轮叶片为机翼型呈扭曲状,中、后导叶亦为机翼型呈扭曲状。叶轮的轮毂为板结构。支承主轴的轴承采用滚动轴承,用油脂润滑。传动轴两端用齿轮联轴节分别与风机和电动机联结。该类风机除调节叶片安装角外,还可采用调节叶片数目的方法调节风机特性。除此之外,该类风机还可以采用改变中、后导叶角度的方法,使反转反风且超过60%的正常风量。

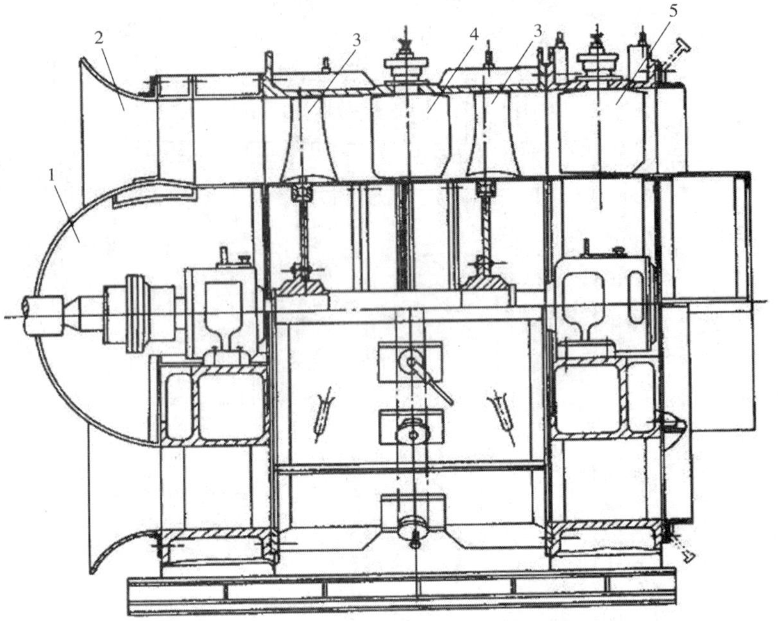

1—流线体;2—集风器;3—叶轮;4—中导叶;5—后导叶

图3-27　2K60型两级轴流式风机结构

GAF型矿井轴流式通风机的整体结构与日本的MFA型类似,如图3-28所示,两级叶轮装在主轴承箱10的两端,传动轴11是用钢板弯焊的空心轴,由风机的出风侧伸出,与电动机联结。风机采用弯头式扩散器,在转弯处装有整流叶栅,扩散器内壁上分段设置消音板,出口处加装了排行式消音器。装在初级叶轮端头的部件16是动叶调节装置的控制头。根据用户的需要,也可以配置静止调节叶片安装角的机构。

该风机的特性如图3-29所示。风量和风压均以额定值的百分数表示。在风压特性上标注的角度值为动叶调节时的角度。由特性可看出,该风机有较高的效率,而且在网路特性不变的情况下进行动叶调节时,风机的效率基本保持不变。

两级对旋轴流式通风机的叶轮,分别由各自的电机拖动,转动方向相反。两叶轮之间不需装中间导叶片,如图3-30所示。当风机以正常方式工作时,两叶轮的周速相同,均为u,但方向相反。气流以轴向速度$c_{11}=c_a$流入前级叶轮,进口处相对速度为w_{11}的气流在叶轮中获得能量后,以相对速度w_{21}和绝对速度c_{21}流出前级叶轮,出口处的旋绕速度为c_{21u}。气流以绝对速度$c_{12}(=c_{21})$进入次级叶轮,相对速度为w_{22},气流在次级叶轮中继续获得能量后,到达出口时的相对速度为w_{22},绝对速度为c_{22},旋绕速度为c_{22u}。

当风机处于最佳工况运行时,脱离次级叶轮时的气流方向基本为轴向。此时,两级叶轮中的气流旋绕速度增量基本相等,从而风压增量也相同,风机产生的风压在各级中各占一半。

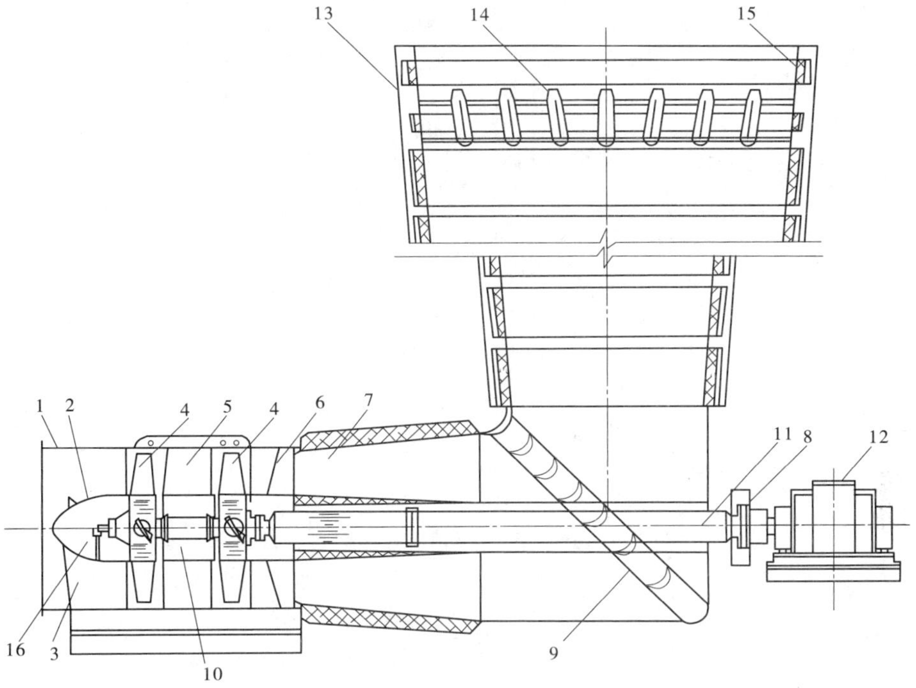

1—集流器;2—流线体;3—支座;
4—叶轮;5—中导叶;6—后导叶;7—扩散器;8—刹车机构;9—整流叶栅;
10—主轴承箱;11—传动轴;12—电动机;13—立式扩散器叶;
14—排行式消音器;15—消音板;16—动叶调节装置的控制头

图 3-28　GAF 型两级轴流式风机结构

苏联阿尔捷莫夫机器制造厂(按照图 3-31 所示带有进风弯道、出口扩散器和出风箱的装置略图)制造的 BOд 型直径 1.6 m 的对旋风机装置特性如图 3-32 所示。为了获得最佳工况,两叶轮的叶片安装角应按特性图上的匹配值调整。若不按匹配值调整,可将第二级叶轮叶片安装角固定在 27°位置,而后只调节前级叶轮叶片安装角,此时风压调节深度不变,而流量的可调幅度变窄了。若将拖动两级叶轮的电动机中的任一个断电,并让其转子自由旋转,则风量为正常风量的 40% ~50% 。

当两级叶轮叶片安装角为 40° ~44°时,次级叶轮功耗为前级叶轮功耗的 1.3 倍。在其余安装角时,两级功耗大体相同,选择电动机功率时应注意。

这种风机的最大特点是,反风时无需其他操作,只要两叶轮都反转即可完成反风任务,反风量达正常风量的 64% ~73% 。

近年来,引起人们注意的是子午加速型,如图 3-33 所示,这种风机不同于一般的轴流风机,气流途经的通道子午截面显著缩小,使气流在子午面中加速运动。由它的速度角形可以看出,其出、入口处的轴向分速度不等,$c_{2a} > c_{1a}$。由于子午加速,气流在叶栅流道内的扩压效应减弱,允许选用较大的 β_2 角,从而获得较高的旋绕速度增量 Δc_u($= c_{2u} - c_{1u}$),得到较高的风压系数。一般轴流式风机的风压系数 $\overline{H} = 0.15 \sim 0.2$,离心式风机的风压系数 $\overline{H} \geqslant$

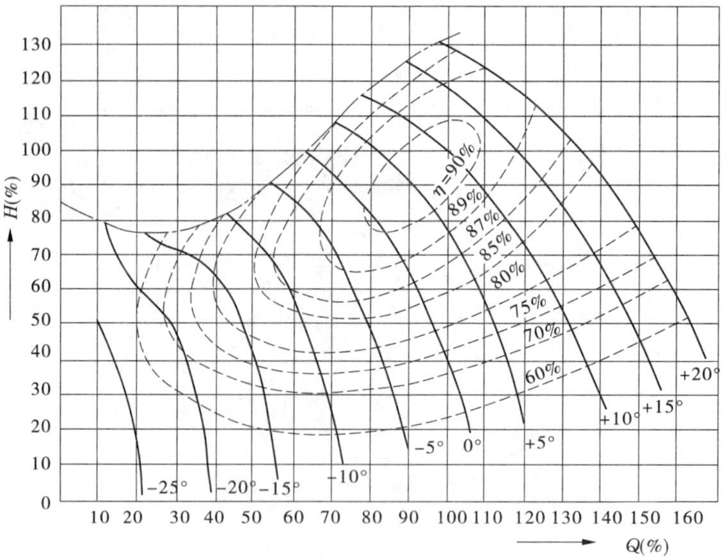

图 3-29　GAF 型两级轴流式通风机特性

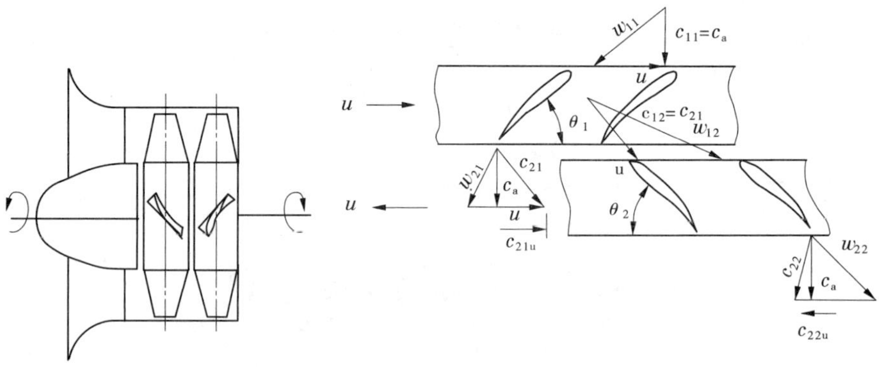

图 3-30　对旋轴流式通风机原理及速度图

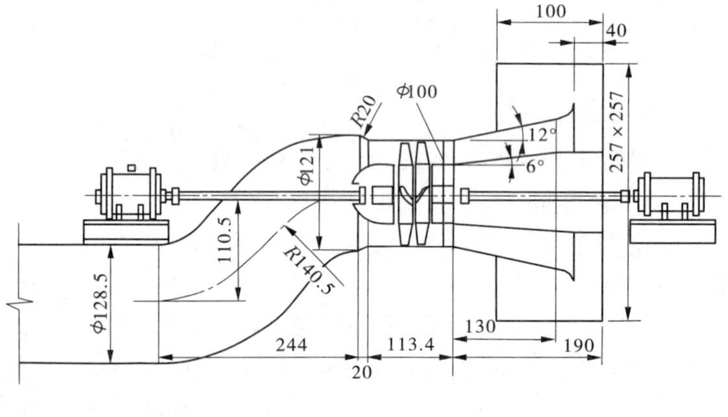

图 3-31　带有进风弯道、出口扩散器以及出风箱的对旋轴流式风机装置空气动力略图

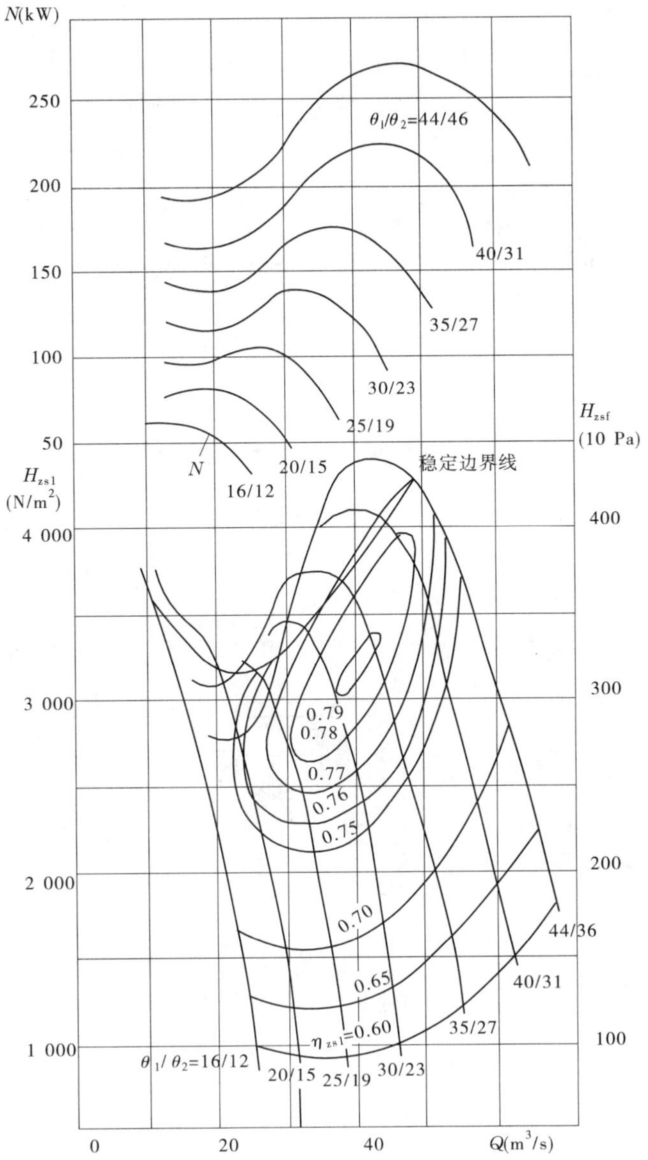

图 3-32　BOд　16 风机装置特性

0.4，而子午加速风机的风压系数可达 $\overline{H}=0.35$，接近离心式风机。其流量系数仍与一般轴流式风机相同，为 $\overline{Q}\approx 0.3$。这类风机效率可达 88% ~89%。因此，子午加速型风机兼有轴流式风机和离心式风机的特点。

苏联生产的 BM－6м 型子午加速型局部通风机结构及其特性，分别如图 3-34 和图 3-35 所示。这种风机叶轮叶片角度不可调，通常都是利用前导叶调节，它是机翼型叶片，材质有弹性，以便通过操作机构使其襟翼在 +40° ~ −45°范围内调节。国内已有相应的产品出现。

还有一种叶轮为离心式，而导流器和外壳呈轴向流出的局部通风机。这种风机与风筒直径大体相同的子午加速风机相比较，其风量少 30%，而风压则高约 60%，适用于断面较小的长巷道的独头通风。

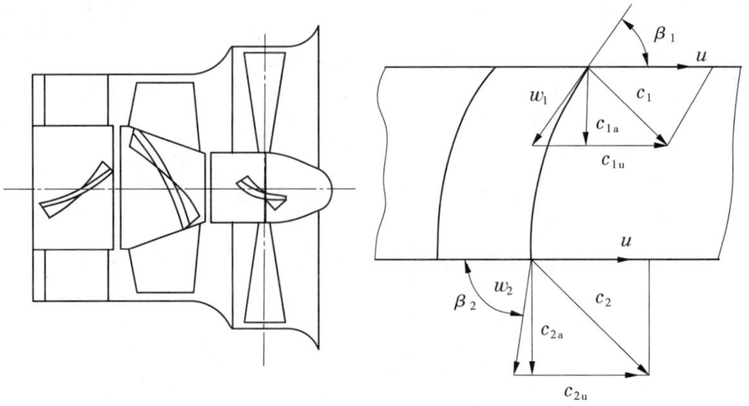

图 3-33　子午加速型轴流式风机及其速度图

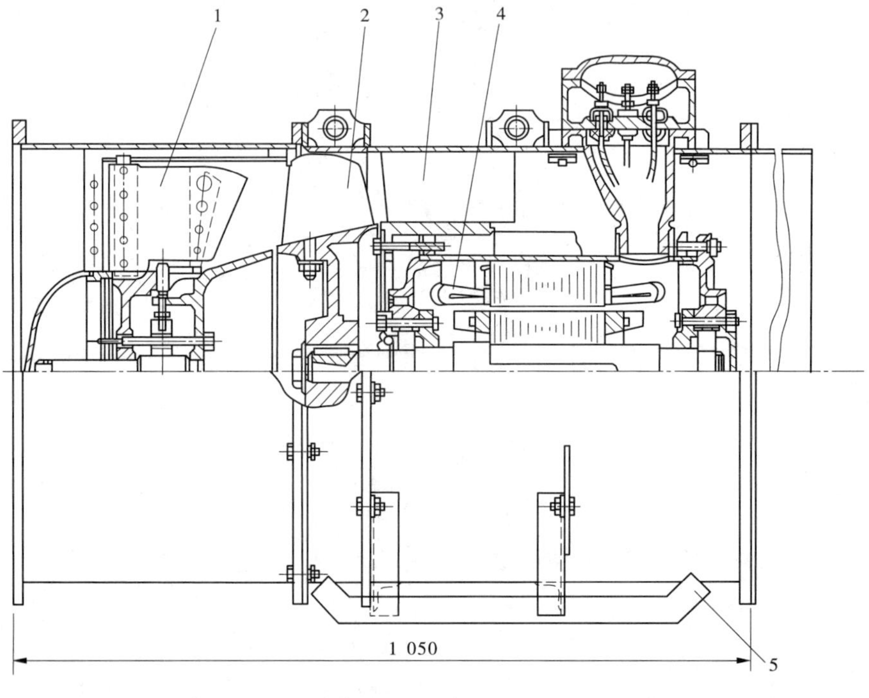

1—襟翼可调的前导叶;2—子午加速叶轮;3—后导叶;4—电机;5—底座

图 3-34　苏联 BM－6м 型局部通风机

苏联制造的 BЦ－7 型风机(见图 3-36)直径为 750 mm,所需风筒直径为 800 mm。额定工况风量为 6.75 m^3/s,风压为 5 150 Pa,可用于断面面积为 10 m^2 的 2 300 m 长巷道的通风。

(三)轴流式通风机逆转反风

进风井附近或井底车场发生火灾或瓦斯煤尘爆时,产生的大量一氧化碳和二氧化碳等有害气体,随着风流带入工作面,威胁着井下工作人员的安全。因此,必须立即改变风流方向,以阻止灾害的蔓延,缩小灾情,以便进行处理和救护。为此,《煤矿安全规程》规定:生产矿井主要通风机必须装有反风设施,能在 10 min 内改变巷道中的风流方向。当风流方向改变后,主要通风机的供给风量不应小于正常风量的 40%。每季度应至少检查一次反风设

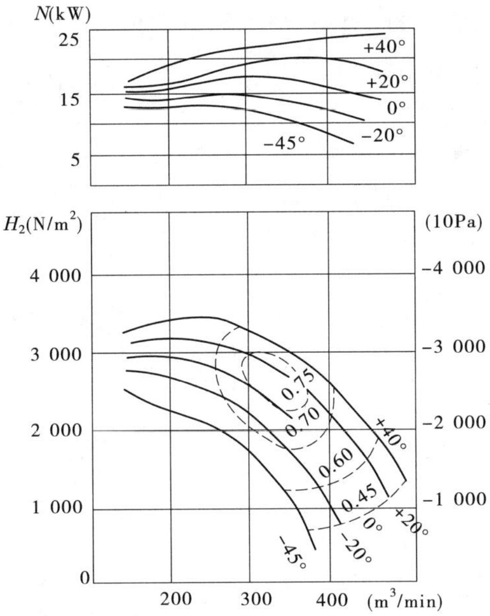

图 3-35　苏联 BM－6м 型局部通风机特性

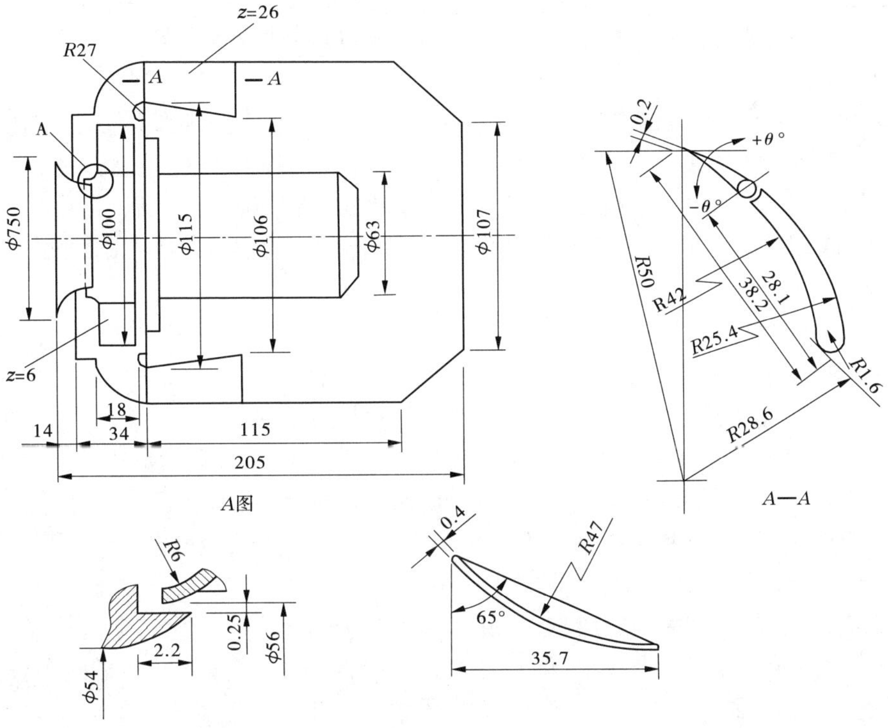

图 3-36　苏联 BЦ－7 型风机

施，每年应进行一次反风演习；矿井通风系统有较大变化时，应进行一次反风演习。矿井采用的反风方法有两种，一种是利用反风道，另一种是利用风机反转反风。

离心式通风机是利用反风道反风。如图 3-37 所示，通风机正常工作时，反风门 1 和 2 处于实线位置；反风时，反风门 1 提起，反风门 2 放下，风流自反风门 2 进入通风机，再从反风门 1 进入反风道 3，经风井流入井下，实现反风。

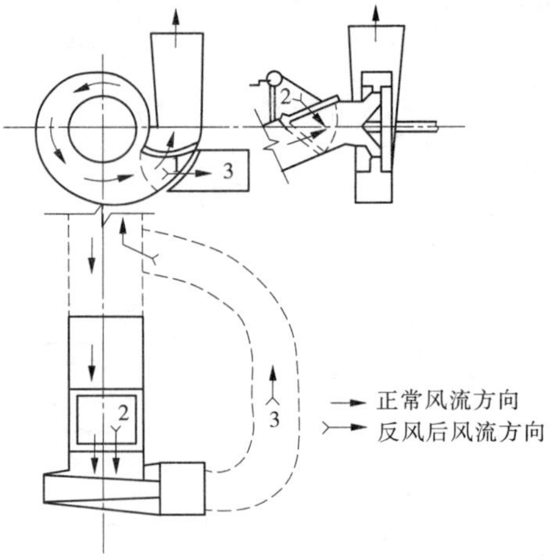

1、2—反风门；3—反风道

图 3-37　离心式通风机反风装置

轴流式通风机的旧式反风措施是利用反风道和一系列反风门，这种方法操作时间长，有时机构失灵，并且建筑费用高。因此，人们为了提高风机本身的逆转反风能力，试验了许多方案。

图 3-38 中的 No. 1 方案，是两级轴流式风机在保持各叶片角度不变的情况下，逆转反风情况。此时，反风量仅为正常风量的 25%。显然，不能满足规定的反风量要求。

No. 2 方案是在保持中、后导叶角度不变的情况下，将叶轮叶片安装角由原来的实线位置调到虚线位置。此时，逆转时的反风量可达正常风量的 90%。国产 GAF 风机采用此方案，利用其机械调节机构，在停机情况下，将叶轮叶片角调到反风位置，产生不低于 60% 正常风量的反风量。

BOKP 风机的反风方案是在逆转前将中导叶的凸凹面变换到虚线位置。逆转时的反风量可达正常风量的 60% 以上。其中，导叶片是用有弹性的橡胶类材质制作的，反风时利用装在外壳外表面上的机构，一次将所有的中导叶凸凹面变换到虚线位置。

BOд 对旋式风机反风时，无需附加其他机构，只需将两叶轮都逆转，即可使反风量达正常风量的 60% 以上。

OB－103 型两级轴流风机的两级叶轮叶片布置方式不同，前级叶轮叶片按正常通风设计，次级叶轮则按逆转反风要求设计。倒转反风时，只需将中、后导叶位置调到虚线位置，即可得到近于正常风量的反风量。这种风机的效率较低。

国产 2K60 风机采用了改变中、后导叶角度的方案，将逆转反风量提高到正常风量的 60% 以上。图 3-39(a) 所示为各叶片角度。正常通风时，各叶片处于实线位置。反风时，中、后导叶转动 150°，调整到虚线所示位置。很明显，逆转时风机反向，原前级叶轮转为次级，次级叶轮转为前级，后导叶则起前导叶的作用。

叶片的转动是靠绳轮系统完成的。如图 3-39(b) 所示，导叶的叶柄穿过外壳，在柄尾装绳轮，绳轮分为两组，奇数号为一组，偶数号为另一组，组与组之间的叶片相间布置。每组绳轮用一条钢绳连成一体，组成一个单独系统。图中只绘出了一组绳轮，在停机的情况下，伺服电机接收指令转动后，通过链条 7 拖动链轮 6 转动。

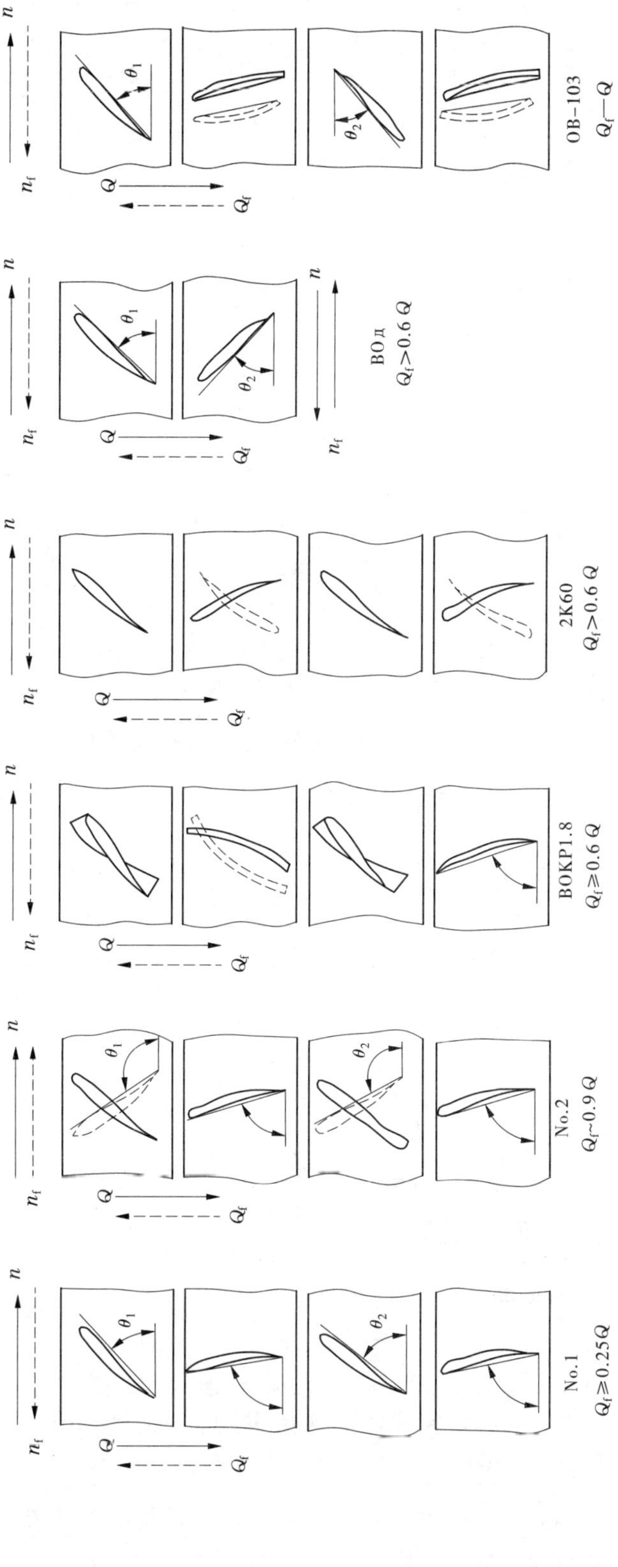

图 3-38　两级轴流式通风机的各种逆转反风方案比较

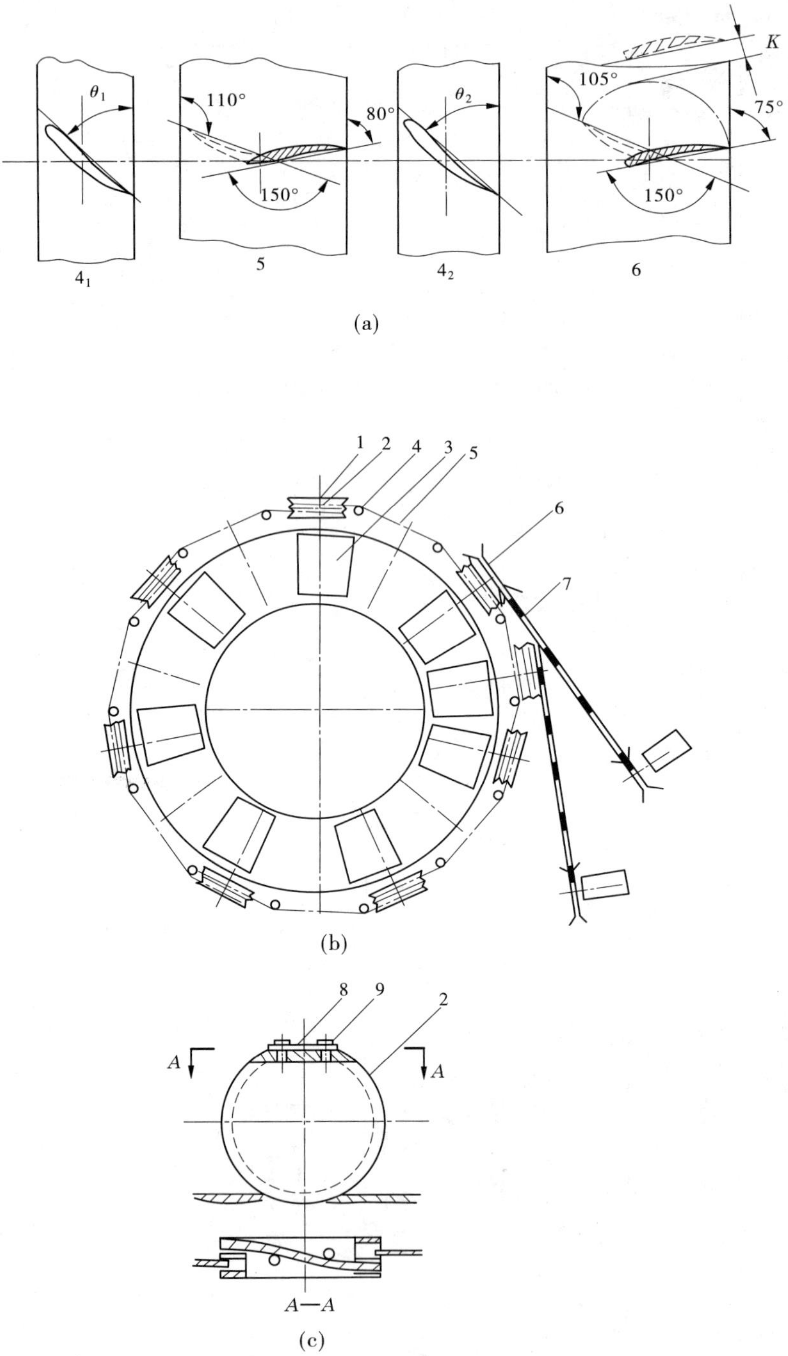

1—导叶柄;2—绳轮;3—导叶;4—导向轮;5—钢绳;

6—链轮;7—链条;8—压板;9—螺栓螺母

图 3-39　2K60 型风机中、后导叶传动系统

绳轮是双槽的,如图 3-39(c)所示,轮边上有一切面,切面上固定着两支双头螺栓。由上槽引入绳轮的钢绳左方绕过两螺栓后,过渡到下槽引出绳轮。绳上有一块压板,压住钢绳并用螺母固紧,以防止绳与轮之间滑动,保证准确定位。

两绳轮组不能同时操作,只能在一组完成转动后,再转动另一组。否则,相邻叶片将相互碰撞。

后导叶的下半周叶片受轴承支架的限制不能调整。上半部叶片,同样也分成两组,相间操作转动。

一切操作都是在停机情况下进行的。操作过程中有闭锁装置,防止风机启动。操作系统可由电动操作转换为手动操作。

任务二 掌握通风机的工作理论

一、通风机工作参数

(1)风量 Q:单位时间内通风机输送的气体的体积,单位为 m^3/s、m^3/min 或 m^3/h。

(2)风压:单位体积(m^3)空气经过通风机所获得的能量,单位为 Pa(N/m^2)。$H = H_{st} + H_d$,其中:①全压(H),指单位体积的气体流过通风机后所获得的总能量;②静压(H_{st}),指单位体积的气体流过通风机后所获得的压力能(压力势能),也指通风机的有效压力,即用于克服通风网路阻力的能量,占全压的 80% ~90%;③动压(H_d),指单位体积的气体流过通风机后所获得的动能。

(3)功率:单位为 kW。分为有效功率 N_a 和轴功率 N。

①有效功率,指单位时间内气体从通风机获得的能量。

全压有效功率:
$$N_a = \frac{QH}{1\ 000} \tag{3-1}$$

静压有效功率:
$$N_{ast} = \frac{QH_{st}}{1\ 000} \tag{3-2}$$

②轴功率(N),通风机的输入功率,单位为 kW。

$$N = \frac{QH}{1\ 000\eta} \tag{3-3}$$

(4)效率

①全压效率(η),指通风机的有效功率与轴功率之比,即

$$\eta = \frac{N_a}{N} \times 100\% = \frac{QH}{1\ 000N} \tag{3-4}$$

②静压效率(η_{st}),指在式(3-4)中如果用静压代替全压,则所得的效率称为静压效率,即

$$\eta_{st} = \frac{N_{ast}}{N} \times 100\% = \frac{QH_{st}}{1\ 000N} \tag{3-5}$$

(5)转速 n:通风机叶轮每分钟的转数,单位为 r/min。

二、通风机相似

(一)相似现象和相似条件

1. 相似现象

同一台风机,当转速 n 改变时,其特性曲线的变化是有规律的;几何尺寸完全相似的风机,当转速 n 相同时,其特性曲线的变化也是有规律的;几何尺寸完全相似的通风机,当转速 n 、直径 D 同时改变时,其特性曲线的变化也是有规律的。

2. 相似条件

(1)几何相似(边界相似):对应的几何尺寸成比例,对应角度相等。按比例放大或缩小。

(2)运动相似:彼此相似的通风机对应点处的速度三角形相似(对应点的速度方向相同,大小成比例)。

(3)动力相似:流动的各相应点处质点所受的各个同名力(表面力:压力、黏性力。质量力:惯性力)成比例。对于通风机而言,主要是要求其雷诺数相等,或相差不大于5倍。

(二)比例定律

彼此相似的通风机的相应工况参数之间存在的一定的关系。

(1)同一台通风机,转速不同时的比例定律:

$$\left.\begin{aligned}\frac{H}{H'} &= \frac{\rho}{\rho'}\left(\frac{n}{n'}\right)^2\\ \frac{Q}{Q'} &= \left(\frac{n}{n'}\right)\\ \frac{N}{N'} &= \frac{\rho}{\rho'}\left(\frac{n}{n'}\right)^3\end{aligned}\right\}\Rightarrow \frac{H}{H'} = \left(\frac{Q}{Q'}\right)^2 \tag{3-6}$$

(2)两台相似的通风机,转速相同时的比例定律:

$$\left.\begin{aligned}\frac{H}{H'} &= \frac{\rho}{\rho'}\left(\frac{D}{D'}\right)^2\\ \frac{Q}{Q'} &= \left(\frac{D}{D'}\right)^3\\ \frac{N}{N'} &= \frac{\rho}{\rho'}\left(\frac{D}{D'}\right)^5\end{aligned}\right\} \tag{3-7}$$

(3)两台相似的通风机,转速不同时的比例定律:

$$\left.\begin{aligned}\frac{H}{H'} &= \frac{\rho}{\rho'}\left(\frac{n}{n'}\right)^2\left(\frac{D}{D'}\right)^2\\ \frac{Q}{Q'} &= \frac{n}{n'}\left(\frac{D}{D'}\right)^3\\ \frac{N}{N'} &= \frac{\rho}{\rho'}\left(\frac{n}{n'}\right)^3\left(\frac{D}{D'}\right)^5\end{aligned}\right\} \tag{3-8}$$

通风机在不同转速时,其相应工况点应在一条抛物线上,效率近似看作不变。

(三)类型特性

彼此相似的通风机归于一类或一个系列,称为同类型或同系列通风机。

同类型通风机中的各通风机的共同之处表现为几何形状相似(通风机的结构相似),不同之处表现为参数的绝对值不同(通风机绝对尺寸和转速的不同),如图 3-40 所示,对应的特性参数值如表 3-1、表 3-2 所示。

从特性参数中去掉那些与通风机绝对尺寸和转速有关的因素,得到表达其共同特征的特性,称为类型特性。

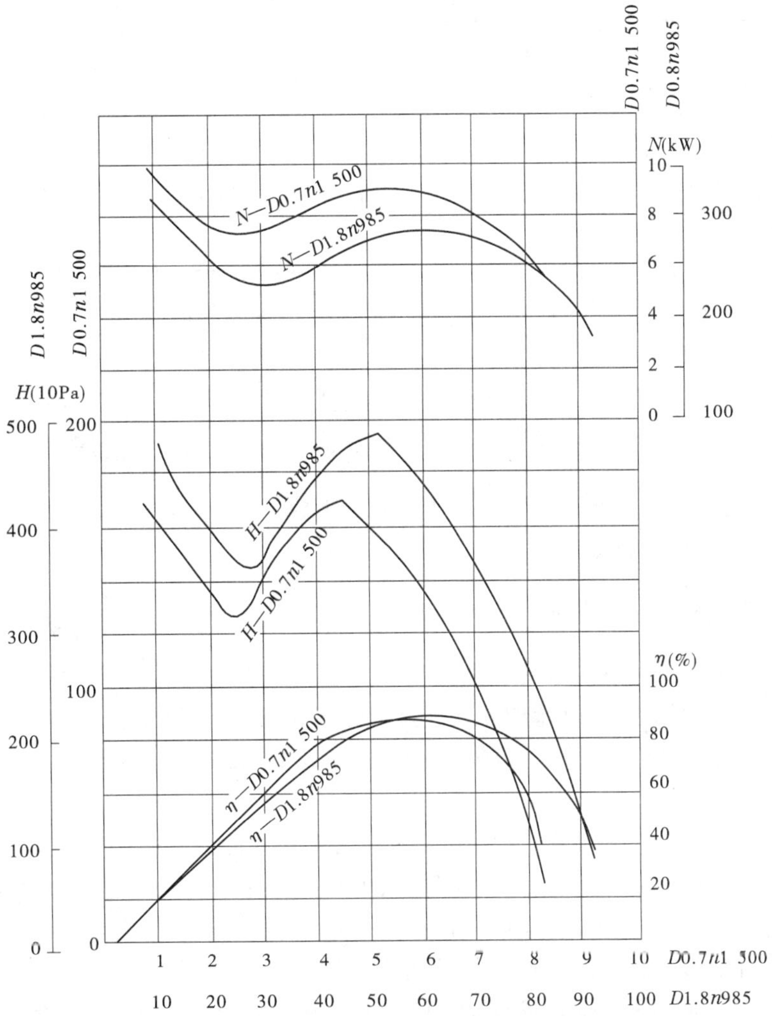

图 3-40　由模型推算实物特性曲线

表 3-1　$D' = 0.7$ m,$n' = 1\ 500$ r/min 时的特性参数值

项目	1	2	3	4	5	6	7	8	9	10	11
Q'(m^3/s)	8.18	7.8	7.37	6.94	6.39	5.77	5.24	4.49	3.59	2.46	0.92
H'(10 Pa)	24.08	51.95	74.47	96.21	118.73	141.39	155.6	168.96	156.73	126.7	165.5
N'(kW)	5.81	6.81	7.58	8.2	8.71	9.07	9.02	8.70	7.75	7.22	9.76
η'	0.34	0.59	0.72	0.81	0.87	0.89	0.90	0.87	0.73	0.43	0.16

表 3-2　当 $D = 1.8$ m, $n = 985$ r/min 时的特性参数值

项目	1	2	3	4	5	6	7	8	9	10	11
$Q(m^3/s)$	91.33	87.1	82.28	77.98	71.35	64.42	58.5	50.13	40.08	27.47	10.27
H(10 Pa)	68.66	148.12	212.33	274.32	338.53	403.14	443.66	481.75	446.88	361.26	471.88
N(kW)	84.96	216.80	241.30	261.05	277.28	268.97	287.15	296.97	246.72	229.75	310.70
η	0.34	0.59	0.72	0.81	0.87	0.89	0.90	0.87	0.73	0.43	0.16

我国通风机行业广泛采用的类型特性的表达式如下：

全压系数：
$$\overline{H} = \frac{H}{\rho u^2} \tag{3-9}$$

静压系数：
$$\overline{H}_{st} = \frac{H_{st}}{\rho u^2} \tag{3-10}$$

流量系数：
$$\overline{Q} = \frac{Q}{\frac{\pi}{4}D^2 u} \tag{3-11}$$

功率系数：
$$\overline{N} = \frac{1\ 000N}{\frac{\pi}{4}\rho D^2 u^2} \tag{3-12}$$

其中，D 为叶轮外缘直径；u 为叶轮外缘圆周速度。

类型特性曲线：$\overline{H} = f(\overline{Q})$，$\overline{N} = f(\overline{Q})$，$\eta = f(\overline{Q})$。

三、轴流风机的基本理论

流体在轴流风机叶轮中的运动和在离心式机械叶轮内的运动一样，都是复杂的空间运动，而任何一个空间运动都可以看成是由三个相互垂直的运动分量合成的。因此，在研究流体在轴流风机叶轮中的运动时，引入圆柱坐标 (r,u,a)，其中 r 轴为半径方向，u 轴为圆周方向，a 轴与叶轮轴线重合。

在分析和计算轴流风机叶轮时，采用了圆柱层无关性假设，即在叶轮中流体质点是在以叶轮轴线为中心的圆柱面上流动的，且相邻各圆柱面上流体质点的运动互不相关。也就是说，在叶轮的流动区域内，流体质点不存在径向分速度，即 $c_r = 0$；实际上，在轴流风机叶轮中，流体处于湍流状态，流体质点的径向运动以及相邻各圆柱面上流体质点相互之间的作用与交换是肯定存在的。但实验证明，在设计工况下，流体质点的径向分速度 c_r 极小，在工程上可以略去不计。

根据圆柱层无关性假设，流体质点没有径向分速度（$c_r = 0$），研究轴流风机叶轮内的复杂运动就可以简化为研究圆柱面上的流动，该圆柱面称为流面。在叶轮内可以作出无穷多个这种圆柱流面，每个流面上的流动可能不完全相同，但研究的方法是相同的，只要了解一个流面上的流动，其他流面上的流动问题亦可按类似方法加以解决。

图 3-41 所示为一轴流风机叶轮。如果用半径为 r 和 $r + \mathrm{d}r$ 的两个无限接近的圆柱面截取一个厚度为 Δr 的圆环，取出并沿其母线切开展为平面，图 3-42 所示叶片被圆柱面截割，其截面（叶型）在平面上组成等距排列的一系列叶型，叶型的前端 S 点（叫作前缘）和后端 R

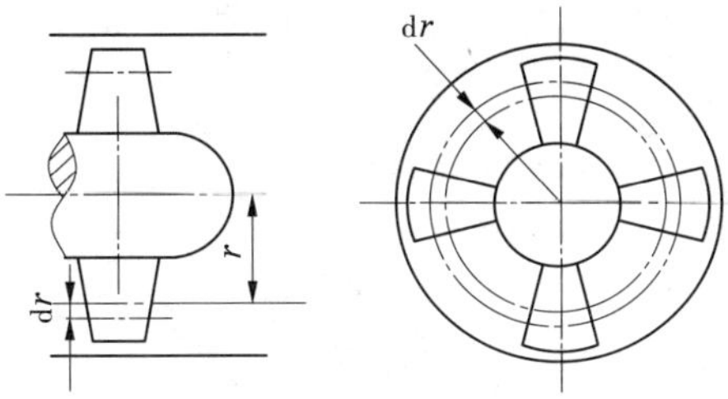

图 3-41 轴流风机叶轮

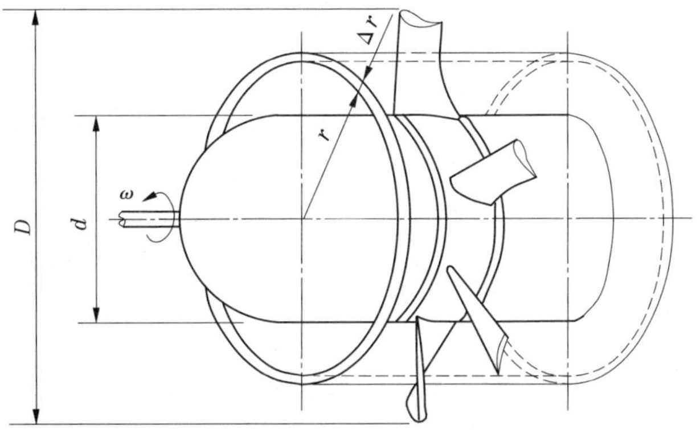

图 3-42 轴流式通风机叶轮与基圆环

点(叫作后缘)的连线与弦线的夹角称为叶片安装角(通常以叶片与轮毂交接处的安装角标志叶轮叶片安装角,如图 3-43 所示)。这种由相同叶型等距离排列而组成的无限薄叶型系列称为平面无限直列叶栅(或称基元叶栅)。在这个叶栅中,由于每个叶型的绕流情况相同,因此只要研究其中一个叶型的绕流情况即可。

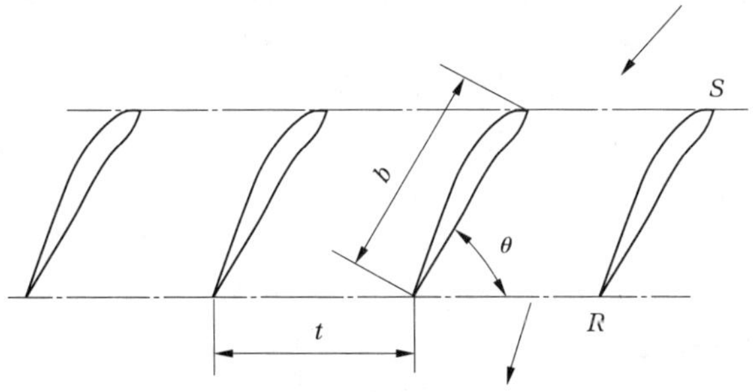

图 3-43 平面直列叶栅

(一)速度三角形

流体在轴流风机叶轮中圆柱面上的流动亦是一个复合运动。流线上任一质点的绝对运动速度 $\boldsymbol{c}$ 等于相对运动速度 $\boldsymbol{w}$ 和圆周速度 $\boldsymbol{u}$ 的矢量和,即 $\boldsymbol{c}=\boldsymbol{w}+\boldsymbol{u}$。其速度二角形作法基本上与离心泵、离心风机相同。绝对运动速度也可分解为圆周速度 c_u、径向速度 c_r,轴向速度 c_a,根据假定,轴流风机径向速度等于零,即 $c_r=0$,则

$$\boldsymbol{c}=\boldsymbol{c}_u+\boldsymbol{c}_a \tag{3-13}$$

由此可作出叶轮进、出口速度三角形,并分别用下标“1”和“2”来区别其所表示的量,如图 3-44、图 3-45 所示。

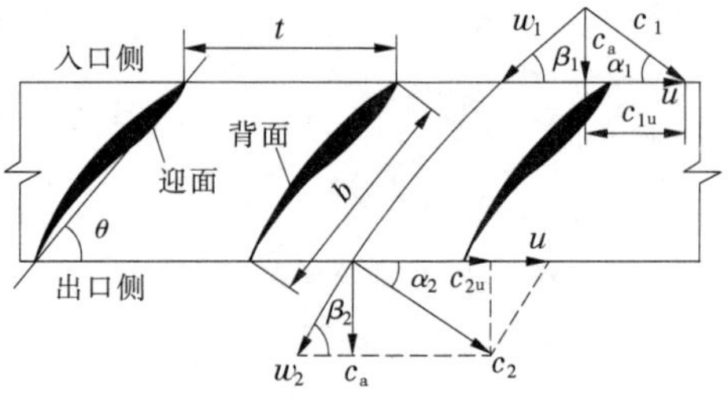

图 3-44　直列叶栅入、出口速度图

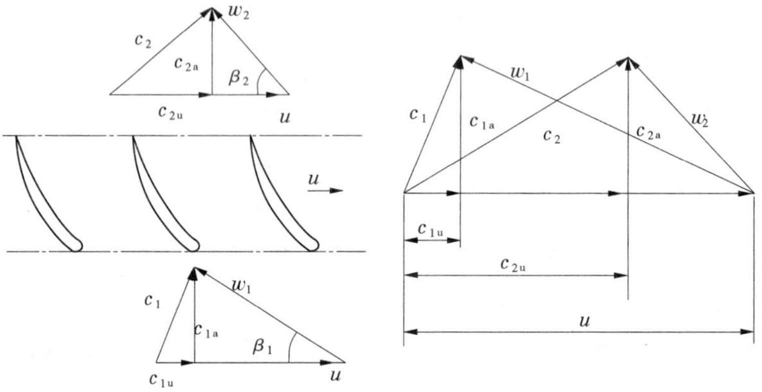

(a)　(b)

图 3-45　叶栅进、出口速度三角形

在轴流风机中,由于流体沿相同半径的流面流动,所以进、出口处的圆周速度相同,即 $u_1 = u_2 = u$。另外,叶轮进、出口过流截面面积相等,根据连续方程,在不可压缩流体的前提下,流面进、出口轴向速度相等,即 $c_{1a} = c_{2a} = c_a$。因此,可以把进、出口速度三角形绘在一起,如图 3-45(b)所示。从图中可见,流体绝对速度的变化仅仅是由进、出口流体运动方向改变引起的,绝对速度在圆周方向的分量产生了变化。

(二)轴流风机的基本方程式

轴流风机的基本方程式的推导仍采用与离心式水泵一样的方法,假定流体为不可压缩且流动是定常的;流过叶轮的流体是理想流体,即旋转叶片的机械能将毫无保留地传给流体。现取半径为 r 和 $r + dr$ 两个无限接近的圆柱面和两端面为控制面,则由假设条件可得:

$$\Delta N = \Delta M\omega = \gamma H_{T\infty} \Delta Q_T \tag{3-14}$$

式中　ΔN ——叶片输入基元的功率;

$H_{T\infty}$ ——基元的理论压头;

ΔQ_T ——通过基元的理论流量;

ΔM ——叶片作用于控制面的动量矩;

ω ——叶轮的角速度。

叶片作用于控制面的动量矩可根据动量矩定理求得($r_1 = r_2 = r$, $u_1 = u_2 = u = \omega r$),即

$$\Delta M = \rho \Delta Q_{\mathrm{T}}(c_{2u} - c_{1u})r \tag{3-15}$$

把式(3-15)代入式(3-14)化简后可得:

$$H_{\mathrm{T}\infty} = \frac{u}{g}(c_{2u} \mp c_{1u}) \tag{3-16}$$

式(3-16)即为轴流通风机基元叶栅的理论压头方程式。(c_{1u} 与 u 同向取“ - ”号,反向取“ + ”。)

根据速度三角形可得:

$$c_{2u} = u - c_a \cot\beta_2 , c_{1u} = u - c_a \cot\beta_1$$

将以上两式代入式(3-16)可得:

$$H_{\mathrm{T}\infty} = \frac{1}{g}uc_a(\cot\beta_1 - \cot\beta_2) \tag{3-17}$$

由式(3-17)可知,只有当 $\beta_2 > \beta_1$ 时轴流风机才能产生风压。

这里应该指出,由于通风机的压头习惯用压强来表示。因此,式(3-17)可改写成:

$$P_{\mathrm{T}\infty} = \rho u(c_{2u} \mp c_{1u}) \tag{3-17a}$$

离心式风机的压头特性方程:

$$P_{\mathrm{T}\infty} = \rho(u_2 c_{2u} \mp u_1 c_{1u}) \tag{3-17b}$$

$$P_{\mathrm{T}\infty} = \rho u_2^2 - \rho u_2 \frac{\cot\beta_2}{\pi D_2 b_2} Q_{\mathrm{T}} \quad (后弯叶片) \tag{3-17c}$$

(三)轴流风机的特性曲线

轴流风机的特性曲线表示一定转速下压强 P 、轴功率 N 及效率 η 与流量 Q 之间的关系,与离心式机械一样,轴流通风机的特性曲线也是通过实验测得的,如图 3-46 所示。

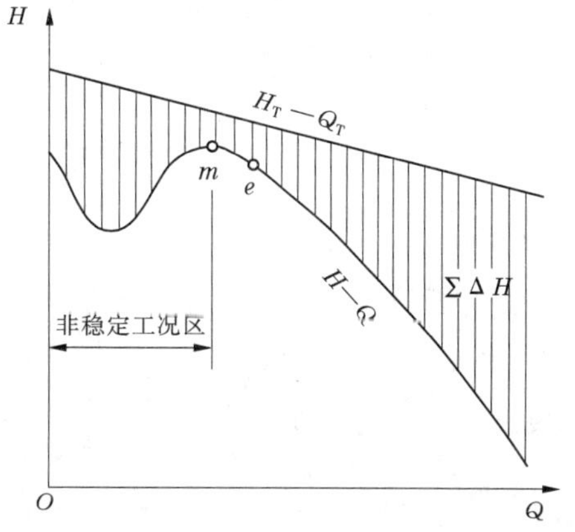

图 3-46　轴流风机理论与实际压头特性曲线

1. 全压与流量($P—Q$)的特性曲线

图 3-47 所示是典型的轴流风机全压特性曲线和各工况下的流动形态。在设计工况点(e 点),通风机的轴向流线是平直均匀的。当流量大于设计工况(如 d 点)时,流线稍向轮

毂处偏移,在叶顶出口处出现较小的反向流 B''',在该区域中,性能稍有变化但仍可用,噪声特性也基本良好。从流量小于设计流量开始,出现了较大扰动,这是轴流风机的典型特点。接近工况点 c,特性曲线出现峰值,这时流线向叶顶方向偏移,在轮毂出口处出现一涡流区域 B'',这是由于叶片背面脱流引起的。在性能曲线的谷底(工况点 b),旋涡 B' 更大,同时在叶顶进口处出现了新的旋涡 A',气流不再沿轴向通过叶轮,而是斜向通过叶轮。在零流量工况点(点 a)、旋涡 B' 向 A' 进一步扩大,使得叶轮前后的吸入空间和压出空间全部为旋涡所充塞。同时,随着旋涡 A 和 B 的增大,噪声也增加了。尽管此时没有流体通过叶轮,但 a 点的压力却最高,这点很容易从流动示意图上看出。流体大致是径向流经叶轮,类似于离心风机叶轮内的流动,压力得到了提高。图 3-47(c′)、(d′)和(e′)为典型的轴向速度变化图。它说明了除设计工况 e 外,c_a 分布不再均匀而出现了径向分量。

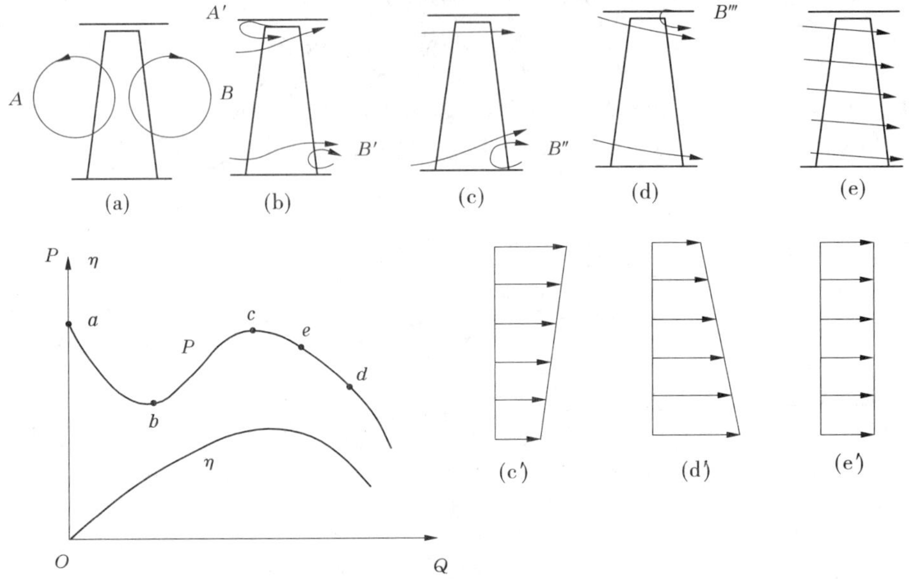

图 3-47 不同流量下轴流风机的流动状态及压头特性

2. 功率与流量(N—Q)特性曲线

一般机翼型叶片的风机,在小流量时功率曲线变化比较平缓,最大功率位于最高效率点附近。圆弧板型叶片的风机功率特性是在零流量时功率最大。即使是机翼型叶片的风机,在零流量时其功率也不是最小。

对于依靠外力工作的轴流风机,脱流是产生非稳定工况的一个重要原因,如图 3-48 ~ 图 3-50所示。脱流不仅造成压力损失形成鞍形曲线,而且容易引起喘振现象,喘振可使叶片毁坏。所以,轴流风机的有效工作范围只限在最高压力点 c 的右侧。为了扩大风机工作范围,通常采用改变叶片安装角的办法实现。

1)失速与喘振

失速是由风机本身引起的。对于轴流风机,失速是引发喘振的前因,但失速不一定发生喘振,喘振是失速恶化的宏观表现。

风机失速:轴流风机叶片通常都是流线型的,设计工况下运行时,气流冲角 i(气流相对

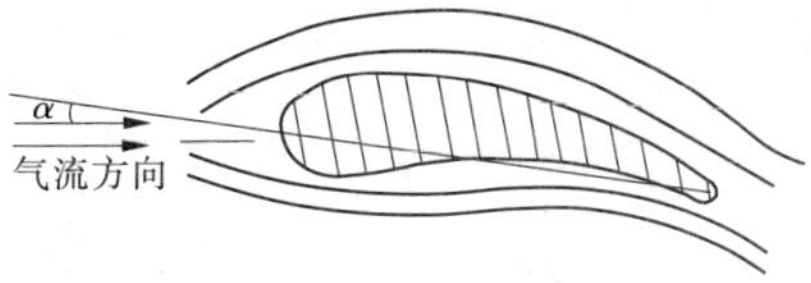

图 3-48　正常工况下的气体流动

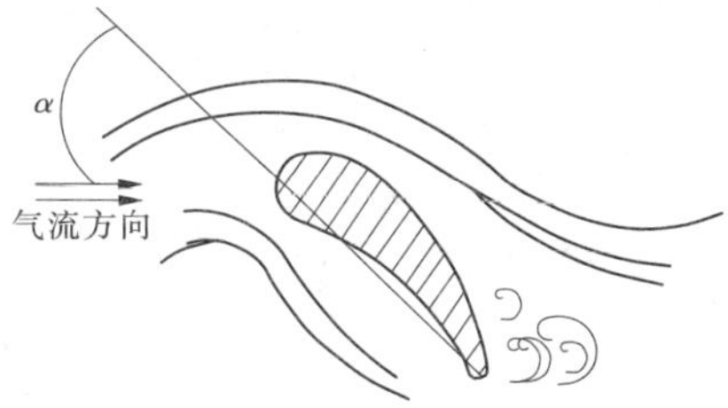

图 3-49　脱流工况下的气体流动

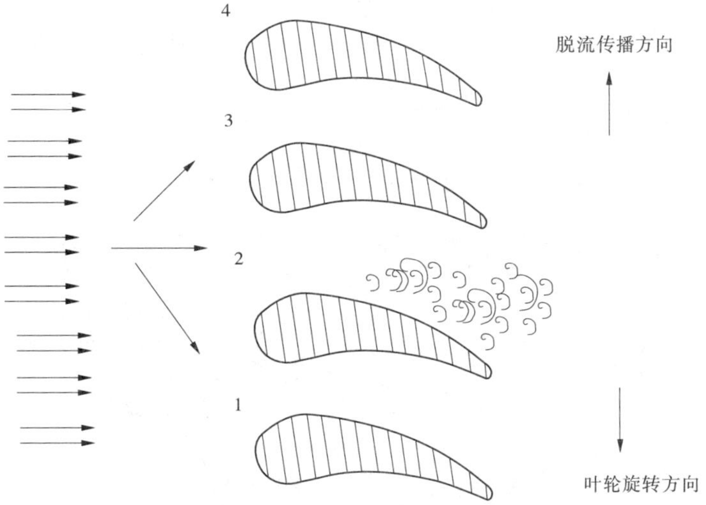

图 3-50　动叶中旋转脱流的形成

速度 w 的方向与叶片进口几何角 β_1 之差）约为 0°，气流阻力小，风机效率高。当流量减小时，w 的方向发生改变，气流冲角 i 增大，当 i 达到某一临界值时，叶片背面尾端产生涡流区，即所谓的脱流（失速）工况，此时阻力急剧增大，而升力（压力）迅速降低；若冲角 i 继续增大，脱流现象更为严重，甚至会出现部分叶道阻塞的情况。

喘振是流体机械特有的振动故障之一，其实质是风机严重失速和管网相互作用的结果，即管道内压力的滞后导致风机风压与出口压力周期性地变化。如图 3-51 所示为喘振分析图。

2）风机喘振的危害及预防措施

当风机发生喘振时，风机的流量周期性地反复，并在很大范围内变化，表现为零流量甚至出现负流量。风机流量的这种正负剧烈的波动，就像哮喘病人呼吸一样。由于流量波动很大而发生气流的猛烈撞击，风机本身产生剧烈振动，同时风机工作的噪声加大。大容量的高压头风机产生喘振时的危害很大，可能导致设备和轴承的损坏，造成事故，直接影响设备的安全运行。为了防止风机的不稳定性，可采取如下措施：

（1）保持风机在稳定区域工作。因此，管路中应选择 $Q—F$ 特性曲线没有驼峰的风机；如果风机的性能曲线有驼峰，应使风机一直保持在稳定区（$Q—F$ 曲线下降段）工作，如

图 3-52、图 3-53 所示。

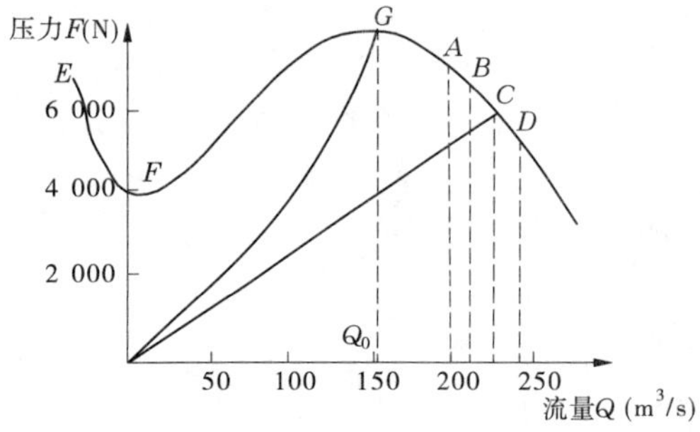

图 3-51　喘振分析

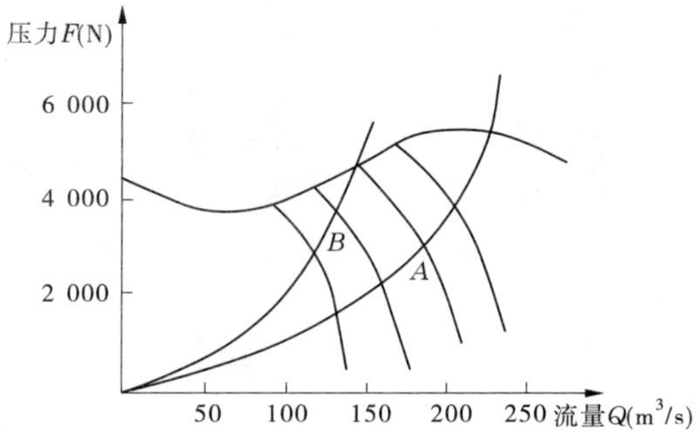

图 3-52　轴流式风机风压特性曲线与管网阻力特性曲线

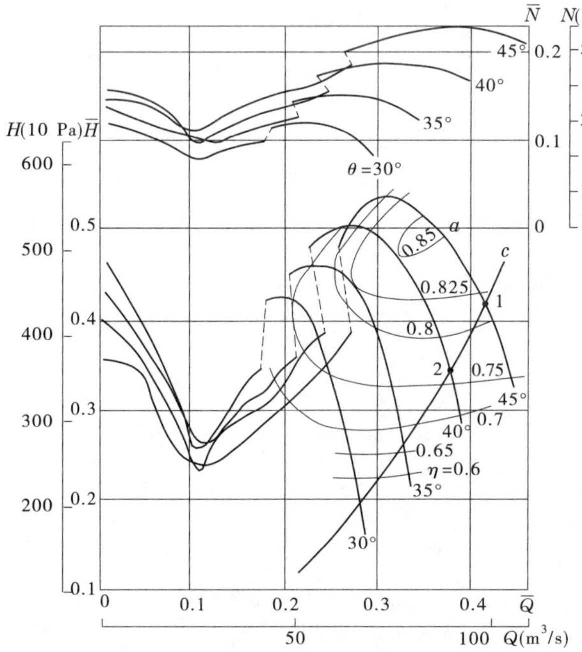

图 3-53　轴流式风机实验特性——实际特性曲线

(2)采用再循环。使一部分排出的气体再引回风机入口,不使风机流量过小而工作在不稳定区。

(3)加装放气阀。当输送流量小于或接近喘振的临界流量时,开启放气阀,放掉部分气体,降低管系压力,避免喘振。

改变叶片安装角的典型轴流风机的特性曲线如图 3-54 所示。

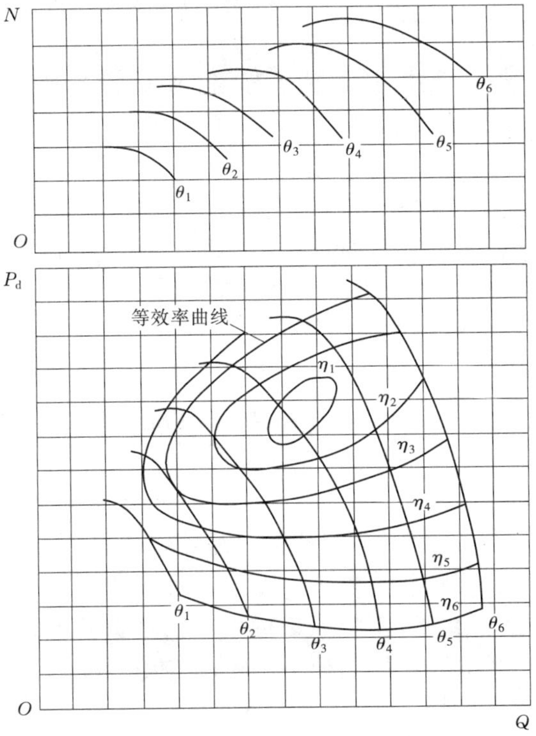

图 3-54　轴流风机压头特性

任务三　通风设备的操作与故障处理

一、通风机的操作与日常维护

（一）通风机的启动

1. 启动方式

由于离心式通风机和轴流式通风机的工作原理不同，因而其启动方式也有所不同。

对于个体特性曲线上没有不稳定段的离心式通风机，因其流量为零时功率最小，故启动前须完全关闭风道内的闸门，进行轻载启动，以缩短启动过程，减少功率消耗。

对于个体特性曲线上有不稳定段的轴流式通风机，若不稳定引起的风压波动量不大，可选择功率最低点为启动工况，此时，风道内的闸门应半开，流量为正常流量的 30% ~ 40%；若不稳定引起的风压波动量较大，也允许在风道内的闸门全开的情况下启动，保证通风机能稳定启动运转。

2. 启动前的准备工作

通风机启动前要认真地检查，检查内容如下：

（1）检查润滑油的名称、牌号和注油量是否符合技术文件规定，检查油质是否清洁，检查油圈是否完整灵活。

（2）检查通风机机壳内、联轴器或皮带轮附近是否有妨碍转动的杂物。

(3)检查通风机、轴承座、电动机的基础地脚螺栓有无松动,检查机械各部位螺钉及键有无松动。

(4)将通风机转子盘动1~2次,检查转子有无卡阻或摩擦现象。

(5)检查电源及启动设备是否正常。

3. 启动

通风机的启动步骤如下:

(1)关闭通风机入口风门(离心式通风机)或打开通风机入口风门(轴流式通风机)。

(2)启动润滑系统油泵。

(3)启动冷却水泵或打开冷却水阀门。

(4)启动通风机。

启动通风机时要注意观察电压表、电流表、功率表和测压计等仪表,若发现异常,应立即停机,以免造成重大事故。

(二)通风机的试运转

通风机在安装和检修后要进行调整和试运转,具体做法如下:

离心式通风机试运转时,当启动运转8~10 min后,即使没有发现什么问题,也应停止运转,然后进行第二次启动。此时,要将风道内的闸门逐渐打开,使通风机带负荷运转30 min,然后将闸门完全打开,使其在额定负荷下运转,运转45 min后停机检查。再运转8 h左右后,停机检查。确认没有问题后,即可正式投入运转。

轴流式通风机试运转时,应首先把叶片角度调整到零,进行试运转2 h,如果一切正常,再将叶片调整到所需角度上,继续运转2 h,如果一切良好,即可正式投入运转。

运转过程中,注意机器的响声和振动,检查轴承的温度,观察和记录各种仪表的度数。如果发现有敲击声、工作轮与机壳内壁相摩擦、振动以及其他不正常现象,应立即停止运转,找出故障原因,并进行修理和调整。

(三)通风机的停止

按规定,正常工作中主通风机要经常保持运转,无特殊情况或领导批示,不得停止。

通风机的停机步骤如下:

(1)停止通风机。

(2)停止润滑系统油泵。

(3)停止冷却水泵或关闭冷却水阀门。

(4)切断电源。

(四)通风机的日常维护及注意事项

(1)只有在设备完全正常的情况下才能运转。

(2)每隔10~20 min检查一次电动机和通风机的轴承温度以及测压仪表、电流表等的读数,并做记录。

(3)定期检查轴承内的润滑油量、轴承的磨损情况、叶片有无弯曲和断裂、叶片的紧固程度等。

(4)机壳内部及叶轮上的尘土,应每季度清扫一次,以防锈蚀。

(5)检修通风机时,应注意不能有掉入或遗留在机壳内的工具及其他东西。

(6)注意检查皮带的松紧程度或联轴器的连接螺丝,必要时进行调整或更换。

(7)按规定时间检查风门及其传动装置是否灵活。

(8)除定期检查与维修外,平时应进行运作期间的外部检查,注意机体各部有无漏风和剧烈振动。

(9)露在外面的机械传动部分和电气裸露部分,要加装保护罩或遮栏。

(10)备用通风机和电动机,必须经常处于完好状态,并保证能在10 min内进行启动。

二、通风机的常见故障及处理

在通风机运转过程中,可能会发生故障。一旦发生故障,必须迅速查明原因,立即处理,避免事故的扩大。矿井主通风机的常见故障有机体振动,轴承过热,轴承有异常响声,电动机过负荷,传动胶带运行不正常等。下面对通风机的常见故障进行分析,并给出其处理方法。

(一)机体振动

(1)转子不平衡,通风机与电动机发生一致的振动,且振动频率与转速相符合。其产生的原因及处理方法为:

①叶轮重量不对称,或一侧部分叶轮被腐蚀或磨损严重,或轮叶上有不均匀的附着物。此时,应更换损坏的轮叶或更换叶轮,并找平衡,或清扫轮叶上的附着物。

②平衡块重量与位置不对,或平衡块位置移动,或检修后未找平衡。此时,应重新找平衡,并固定好平衡块。

③主轴弯曲或有裂纹。此时,应进行检查,更换主轴。

④叶轮变形或零件松动。此时,应对叶轮进行检查调整,消除松动。

(2)通风机与电动机发生程度不一样的振动,空载时小,重载时大。其产生的原因及处理方法为:

①联轴器安装不正。此时,应进行调整或重新安装。

②通风机的机轴和传动轴、电动机轴不同心。此时,应进行调整,重新找正。

③胶带轮安装不正,两皮带轮轴不平行。此时,应进行调整,重新找正。

④轴流式通风机轮毂有开焊裂纹。此时,应修理或更换轮毂。

⑤轴流式通风机的传动轴弯曲。此时,应调整校正。

⑥基础下沉。此时,应进行修补加固。

⑦紧固部件松动或间隙过大。此时,应拧紧或更换过松部件。

(3)通风机内部有摩擦,会发生不规则振动,并且集中于某一部分,噪声与转速相符,在启动或停止时,可以听到金属弦声。其产生的原因及处理方法为:

①叶轮歪斜与机壳内壁相碰,或机壳刚度不够,产生左右摇晃。此时,应修理叶轮和止推轴承,或对机壳进行补强。

②叶轮歪斜与进风口相碰。此时,应调整叶轮和进风口。

(4)基础或机座的刚度不够或不牢固,电动机与通风机整体振动,产生机房邻近的共振。其产生的原因及处理方法为:

①基础的灌浆不良;地脚螺栓松动,机座连接不牢,连接螺栓松动。此时,应查明原因给予适当的修补或加固,紧固地脚螺栓或连接螺丝。

②大型通风机局部基础不良。此时,应加固基础。

③基础或机座刚度不够，使转子不平衡，引起剧烈的强迫振动。此时，应加固基础，或对机座进行补强。

(5)局部零部件松动，轴承箱等发生局部振动，且与转速无关。其产生的原因及处理方法为：

①转子的叶轮、联轴器或胶带轴与轴松动。此时，应修理松动的零部件，重新装配。

②联轴器螺栓松动，或滚动轴承的固定螺母松动。此时，应紧固螺栓、螺母。

(二)轴承过热

轴承温升超过正常情况，用手摸时烫。其产生的原因及处理方法为：

(1)轴承箱盖与座的连接螺栓过紧或过松。此时，应调整螺栓的松紧度。

(2)滚动轴承损坏。此时，应更换轴承。

(3)轴承内圈与轴的配合过松或过紧。此时，应按过渡配合重新装配。

(4)机轴与滚动轴承安装歪斜，前后两轴承不同心。此时，应重新安装，或调整找正。

(5)轴瓦间隙过小，或两端局部接触。此时，应重新调整。

(6)润滑油质不佳，或充填过多。此时，应更换符合要求的润滑油；滚动轴承的注油量应为其容量的2/3。

(三)轴承有异常响声

轴承急剧磨损，运行中会发生各种不同异常响声，如尖声、口哨声、撞击声等。其产生的原因及处理方法为：

(1)轴承油量严重不足。此时，应调整加油量使其符合要求。

(2)轴承粒子或滚道表面剥落。此时，应更换轴承。

(3)轴承间隙过小。此时，应调整间隙。

(4)滚子断裂或破碎。此时，应更换轴承。

(四)电动机电流过大，温度过高

电流表指示电流过大，温度计指示温度过高。其产生的原因及处理方法为：

(1)冷却空气不足，冷却空气温度过高，或短路吸风现象造成风量过大。此时，应调整冷却空气量，消除短路吸风现象。

(2)联轴器连接不正，皮圈过紧或间隙不匀。此时，应进行调整。

(3)有短路现象，或电机不清洁。此时，应消除短路，清扫电机。

(4)电压过低，或电源单相断电。此时，应检查电压，更换保险。

(五)叶轮变形或损坏

其产生的原因及处理方法为：

(1)叶片表面或铆钉头磨损或腐蚀。若只是个别损坏，可个别更换；若损坏过半，应更换叶轮。

(2)叶片和铆钉松动。此时，应重新将铆钉拧紧或更换新铆钉。

(3)叶轮变形或歪斜，使叶轮径向跳动和端面跳动过大。此时，应卸下叶轮，用铁锤或其他方法将叶轮矫正。

(六)胶带运行不正常

运行中胶带跳出，发出啪啪声，胶带打滑，胶带轮转速降低。其产生的原因及处理方法为：

(1)胶带过松或长短不一致。此时,应调整胶带长度。
(2)胶带层间断裂。此时,应更换胶带。
(3)胶带轮槽磨损过限,使胶带与胶带轮产生相对位移。此时,应修理或更换胶带轮。
(4)胶带中心不一致。此时,应调整胶带。

复习思考题

1. 说明轴流式通风机的工作原理。
2. 试比较通风机各种工况点调节方法的特点和适用情况。
3. 通风机串联工作一定能提高风压吗?
4. 4 -72 -11 型离心式通风机由哪几部分组成?
5. 2K60 型轴流式通风机的进风口、中后导叶及扩散风筒各有什么作用?
6. 试说明对旋式轴流通风机的特点。
7. 为什么要反风? 试用简图说明离心式和轴流式通风机利用反风道反风的过程。
8. 通风机的噪声是如何产生的? 常用的消声措施有哪几种?
9. 离心式通风机和轴流式通风机的启动方式有何不同?
10. 离心式通风机的进风口与叶轮之间的间隙形式对主气流有何影响?
11. 通风机的阻力调节方法有哪几种?

情景四 矿山压缩空气设备的操作与维护

■ **教学目的和要求**

◇ 通过学习，应能了解压缩空气设备的工作理论。掌握矿山压缩空气设备分类及工作原理、结构与特性、选型设计。

■ **重点和难点**

◇ **重点**：矿山压缩空气设备的分类及工作原理、结构与特性等。

◇ **难点**：压缩空气设备选型设计。

■ **考核知识点和考核要求**

◇ **识记**：对压缩空气设备的要求、矿山压缩空气设备分类及工作原理、结构与特性。

◇ **领会**：矿山压缩空气设备的操作、运行、维护与故障处理。

◇ **综合应用**：压缩空气设备选型设计。

任务一 矿山压缩空气设备的基础知识

一、空气压缩机在矿山中的用途

现代企业中，使用压缩气体的机器的工业行业愈来愈多，例如化工、石油、冶金、轻工、纺织及采矿等，许多工业中广泛使用各种类型的气体压缩机。因此，气体压缩机是近代工业生产中不可缺少的通用机械。

压缩空气一直是矿山所采用的原动力之一，用以带动凿岩机、风镐及其他风动机械工作。由于像凿岩机这类风动工具的冲击力强，适用于钻削坚硬的岩石，而且风动工具结构简单、重量轻、操作方便，尤其在有瓦斯和煤层爆炸危险的矿井里，使用这种动力比电力安全。虽然整个气力系统（包括压缩空气的生产和输送，以及在风动机具中的使用）的效率很低，成本较高，但目前矿山采掘工作仍然普遍采用风动工具来凿岩和落煤。

压缩空气设备是指压缩和输送气体的整套设备，包括空气压缩机（简称空压机）、输气管路和附属设备。

与电力比较，压缩空气设备的优点如下：

(1) 不产生电火花，无触电危险，安全性高。

(2) 满足速度高、冲击力强的要求。

(3) 过负荷能力大。

(4) 排出的空气可有利于改善工作环境。

(5) 对工作环境要求不高。

缺点：效率低，运行费用高。

二、矿山空压机站的组成

矿山空压机站主要包括空压机、电动机及电控设备、冷却水泵站、附属设备、管路等，具体如图 4-1 所示。

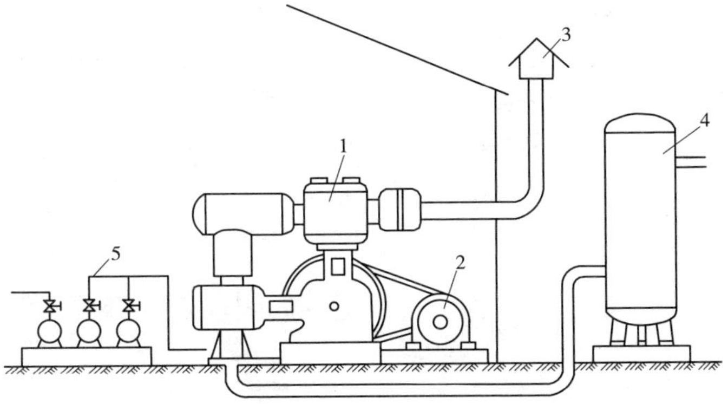

1—空压机；2—电动机；3—滤风器；4—储气罐；5—冷却水泵站

图 4-1　矿山空压机站组成示意图

三、压缩机的分类

现代工业中使用的压缩机种类很多，分类方法有多种。

(1)按其结构型式不同，分类如下：

- 压缩机
  - 速度型
    - 轴流式
    - 离心式
    - 混流式
  - 容积型
    - 回转式
      - 滑片式
      - 螺杆式
      - 转子式
    - 往复式
      - 膜式
      - 活塞式

(2)按汽缸中心线相对位置，可分为立式、卧式和角式。

(3)按空气被压缩的次数，可分为单级压缩、两级压缩和多级压缩。

(4)按活塞在汽缸内往复一次汽缸吸气的次数，可分为单作用式和双作用式。

(5)按冷却方式，可分为水冷式和风冷式。

(6)按润滑方式，可分为无油润滑空压机和有油润滑空压机。

目前，矿山最广泛使用的是低压($p \leq 106$ Pa)活塞式压缩机，近年来螺杆式压缩机和滑片式压缩机的使用也逐渐增多。

四、压缩机的工作原理

(一)螺杆式压缩机

通常所称的螺杆式压缩机即指双螺杆压缩机。

1. 螺杆式压缩机的基本结构

螺杆式压缩机主要由转子、机壳(包括中部的汽缸体和两端的吸、排气端座等)、轴承、轴封、平衡活塞及输气量调节装置组成。

图 4-2 是螺杆式压缩机的一对转子、汽缸和两端端座的外形图。

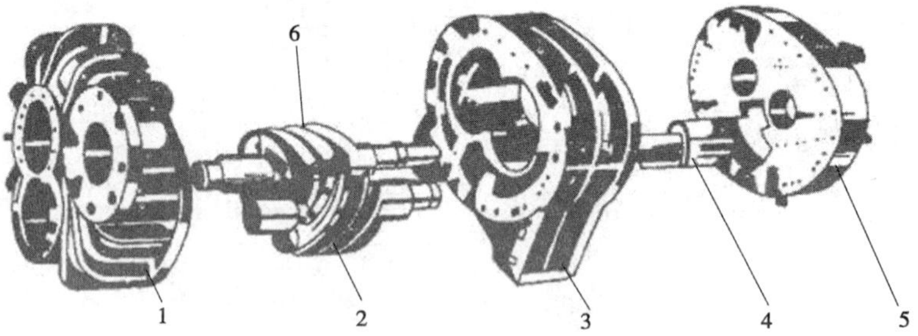

1—吸气端座;2—阴转子;3—汽缸;4—滑阀;5—排气端座;6—阳转子

图 4-2 螺杆式压缩机的基本结构

2. 螺杆式压缩机的工作原理

螺杆式压缩机的工作循环可分为进气、压缩和排气三个过程,如图 4-3 所示。随着转子旋转,每对相互啮合的齿相继完成相同的工作循环。

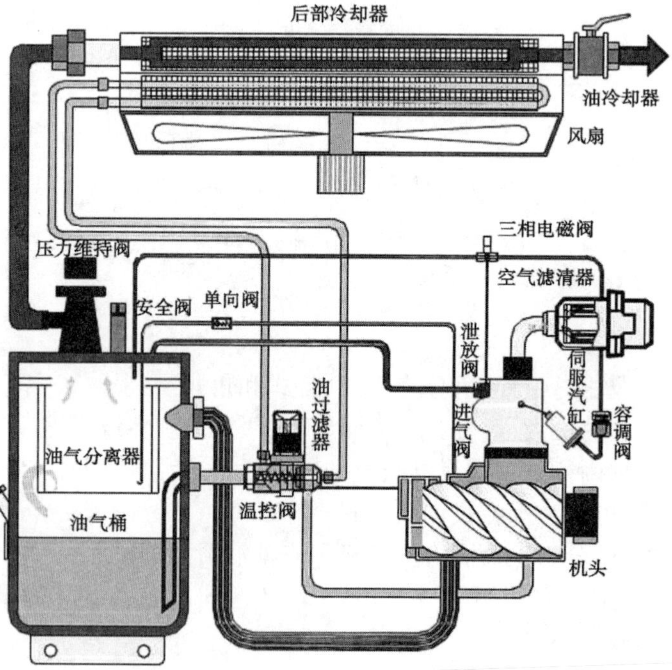

图 4-3 双螺杆压缩机工作原理图

1)进气过程

转子转动时,阴阳转子的齿沟空间在转至进气端壁开口时,其空间最大,此时转子齿沟空间与进气口相通,因在排气时齿沟的气体被完全排出,排气完成时,齿沟处于真空状态,当转至进气口时,外界气体即被吸入,沿轴向进入阴阳转子的齿沟内。当气体充满了整个齿沟时,转子进气侧端面转离机壳进气口,在齿沟的气体即被封闭。

2)压缩过程

阴阳转子在吸气结束时,其齿尖会与机壳封闭,此时气体在齿沟内不再外流。其啮合面逐渐向排气端移动。啮合面与排气口之间的齿沟空间渐渐减小,齿沟内的气体被压缩,压力增大。

3)排气过程

当转子的啮合端面转到与机壳排气口相通时,被压缩的气体开始排出,直至齿尖与齿沟的啮合面移至排气端面,此时阴阳转子的啮合面与机壳排气口的齿沟空间为零,即完成排气过程,同时转子的啮合面与机壳进气口之间的齿沟长度达到最大,进气过程再进行。

从上述工作原理可以看出,螺杆压缩机是一种工作容积作回转运动的容积式气体压缩机械。气体的压缩依靠容积的变化来实现,而容积的变化又是借助于压缩机的一对转子在机壳内作回转运动来达到的。

(二)旋叶式压缩机

每种型号的压缩机对润滑油的要求都是不同的。旋叶式压缩机的润滑油功能是润滑在压缩过程中滑入和滑出的叶片。润滑油也作为叶片与机架间的密封剂使用,使气体压缩成为可能。通常 ISO68 - 150 产品满足旋叶式压缩机的黏度要求。

(三)往复式压缩机

往复式压缩机提供了 $1\times10^5\sim1\ 000\times10^5$ Pa 的流出压力容量范围。往复式压缩机的油用于润滑汽缸、曲轴箱部件、线圈、活塞、阀门和装填杆。曲轴箱部件包括十字头轴承、十字接头、十字头导承和曲柄销。近来的制冷应用表明操作黏度小于 10 cSt 的 ISO15 润滑油可提供合适的润滑作用。然而,依靠气体分子量和流压操作,加工碳氢化合物气体往复式压缩机经常使用的产品是 ISO68 - 680。

大多数往复式压缩机,一种流体作为润滑剂适用于所有部件。较小的往复式压缩机使用喷溅润滑油。较大的装置通常使用一种油泵系统以润滑上方的曲轴箱部件。一些大型空压机使用两种不同的润滑油,一种用于汽缸而另一种用于其他需润滑的部件。由于汽缸润滑油须与气体共存,故必须与向下液流过程兼容。汽缸润滑油可设计成为特殊气体或操作条件提供润滑作用。

(四)螺旋式压缩机

螺旋式压缩机通常使用压缩烃和生产气体,流压范围为 $1\times10^5\sim25\times10^5$ Pa。它们具有许多优点,包括改进压缩效率、低流出温度、高可靠性和较少维护工作。螺旋式压缩机必须具备以下功能:润滑轴承,在螺杆与机架之间提供足够的密封,移去压缩过程中的热量,冲去压缩机中的任何微粒以及保护系统免于腐蚀。通常 ISO68 - 220 润滑油满足螺旋式压缩机的黏度要求。准确的黏度级别依赖于操作条件和气流成分。

空压机由于系统的闭环设计,合成产品特别适用于螺旋式压缩机。润滑油与压缩气体进入分离器。分离的油经过一个油冷却器再回流入压缩机。在这个过程中润滑油的降解可导致如轴承故障、密封不够或腐蚀等压缩机问题。在许多应用中,合成压缩机润滑油的使用能产生有效的烃压缩和生产气体。

(五)活塞式空压机

1. 活塞式空压机的组成

在活塞式空压机中,气体依靠在汽缸内作往复运动的活塞来进行压缩。

活塞式空压机的主要组成部分如图 4-4 所示。

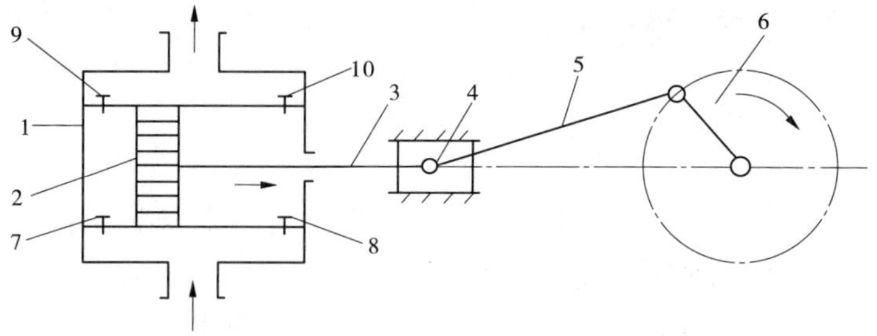

1—汽缸;2—带有密封环的活塞;3—活塞杆;4—十字头;5—连杆;6—曲轴;7、8—吸气阀; 9、10—排气阀

图 4-4　活塞式空压机的组成示意图

2. 活塞式空压机理论工作过程的组成

压缩机的理论工作过程由吸气过程、压缩过程、排气过程组成。下面分析一下其工作原理的四个过程,如图 4-5 所示。

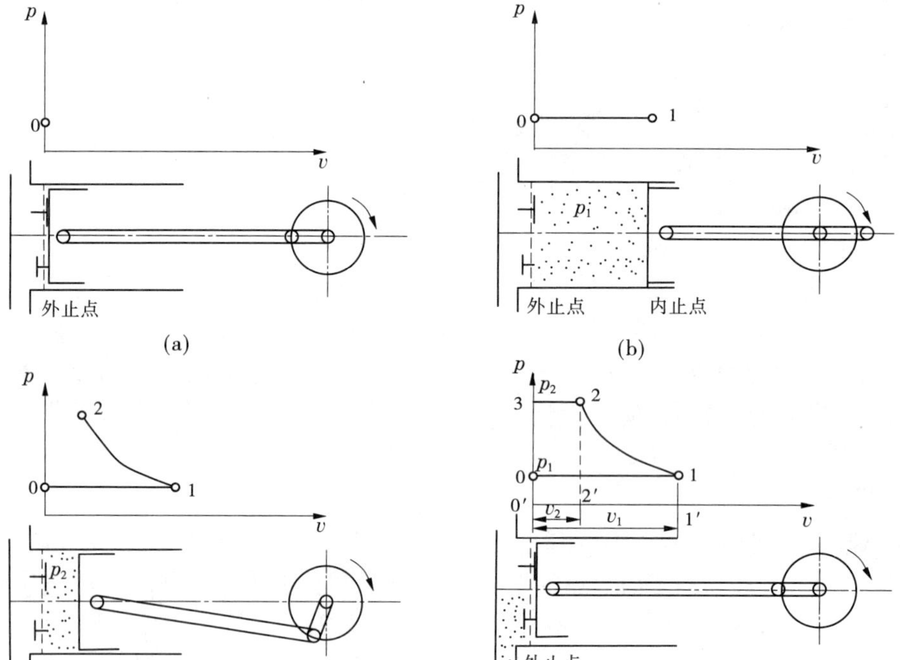

图 4-5　活塞式空压机的理想工作过程示意图

1）吸气过程

活塞从外止点向右运动时缸内容积增大，压力降低，吸气管中压力为 p_1 的气体顶开吸气阀进入汽缸内，直到活塞移向内止点，吸气过程结束。

吸气过程体积增大，压力不变，过程线为 0—1。

2）压缩过程

当活塞从内止点向左移动时，吸气阀关闭，缸内容积缩小，气体压力逐渐升高，当压力升高到排气管压力 P_2 时，排气阀会打开，此时压缩过程结束，过程线为 1—2。特点：体积缩小，压力升高。

3）排气过程

当汽缸内压力升高到 p_2 时，气体顶开排气阀片进入排气管，活塞继续向左移动，缸内体积缩小，压力不变。直到活塞移到外止点。此时，缸内气体排尽，排气过程结束。过程线为 2—3。特点：体积缩小，压力不变。

上述三个过程共同组成一个循环，称为压缩机的理想工作循环。

在上述三个过程中，只有压缩过程存在气体状态变化（压力、比容、温度变化），是热力过程，其他过程是一般的气体流动过程。

3. 活塞式空压机实际工作过程的组成

理想工作过程是在假设条件下完成的，实际上这些假设条件无法成立，实际工作过程存在余隙容积、压力损失、热交换、泄漏，要消耗摩擦功。

实际工作过程由压缩过程、排气过程、膨胀过程、吸气过程四部分组成。活塞式空压机的实际示功图如图 4-6 所示。

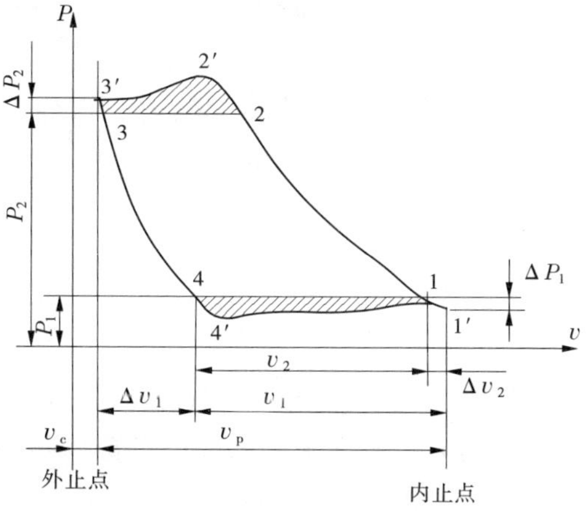

图 4-6　活塞式空压机的实际示功图

1）压缩过程

活塞从下止点开始向上运动，压缩过程开始，此时吸气温度低于汽缸壁温度，缸内气体从汽缸壁吸热膨胀，活塞向上运动，汽缸内体积缩小，压力升高，气体温度也升高，当压力升高到一定程度时，缸内气体温度等于汽缸壁温度，压力继续上升，气体温度将高于汽缸壁温度，此时缸内气体向汽缸壁放热，当活塞压缩到一定程度时，缸内气体压力高于排气腔压力，压差足以克服排气阀片重力和阀片弹簧力顶开排气阀片时，排气阀片被顶开，此时压缩过程结束,排气过程开始。

注意:压缩过程结束时汽缸内压力高于排气腔压力,它使压缩机内压力比高于外压力比。

2)排气过程

排气阀片打开,排气过程开始,活塞运动到外止点,排气过程结束,排气阀片关闭。排气过程压力有波动,先高后低。

3)膨胀过程

排气过程结束,汽缸余隙内还有没有排完的高压气体。活塞从上止点向下运动时,由于汽缸内压力高于吸气腔压力,吸气阀片不开。随着活塞向下运动,缸内气体体积扩大,压力下降,当缸内气体压力低于吸气腔压力,压差能克服吸气阀片重力和阀片弹簧力顶开吸气阀片时,膨胀过程结束,吸气过程开始。

注意:膨胀过程所占的容积是浪费的工作容积。因此,汽缸实际工作容积小于理论工作容积,压缩机实际排气量减小。

4)吸气过程

缸内压力低于吸气腔压力,吸气阀片打开,吸气过程开始,吸气腔内低压气体开始进入汽缸,由于吸入气体温度低于汽缸壁温度,吸入的气体将吸热膨胀。当活塞运动到下止点时,吸气过程结束,吸气阀片关闭。

注意:吸气膨胀使实际吸气量低于理论吸气量,使压缩机排气量减少。吸气压差的存在,使进入汽缸内的气体密度低于吸气腔气体密度,使压缩机排气量减少,制冷量减少。

由于实际工作过程与理想工作过程相比存在余隙容积、压力损失,气体与汽缸壁有热交换,存在泄漏,有摩擦功,故实际工作过程比理想工作过程输气量少,耗功量大。

任务二　矿山压缩空气设备的基本结构

一、活塞式空气压缩机的控制系统

空气压缩机控制系统的组成主要包含7大系统,分述如下。

(一)油循环系统

在启动前,首先启动油泵控制系统,油泵控制系统启动后可保证空压机各润滑部件润滑良好,同时油泵控制系统可通过内置的温控阀来调节内部油压和油温,以满足系统需要。

(二)气路循环系统

压缩机工作时,空气经过自洁式空气过滤器被吸入,通过PLC自动清洗过滤器,空气在经过进口导叶自动调节后进入一级压缩,经一级压缩后的气体温度较高,然后进入中间冷却器进行冷却(水走管内,气走管外,中冷器的水流量要求为110 m/h),之后进入二级压缩系统,为避免系统中的气体倒流入压缩腔内(避免带压启动)在压缩机的排气管道安装有一只悬挂全启式止回阀,压缩机排出的气体推开止回阀进入排气消声器,然后进入一级后冷器、二级后冷器,再进入排气主管道。

(三)水路循环系统

一路冷却水通过管道进入空压机中间冷却器对一级压缩排出的气体进行冷却降温,再进入后冷器对排气进行冷却；另一路冷却水进水管道经过主电机上部的两组换热器冷却电机绕组，还有一路对油冷却器进行冷却。

（四）配电系统

空压机为2 000 kW高压电机（10 kV）采用全压启动，控制柜为户内交流、金属铠装抽出式开关设备，开关设备由固定的柜体和可抽出部件即手车两大部分组成，实现控制、保护、监测的目的，具有“五防”功能。“五防”功能指防止带负荷拉（合）隔离开关、防止误分（合）断路器、防止带电挂地线、防止带地线（合）隔离开关、防止带电误入带电间隔。

（五）屏保护系统

中央信号装置分为事故信号和预告信号两种。事故信号的主要任务是在断路器事故跳闸时，能及时地发出音响信号，并使相应的断路器灯光位置信号闪光。预告信号的主要任务是在运行设备发生异常现象时，瞬时或延时发出音响信号，并使光字牌显示出异常现象的内容。

（六）直流电源系统

PZ32系列全自动免维护铅酸蓄电池直流电源成套设备，由充电装置屏、直流馈电屏和蓄电池组成，具有自动稳流、自动稳压、自动调压等功能，为中央信号屏和高压控制系统提供电源。

（七）DTC控制系统

DTC控制屏是空压机的“大脑”，各类现场传感器的数值，最终汇总至DTC控制屏，在DTC控制屏上显示各类运行参数，并监视空压机各部分的运行状态，当某些参数超出允许范围时，DTC会发出相应的报警或自动使空压机停机。

二、空气压缩机整机的主机部件

空气压缩机整机主要由动力驱动部件（电动机、三角带、联轴器、防护罩等）、主机（机头）、储气罐部件、控制部件（气压开关、电磁启动器、热保护器、安全阀、调压阀、减荷阀、放气阀、放污阀、压力表等），管路部件（单向阀、排气管、中冷器等）组成。

进、排气阀位于汽缸与缸盖之间，可看作是两只单向阀，进气阀只进不出，排气阀只出不进。随着活塞的往复运动，不但汽缸内容积发生变化，曲轴箱内的容积也发生变化，这就需要呼吸管来平衡曲轴箱内的气压变化。对两级压缩的空压机，在一级排气和二级进气之间设置有中冷器，起冷却作用。下面着重介绍几个重要零部件。

（一）汽缸

汽缸是压缩中的主要零件之一，汽缸与活塞配合完成气体的逐级压缩。活塞在其中往复运动，故汽缸应有良好的表面粗糙度以利于润滑，要耐磨。由于气体压缩要产生热量和摩擦热，汽缸还应有良好的冷却作用，故风冷汽缸表面有散热片。

汽缸是空压机中组成压缩容积的主要部分，L型空压机的汽缸一般由灰铸铁制成，由汽缸盖、汽缸体和汽缸座组成，如图4-7所示。

汽缸为双层壁，两层之间的空间为流通冷却水的冷却水套。缸盖和缸座上各有4个气阀室，分别安装两个吸气阀和两个排气阀。汽缸盖、汽缸体、汽缸座的水套、气路是对应相通的，但水套与气路之间互相隔开，各接合面用石棉胶垫密封。在缸座内侧有填料箱。

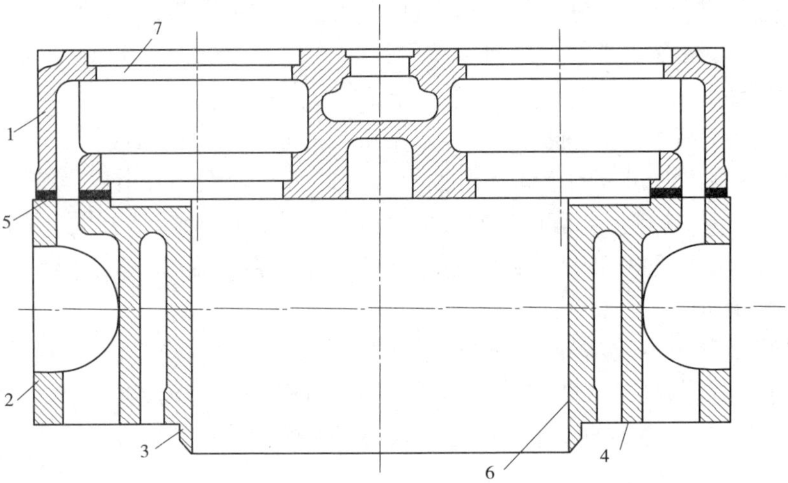

1—汽缸盖;2—汽缸体;3—汽缸突肩;
4—汽缸装置面;5—橡胶石棉垫;6—汽缸镜面;7—汽缸盖阀室

图 4-7　L 型空压机的汽缸部件

(二)气阀

气阀是压缩机中最重要的部件,又是易于损坏的部件,其质量的优劣将影响压缩机的排气量、功率消耗及运转的可靠性。活塞式压缩机一般采用自动阀,不同于内燃机那样依靠机械传动适时地启闭进、排气阀,而是借助于汽缸和进、排气阀腔内的压力差 ΔP(阀片两边的压力差)来实现的。

气阀由阀座、阀片、弹簧及升程限止器等四个主要部件组成,如图 4-8 所示。工作原理是活塞向内止点运行时,汽缸内的压力低于进气阀腔中的压力,而使阀片两侧面的压力差 ΔP 克服弹簧力,将阀片推至升程限止器,阀片开启,气体进入汽缸。活塞行程过半后,开始减速,将达内止点时,其速度急剧降低,气流速度和气流顶推力随之降低。气流顶推力小于弹簧力,气阀开始关闭,最终落到阀座上,完成一个进气过程,排气阀的启闭与此同理。

对气阀的要求如下:

(1)阻力损失小,气阀弹簧力要设计得当。

(2)寿命长,受到冲击的阀片平均寿命达到规定的时间,一般要大于 3 000 h。

(3)气阀关闭时不漏气。

(4)气阀形成的余隙容积小。

(5)工艺性好。

气阀最常见有环状阀和舌簧阀。环状阀阀片为环状;舌簧阀阀片或条状阀阀片是微型机最主要的一种,它在自由状态下,阀片紧贴在阀座上,开启后阀片弯入升程限止器槽内,阀片本身具有弹性,所以不需要另加弹簧,由于运动质量小能适应高转速要求,但材质要求较高。

(三)活塞

活塞在工作中受周期性变化着的气体压力的作用。活塞的曲型结构包括顶部、裙部和环部。与汽缸形成封闭容积的顶间称为顶部;油环以下称裙部;油环以上至顶部称为环部。

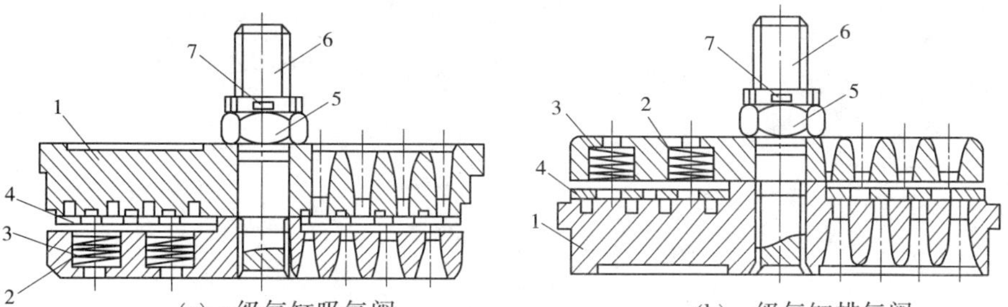

(a)一级气缸吸气阀　　(b)一级气缸排气阀

1—阀座;2—阀盖;3—弹簧;4—阀片;5—冠形螺母;6—螺栓;7—开口销

图 4-8　L 型空压机的气阀

活塞环是保证气密性的主要零件,一般低压下,活塞只设 2～3 道环。

活塞裙部的销座部分的一圈内,其金属厚度的不均匀及受侧向力的作用,将沿销座轴线方向伸长变形,故在销座不受力侧的壁面应车去或压模铸造时凹陷铸出。

L 型空压机的活塞组件由活塞杆、活塞、活塞环及防松螺母等组成,如图 4-9 所示。

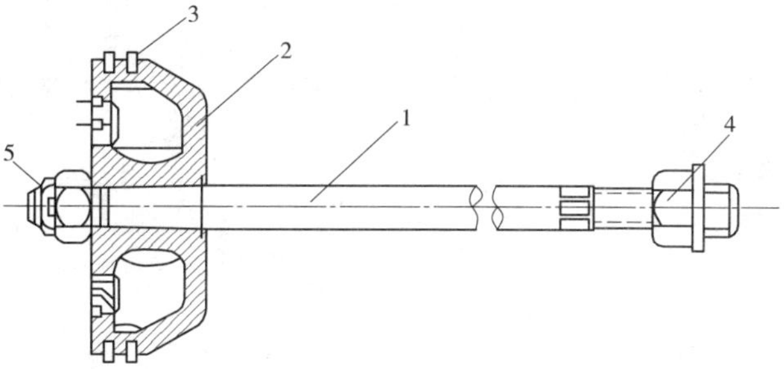

1—活塞杆;2—活塞;3—活塞环;4—防松螺母;5—冠形螺母

图 4-9　空压机的活塞组件

1. 活塞

L 型空压机为盘状带锥活塞,盘状部分与汽缸配合。活塞用灰铸铁铸成空心以减轻质量,两个端面用加强筋互相连接,以增加刚性。

2. 活塞环

活塞环是密封汽缸内壁与活塞间隙的组件,同时兼有布油和导热的作用。对活塞环的基本要求是密封可靠并耐磨。

活塞环采用金属开口环,为避免切口处漏气,活塞环常常不是一道,而是两道或更多道同时使用,活塞环的开口形式有搭接开口、直开口和斜开口三种,如图 4-10 所示。搭接开口的环工作时漏气少,性能较好,但制造工艺复杂,成本高;直开口的环漏气较严重,使用性能差,但制造方便,成本低;斜切口的环介于两者之间,既能保证较好的使用性能,制造又简单,开口斜角一般为 38°～45°。L 型空压机采用斜开口密封环。

活塞环的材料通常用灰铸铁。有时在铸铁环上嵌青铜、轴承合金,或填充聚四氟乙烯,以防止汽缸拉毛并延长环的使用寿命。

(四)连杆部件

连杆一端与曲轴相连的部分称为连杆大头,作旋转运动。

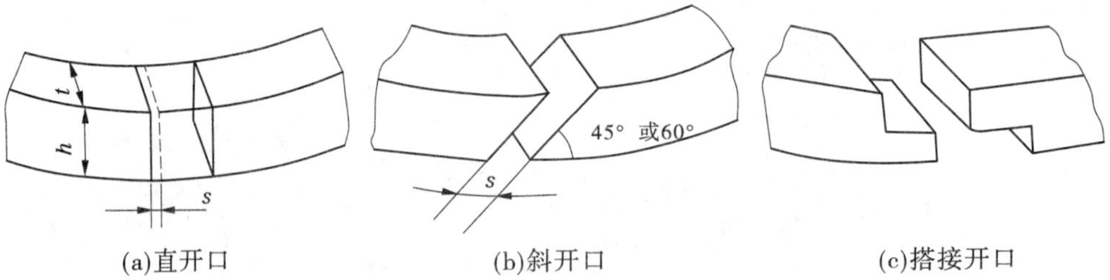

图 4-10　空压机活塞环的开口形式

连杆一端与活塞销相连的部分称为连杆小头，作往复运动。

连杆中间部分与杆身作摆动，连杆分闭式连杆和开式连杆。闭式连杆大头是整体的，只用于曲柄轴、蛇形曲轴、没有连杆螺栓的薄弱环节。开式连杆大头是剖分的，装配由连杆螺栓紧固。

L 型空压机连杆如图 4-11 所示。

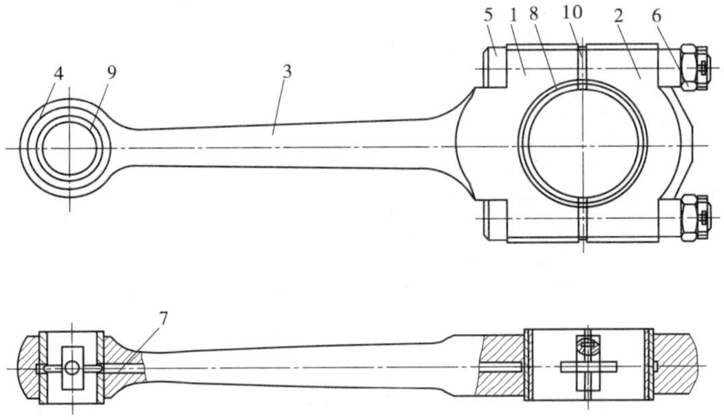

1—连杆大头；2—大头瓦盖；3—杆体；4—连杆小头；
5—螺栓；6—螺母；7—油孔；8—大头瓦；9—小头瓦；10—调整垫片

图 4-11　L 型空压机连杆

（五）十字头部件

十字头有整体式和分开式两种，十字头部件如图 4-12 所示。

整体封闭式十字头部件用球墨铸铁制成，其一端螺孔与活塞杆相连，活塞杆拧入十字头的长度可以变动，用以调节活塞和汽缸之间的间隙，从而改变余隙容积。横向的圆孔内装有十字头销与连杆小头相连，十字头销内有油孔，从连杆来的润滑油经十字头销进入十字头上下的滑履上，以润滑滑履和滑道间的相对摩擦面，润滑后的润滑油流回曲轴箱，即油池。

注意：十字头销在十字头内的位置不能调换，若方向装反，油路完全切断，十字头滑履得不到供油会造成摩擦面烧毁的机械事故。

（六）曲轴

曲轴是压缩机中重要运动件。它接受原动机一般以扭矩形式输入的动力，并将其转变为活塞的往复作用力压缩气体做功，它周期性地承受气体压力和惯力，因而产生交弯弯曲应力及扭转应力，所以它在强度、刚度、耐磨性上要求较高。

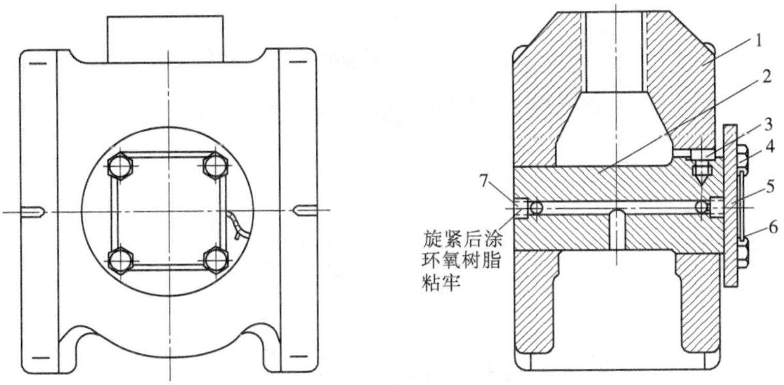

1—十字头体;2—十字头销;3—螺钉键;4—螺钉;5—盖;6—止动垫片;7—螺塞

图 4-12　十字头部件

(七)填料装置

填料装置主要用于活塞杆与汽缸座之间的密封。

L 型空压机采用金属填料密封,它主要由密封圈 4、挡油圈 6、隔环 2、垫圈 1 等组成,如图 4-13 所示。

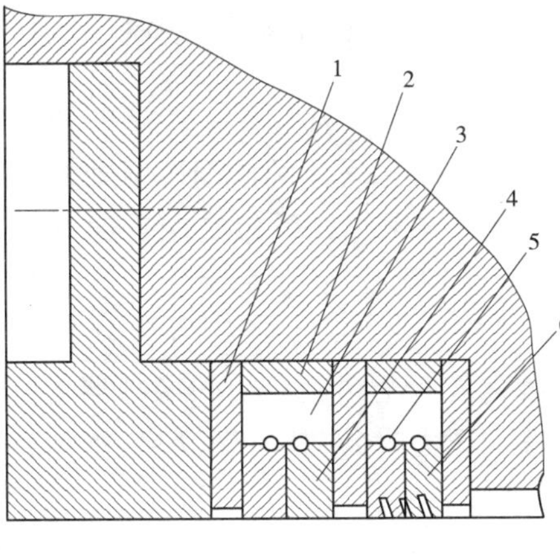

1—垫圈;2—隔环;3—小室;4—密封圈;5—弹簧;6—挡油圈

图 4-13　金属填料密封结构图

密封圈用灰铸铁制成,由 3 个带斜口的弧瓣组成整圈,在它的外圆柱面的沟槽内装有拉力弹簧,靠弹力将三个弧瓣紧箍在活塞杆上起密封作用。

当内孔磨损后,借助弹力能自动向内箍紧,保证密封。在由垫圈 1 和隔环 2 组成的小室 3 内,放置了两个切口相互错开密封圈。两级压缩的高压缸有两个小室,低压缸只有一个小室。挡油圈的结构形式和密封圈相似,只是内圆处开有斜槽,可以把黏附在活塞杆上的机油刮下来,以免进入缸内。

三、空压机的附属装置

空压机的附属装置包括滤风器、风包、安全阀、润滑系统、冷却系统和管路系统等。

(一)滤风器

滤风器的作用是清除吸入的空气内含有的灰尘和杂质。它安装在空压机的进气管道上。L型空压机的滤风器为金属网滤风器,如图4-14所示。

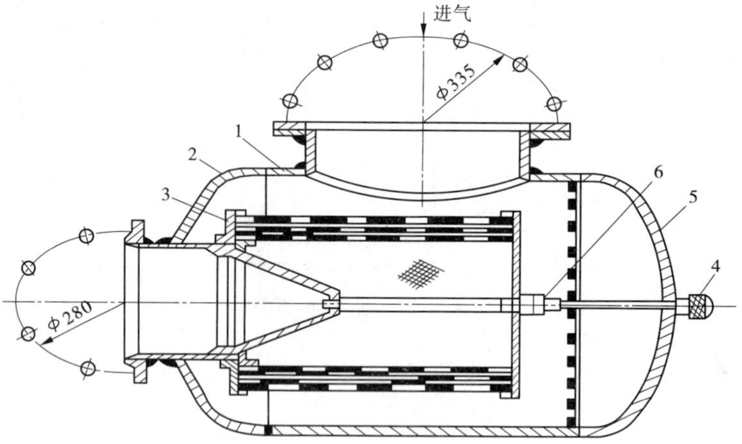

1—筒体;2、5—封头;3—金属网;4、6—螺母

图4-14 金属网滤风器

(二)风包

风包的主要作用是缓和空压机排出气流的周期性脉动,以稳定输气管道中的压力,分离空气中的油和水,并储存一定数量的压气。风包是用普通碳素钢板焊接成的密封容器,如图4-15所示。

(三)安全阀

安全阀是保护装置。通常一级安全阀装在中间冷却器上,二级安全阀装在风包上。当各级空气压力超过安全阀的整定压力时,它就自动开启,把一些气体泄入大气,使系统中的压力降为正常的工作压力。

(四)润滑系统

空压机润滑目的如下:

(1)减轻滑动部件的磨损,延长零件寿命。

(2)减少摩擦功耗。

(3)润滑油有冷却作用,可带走摩擦热,使零件的工作温度正常,同时保证滑动部分必要的运转间隙,防止滑动部件过热或咬死。

(4)密封汽缸的工作容积,以提高活塞和填料箱的密封性。

空压机的润滑包括两部分:一是汽缸内部的润滑,二是传动系统(运动部件)的润滑。

1. 运动部件的润滑系统

运动部件的润滑系统一般由滤油器、润滑油冷却器、润滑油泵、油管、压力表和压力调节阀组成。

润滑油流动路线:油池→粗滤油器→齿轮泵→油冷却器→滤油器→曲轴中心孔→曲柄销和连杆大头瓦的配合面→连杆中心孔→连杆小头瓦和十字销配合面→十字头滑轨→

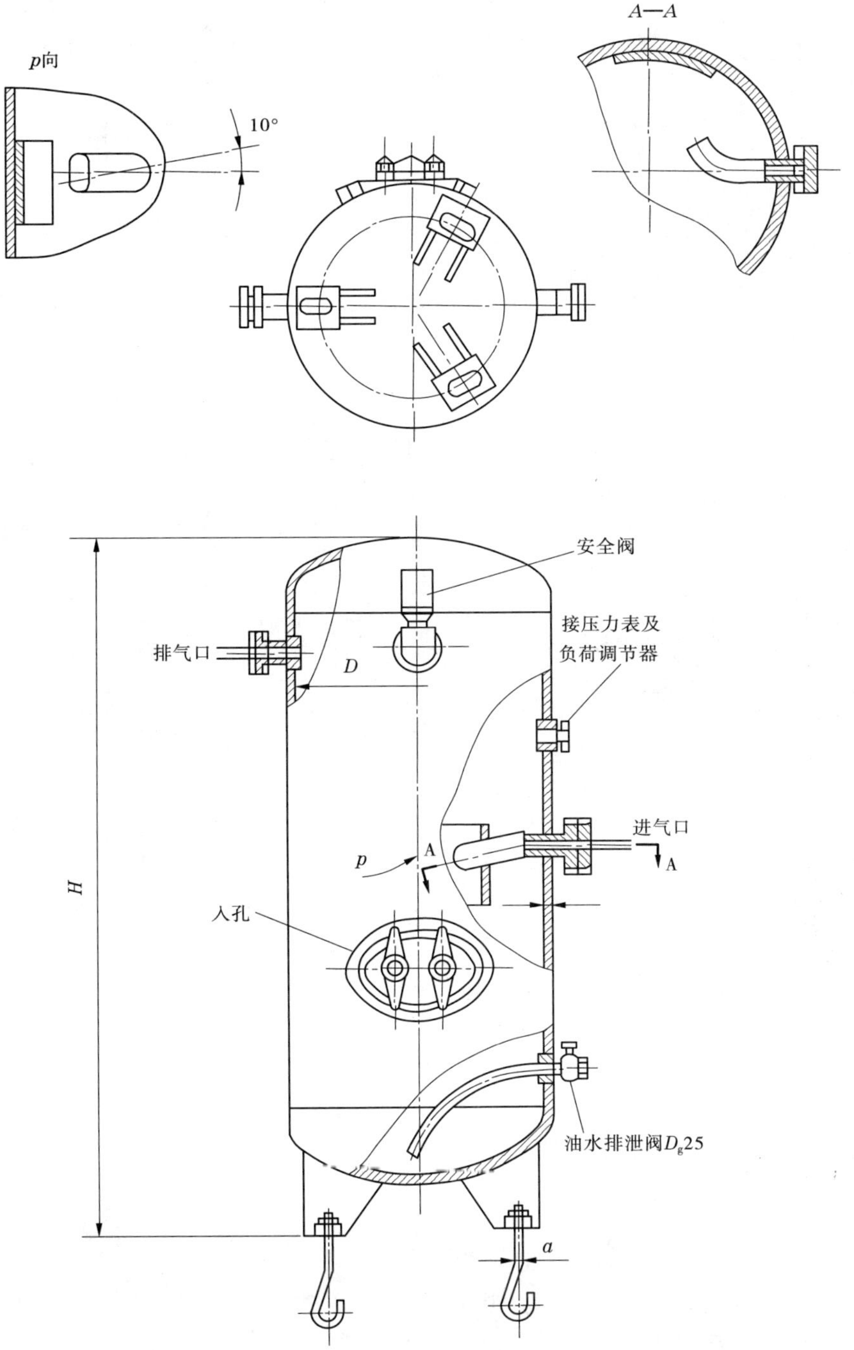

图 4-15　风包

油池。

油压的大小可通过油压调节阀来控制。

L 型空压机润滑系统原理图如图 4-16 所示。

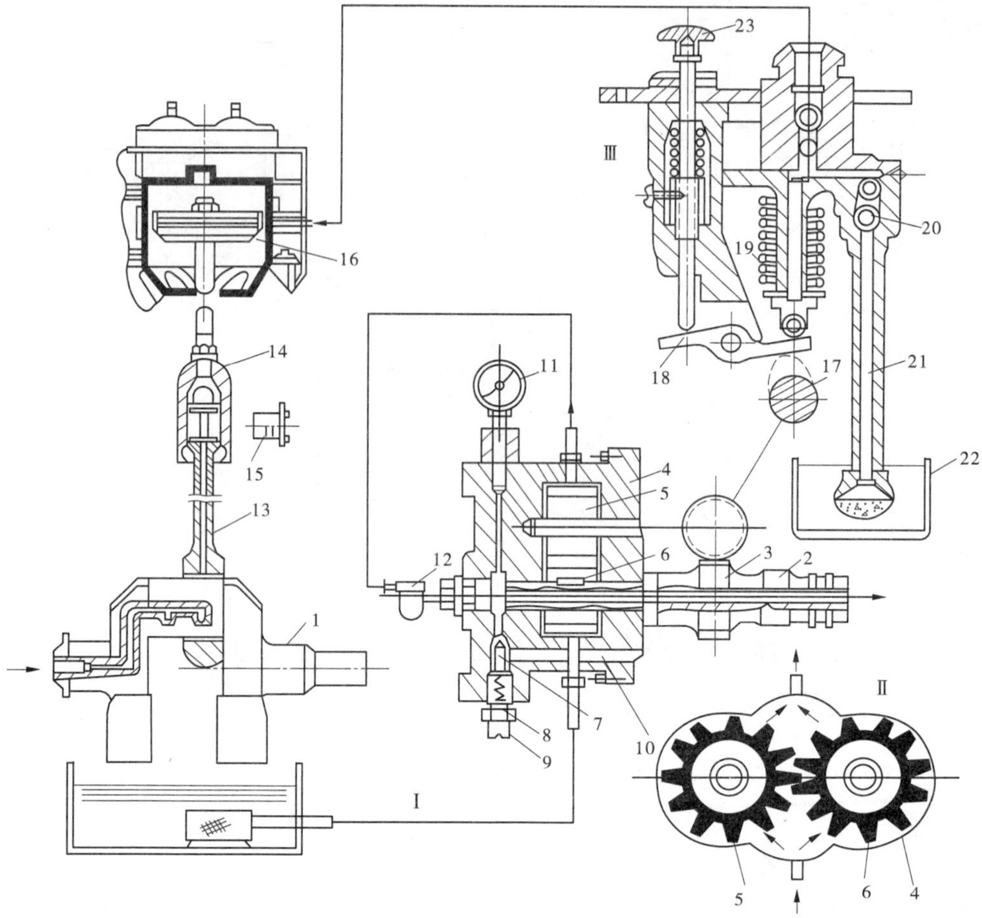

1—曲轴；2—传动空心轴；3—蜗轮、蜗杆；4—外壳；5—从动轮；6—主动轮；
7—油压调节器；8—螺帽；9—调节螺钉；10—回油管；11—压力表；12—滤油器；
13—连杆；14—十字头；15—十字头销；16—汽缸；17—凸轮；18—杠杆；
19—柱塞阀；20—球阀；21—吸油管；22—油槽；23—顶杆

图 4-16　L 型空压机润滑系统原理图

2. 汽缸部件润滑系统

汽缸的润滑靠注油器注入润滑油。注油器实际上相当于一个单柱塞泵，它由曲轴经蜗轮、蜗杆减速后带动运转，产生的压力油经油管送到活塞、汽缸等部位进行润滑。在汽缸的注油孔处，一般都装有逆止阀，以防止油管破裂时发生汽缸内压气反冲，并便于空压机在不停转时更换注油器。

(五)冷却系统

空压机冷却的目的如下：

(1)降低压气温度，保证设备正常运转。

(2)降低功率消耗，增大排气量，提高空压机效率。

(3)分离压气中的油和水,提高压气质量,避免管路冬季冻结等不良后果的发生。空压机的水冷系统空压机的冷却系统由冷却水泵站、冷热水池,冷却塔、管路和空压机的冷却机构等组成,如图 4-17 所示。

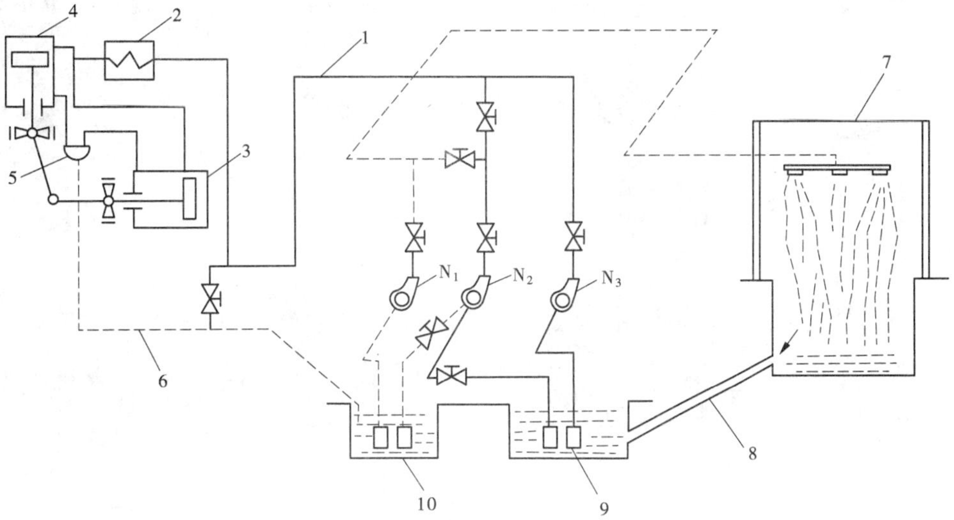

1—总进水管;2—中间冷却器;3—低压汽缸;4—高压汽缸;
5—漏斗;6—回水管;7—冷却塔;8—水沟;9—冷水池;
10—热水池;N_1—热水泵;N_2—备用泵;N_3—冷水泵

图 4-17　空压机冷却系统图

四、螺杆式空压机

(一)螺杆式空压机的系统组成

螺杆式空压机有较为完善的系统,主要包含以下 7 大系统。

1. 进气过滤系统

进气过滤系统即空气过滤器,用以保证进入压缩机的空气清洁。当空气过滤器指示仪显示红色时,空滤器需要更换。更换空滤芯时,先松开翼形螺母,取下盖子,小心拆除旧滤芯,安装新滤芯,注意不要让灰尘进入气阀。空气滤芯每隔 2 000 h 更换一次,可以保持进气的清洁。

进气过滤系统实例图如图 4-18 所示。

2. 压缩机体系统

压缩机体系统是压缩机和电机的总称,驱动电机为三相异步电机,有开式和封闭式。开式电机冷却效果较好,但在海上运行时空气湿度大,有盐雾,待机过程中绝缘容易受损,最好采用闭式防爆电机,可以提高机组的整体使用寿命。

压缩机体实例图如图 4-19 所示。

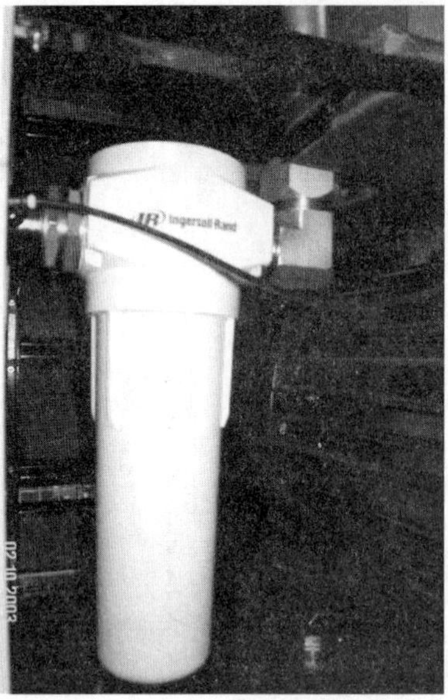

图 4-18　进气过滤系统实例图

图 4-19　压缩机体实例图

3. 带冷却器的压力润滑系统

带冷却器的压力润滑系统主要由油冷却器、温控阀、油过滤器、断油电磁阀及管线组成。

压缩机排气进入油气分离器后，润滑油的温度与排气温度一致，通过散热器将润滑油温度降为合理的温度，再进入压缩机循环使用。排气温度需要控制在一定范围内，既要保证润滑油性能又要使空气中的水分不发生凝结。温度低了，水分凝结会使油乳化，降低其性能。一般润滑油温度控制在 70～100 ℃，不超过 120 ℃。

温控阀的作用是保持润滑油温度为一恒定值，一般温控阀在 75 ℃左右打开。油过滤器安装在油冷却器与温控阀之后。其作用是滤去油中的颗粒、粉尘和杂质，保证转子可靠运行。其过滤精度为 20 μm，可以单独更换，在其顶部有一压差发信装置，当压差超过 0.5×10^5 Pa 时，控制盘上的指示灯点亮，提示更换润滑油滤器。断油电磁阀在启动时打开，停机时关闭。保证机组停机后，压力油倒灌入压缩机体，从进气口喷出，污染损坏空气滤器。温控阀如图 4-20 所示。

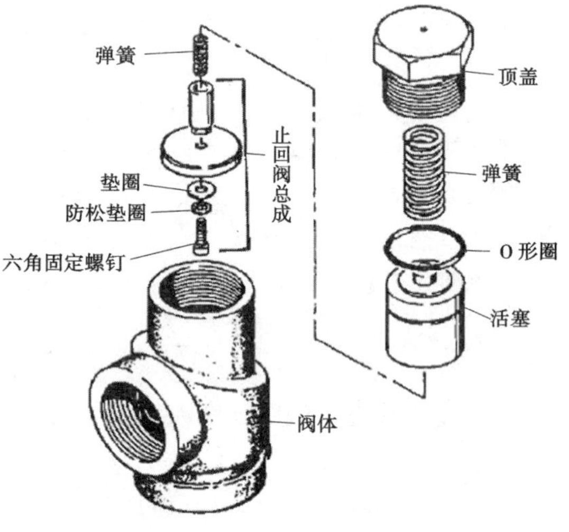

图 4-20　温控阀示意图

4. 油气分离系统

油气分离系统主要由油气分离器、最小压力阀、滤网、节流孔、安全阀、冷却器、水分离器和排放管线组成。油气分离器筒体内的压力由压缩机压缩空气和油混合物产生。油气混合物进入分离器后，油在重力作用下存在于容器下部，气体则经过分离芯从容器顶部通过最小压力阀排出。最小压力阀的作用是在油气分离器内形成油循环的最小压力，同时在停机时有止逆功能，防止管网中的压缩空气向分离器内倒灌。最小压力阀只有在分离器内压力超过一定值时才能打开，用以保持分离器内的压力，保证分离效果。其打开压力值一般为 4×10^5 Pa。油气分离器系统如图 4-21 所示。

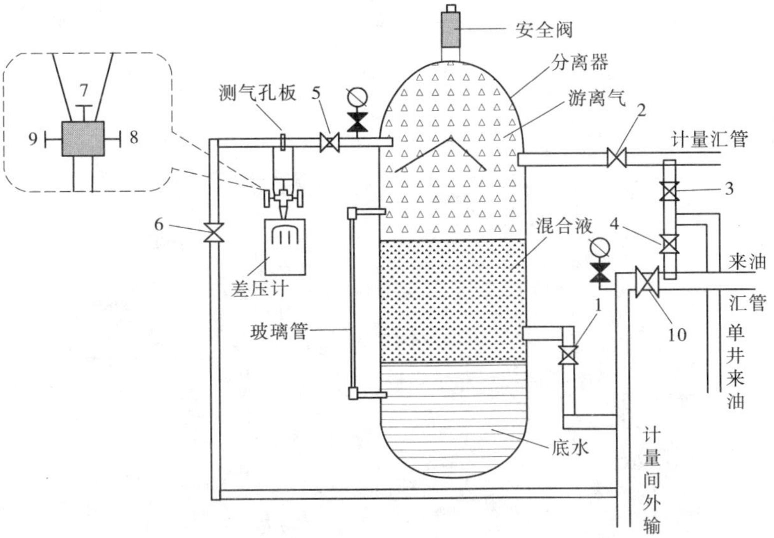

图 4-21 油气分离器系统

5. 气量控制系统

喷油螺杆式空压机一般具备三种控制方式，以满足不同用气量的用户需求。

1) ON/OFF LINE——加载/卸载控制

在此控制模式下，进气蝶阀处于全开或全关的位置。当机组加载运行时，INTELLISYS（智能控制系统）使加载电磁阀和放气电磁阀得电，进气阀全开，放气阀全关，压缩机满载运行。当机组卸载运行时，INTELLISYS 使加载电磁阀和放气电磁阀失电，进气阀全关，放气阀全开，压缩机空载运行。最小压力阀关闭，压缩空气不能回流。压缩机以最小功率运行，直到压力降至压力开关下限，系统重新工作，加载开始。

2) MOD/ACS——调节/自动控制

当机器在调节/自动控制模式中运行时就自动不再执行 ON/OFF LINE 控制模式。如果空压机在 3 min 内完成 3 次加载/卸载循环，智能控制系统便可确定对空气压缩量需求很高，并切换到调节阀控制模式，通过调节气量来满足压缩空气的需求。

3) MODULATION ONLY——单一调节

这是一种容量调节控制方式，加载时，INTELLISYS 使加载电磁阀和放气电磁阀得电同时使调节电磁阀得电，这样就把经调节阀调节的压力连接到进气阀上，随着系统压力升高到调节阀设定点附近，此调节压力下降，使进气阀对气流节流。调节阀控制气量为额定气量的 60%。如果系统压力继续升高，空压机将在起跳压力设定点上卸载。如果系统压力降到回跳压力设定点以下，空压机将在调节阀控制模式中加载。

6. 电气控制及仪表系统

空压机电气控制系统以智能控制系统为核心，主要由智能控制器、控制变压器和保险丝、电机启动器、辅助触点和过载继电器、冷却风扇启动器和过载继电器等组成。

空压机控制系统主要功能有自动卸载启动、ON/OFF LINE 气量控制、卸载停机、自动启动/停机、空压机故障报警、空压机故障报警停机。

7. 保护系统

保护系统主要功能有排气压力高、排气温度高停机，电机过载保护，热敏电阻继电器保护等。

(二)基本结构

双螺杆压缩机的主机结构如图 4-22 所示，装配图如图 4-23 所示。

图 4-22　螺杆式空压机主机实物图

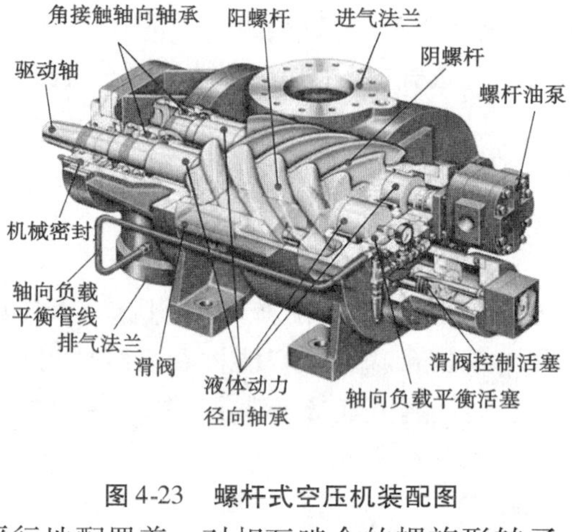

图 4-23　螺杆式空压机装配图

在压缩机的主机中平行地配置着一对相互啮合的螺旋形转子，通常把节圆外具有凸齿的转子(从横截面看)称为阳转子或阳螺杆，把节圆内具有凹齿的转子(从横截面看)称为阴转子或阴螺杆。

一般阳转子作为主动转子，带动阴转子转动。转子上的球轴承使转子实现轴向定位，并承受压缩机中的轴向力。

转子两端的圆锥滚子推力轴承使转子实现径向定位，并承受压缩机中的径向力和轴向力。

在压缩机主机两端分别开设一定形状和大小的孔口，一个供吸气用的叫吸气口，另一个供排气用的叫排气口。

一台喷油螺杆空压机组主要由主机和辅机两大部分组成，主机包括螺杆空压机主机和主电机，辅机包括进排气系统、喷油及油气分离系统、冷却系统、控制系统和电气系统等。

在进、排气系统中，自由空气经过进气过滤器滤去尘埃、杂质之后，进入空压机的吸气口，并在压缩过程中与喷入的润滑油混合。经压缩后的油气混合物被排入油气分离桶中，经一、二次油气分离，再经过最小压力阀、后部冷却器和气水分离器被送入使用系统。

在喷油及油气分离系统中，当空压机正常运转时，油气分离桶中的润滑油依靠空压机的排气压力和喷油口处的压差，来维持在回路中流动。润滑油在此压差的作用下，经过温控阀进入油冷却器，再经过油过滤器除去杂质微粒后，大多数的润滑油被喷入空压机的压缩腔，起到润滑、密封、冷却和降噪的作用，其余润滑油分别喷入轴承室和增速齿轮箱。喷入压缩腔中的那一部分油随着压缩空气一起被排入油气分离桶中，经过离心分离绝大多数的润滑油被分离出来，还有少量的润滑油经过滤芯进行二次分离，被二次分离出来的润滑油经过回油管返回到空压机的吸气口等低压端。

（三）重要部件的作用

1. 润滑油的作用

（1）冷却作用。作为冷却剂，它可有效控制压缩放热引起的温升。

（2）润滑作用。作为润滑剂，它可在转子间形成润滑油膜。

（3）密封作用。作为密封剂，它可填补转子与壳体以及转子与转子之间的泄漏间隙。

（4）降噪作用。喷入的油是黏性流体，对声能和声波有吸收和阻尼作用，一般喷油后噪声可降低 10～20 dB(A)。

2. 最小压力阀的作用

（1）保证最低的润滑油循环压力。

（2）作为止回阀，以避免在空压机停机或者无负荷情况下，供气管线内的压缩空气回流到机组内。

（3）保证油气分离器滤芯前后有一定的压差，以免刚开机时滤芯前后压差过大出现挤破的现象。

3. 温控阀的作用

维持润滑油温高于压力露点温度以上，以免空气中的水分析出。

4. 油气分离桶的作用

（1）作为初级油气分离的装置，它可以把直径大于 1 μm 的油滴采用机械碰撞法有效地分离出来。

（2）作为空压机润滑油的储油器。

（3）作为油气分离器滤芯的支撑体，该滤芯可以把直径 1 μm 以下的油滴先聚结为直径更大的油滴，然后分离出来。

（四）螺杆压缩机的工作过程

螺杆压缩机的工作过程分为吸气、密封、压缩、排气四个阶段。进气使阳螺杆与阴螺杆啮合脱开，空间增大，形成负压，此位置刚好在进气口，空气进入螺杆间隙。螺杆继续旋转，气体封在螺杆与汽缸形成的密封空间内，阳螺杆相当于活塞，阴螺杆相当于缸套，气体被推向排气端并不断压缩，当螺杆旋转至出口时，封在螺杆中的气体排出，从而完成一个循环。喷油螺杆式压缩机工作时，本身产生的压力驱动润滑油循环，润滑油不断喷入螺杆汽缸和前后轴承，既带走压缩空气产生的热量，又对螺杆起到润滑和密封作用，所以螺杆的工作寿命很长。只要日常保养好，可以连续运转3～5年进行一次大修。

五、矿山压缩空气设备的选型

矿山压缩空气设备应保证在整个服务期限内，能供给用气量最多、输送距离最远的风动工具以足够风量和压力的压缩空气，同时保证设备运行经济合理。

（一）选型设计必须具备的资料

（1）风动工具的台数、型号、使用地点和距离。

（2）巷道开拓系统图和地面工业广场布置图。

（3）井口及各开采水平标高，最远采区的距离。

（4）矿井年产量和服务年限。

（二）选型设计的主要任务

（1）选择空压机的型号和确定所需的台数。

（2）选择电动机、电控设备和附属装置。

（3）确定压气管道。

（4）提出主要技术经济指标。

（5）绘制空压机站的布置图和管路布置图。

由于我国的空压机是成套产品，因此空压机一经选定，则电动机、电控设备和附属装置也就随机配套供应。

（三）选型计算的方法和步骤

1. 确定供气量

空压机站必须的供气量应满足所有风动工具工作时的耗气量。

$$Q = \alpha_1\alpha_2\alpha_3 \sum n_i q_i k_i \tag{4-1}$$

式中　α_1——沿管路全长的漏风系数；

α_2——机械磨损使压气消耗量增加的系数，$\alpha_2 = 1.1 \sim 1.15$；

α_3——海拔高度修正系数；

n_i——同型号风动工具的同时使用台数；

q_i——每台风动工具的耗气量；

k_i——同型号风动工具同时使用系数。

2. 计算空压机的供气压力

空压机的出口压力，除应保证工作地点的压力，比风动工具的工作压力大 0.981×10^5 N/m² 外，尚需考虑管路的最大压力损失 $\sum \Delta p_i$。

$$p = p_g + \sum \Delta p_i + 0.981 \times 10^5 \tag{4-2}$$

式中　p——空压机的出口压力，N/m²；

p_g——风动工具的工作压力，N/m²；

$\sum \Delta p_i$——压气管路中，最远一趟管路的压力损失之和，可按每千米管路损失为 $(0.3\sim0.6)\times10^5\ \text{N/m}^2$ 进行估算；若考虑到橡胶软管、旧管和上下山的影响而增加的压力值，则每千米管路损失按照 $0.981\times10^5\ \text{N/m}^2$ 进行估算。

3. 选择空压机的型式和台数

空压机站一般设于地面，站内空压机的数量一般不超过5台。在低沼气矿井中，送气距离较远时，也可在井下主要运输巷道附近新鲜风流通过的地方设置空压机站，每台空压机能力一般不大于20 m/min，数量一般不超过3台，空压机和风包必须分别装设在两个硐室内。

为便于维修和管理，应尽可能选用同一型号、同一厂家的产品。备用空压机一般为一台，备用风量为总供风量的20%～50%。如果选用不同型号的空压机，其备用量应按最大一台检修外其余各台的总供气量仍能满足所需耗气量的原则来确定。

根据计算的空压机站必需的排气量 Q 和出口压力 p，从空压机技术规格表中选择空压机。

4. 计算压气管路直径

根据管路布置和备用气点的耗气量，确定出通过每一段管路的流量 $Q(\text{m}^3/\text{min})$ 后，再按下式计算各段管路的直径 d'_i。

$$d'_i = 20\sqrt{Q_i} \tag{4-3}$$

式中　d'_i——某段管子的计算直径，mm；

Q_i——通过该段管子压气量，m^3/min。

压气管路一般选用钢管，所以在求得 d'_i 后，可查相关手册，选取标准管径 d_i。

5. 确定空压机的出口压力

初步确定了管径后，还要计算压气管网中各趟管路的压力损失，从中找出最大的损失，并将其代入式(4-2)中，以最后确定空压机的出口压力 p。

各段管路的压力损失可按下式计算：

$$\Delta p_i = 10^{-6}\times\frac{L'_i}{d_i^5}\times Q_i^{1.85} \tag{4-4}$$

式中　L'_i——某管段的计算长度（包括局部损失的当量长度15%在内），$L'_i=1.15L_i$，L_i 为某段管路的实际长度，m。

6. 耗电量的计算

空压机的全年耗电量可按下式计算：

$$W = K_f\frac{zNtb}{\eta_c\eta_d\eta_w} + 0.2(1-K_f)\frac{zNtb}{\eta_c\eta_d\eta_w} = (0.8K_f+0.2)\frac{zNtb}{\eta_c\eta_d\eta_w} \tag{4-5}$$

式中　K_f——空压机负荷系数，一般 $K_f=0.75\sim0.85$；

0.2——空压机的空载功率系数；

z——同时工作的空压机台数；

t——空压机站一昼夜工作小时数，三班工作制取 $t=12$ h；

N——空压机轴功率，kW；

b——一年内空压机站工作天数；

η_c——传动效率；

η_d——电动机效率，可查电动机手册；

η_w——电网效率，$\eta_w=0.95\sim0.98$。

吨煤压气耗电量(kWh/t)可按下式计算：

$$W_{dw}=\frac{W}{A} \tag{4-6}$$

式中　A——矿井年产量，t。

任务三　矿山压缩空气设备的操作、运行、维护与故障处理

一、矿山压缩空气设备的安全运行和操作步骤

(一)矿山压缩空气设备的安全运行

为确保空压机的安全运行，应做好以下几项工作：

(1)熟悉空压机的结构、性能、工作原理、技术特征和各种安全保护装置，能独立操作，掌握现场机械、电气事故处理方法。做到持证上岗，且无妨碍本职工作的病症。

(2)司机班前不得喝酒，严格执行交接班制度和工作岗位责任制，坚守工作岗位，上班不得睡觉。

(3)严格遵守以下安全守则和操作纪律：

①操作高压电器时，要一人操作，一人监护。操作时要戴绝缘手套，穿绝缘靴，垫绝缘垫。

②不得随意变更保护装置的整定值。

③发现有下列情况时禁止操作：

a. 在安全保护装置失灵情况下，禁止开机或运行。

b. 在电动机、电气设备接地不良的情况下，禁止开机或运行。

c. 在不安全的情况下，或指示仪表损坏时，禁止开机或运行。

d. 在设备运行中，禁止紧固地脚螺栓。

e. 汽缸、风包有压的情况下，禁止敲击和碰撞。

(4)安全保护和油温应达到以下要求：

①安全阀和压力调节器必须动作可靠，安全阀的动作压力不得超过额定压力的1.1倍。

②断水、断油保护装置和油温保护装置应动作可靠。

③空压机的排气温度单缸不得超过190 ℃，双缸不得超过160 ℃。

④风包温度不得超过120 ℃。

(5)注重日常保养，及时排除故障，使空压机一直处于最佳的运行状态。

(二)活塞式空压机的操作步骤

1. 操作准备

(1)进行外部检查，特别要注意螺栓的紧固情况。

(2)护罩安装牢靠，电气设备接地良好。

(3)冷却水畅通，水量充足，水质洁净，水压符合规定。

(4)各润滑腔的润滑油量、脂量合适，油质洁净，各润滑系统油路畅通。

(5)超温、超压、断油、断水保护装置灵敏可靠。

(6)各指示仪表齐全,指示正确。

(7)电机碳刷、滑环接触良好无卡阻,无烧伤。

(8)隔离开关、断路器等启动设备应在断开位置。

(9)人工盘车 2 ~3 转,检查运动部分有无卡阻及异响现象。

2. 正常操作

1)启动(或操作)辅助设施

(1)开启冷却水系统,观察回水漏斗是否有充足的水流过。

(2)打开空压机与风包间排气管道上的闸阀。

(3)关闭减荷阀(或打开吸气阀,或连通汽缸的补助容积),把空压机调到空载启动位置,以减小电动机的启动负荷。

(4)用手摇泵将润滑油打入汽缸、十字头、轴承及曲轴轴瓦等处。

2)启动电动机

(1)同步电动机异步启动后,增速至额定异步转速时,及时励磁牵入同步,励磁可以调至过激,以改善网路功率因数,但过激电流、电压应符合所用励磁装置的工作曲线。

(2)绕线式异步电动机采用变阻器启动时,电机滑环手把应在启动位置。启动前应将电阻全部投入,待启动电流开始回落时,逐步将电阻缓缓切除,直至全部切除,电动机进入正常转速,然后将电动机滑环手把打到运行位置,将启动器手把返回停止位置。

(3)感应电动机用频敏电阻启动时,启动完成后必须将频敏电阻全部切除,电动机进入正常转速运行状态。

(4)当空压机达到正常转速时,应立即解除人为卸荷。

3)定期巡回检查

空压机正常运行后,司机应定期巡回检查(一般为每小时一次)。如发现不正常现象,应及时汇报处理,巡回检查主要内容如下:

(1)各发热部位温升情况,并记录在运行日志内。

(2)检查并记录各检测点气压、油压、水压、电压、电流等数值。

(3)电动机、空压机运行情况,各部分有无异响或异常振动。

(4)注油器、压力调节器工作情况。

(5)冷却系统、润滑系统、排气系统工作情况,应无严重漏水、漏油、漏气现象,各安全保护和自动控制装置动作灵敏可靠。

4)空压机正常停机(必须无负荷停机)

(1)停机步骤:①人为卸荷;②停止电动机运转;③解除人为卸荷。

(2)停机后,待汽缸温度降至室温后,关闭冷却水。如周围温度低于 0 ℃,停机后应放尽机体内残存冷却水,以防冻裂设备。若长期停用空压机,应按规定进行油封。

3. 特殊操作(空压机紧急停机)

当出现下列情况之一时,应紧急停机:

(1)空压机或电动机有故障性异响、异常振动。

(2)冷却水不正常,出口水温超过规定。

(3)电动机单相运转或冒烟、冒火。

(4)油泵压力不够,润滑油中断或压力出现异常。

（5）保护装置或仪表失灵。

（6）突然停电或电源回路故障停电造成停机。

（7）其他严重意外情况。

（三）螺杆式空压机的操作步骤

1. 试车

（1）按要求接好输气管路，确保管路通畅，避免开机后空气压力迅速升高造成憋压。

（2）检查机器各管路接头、仪表接头、电线等是否因运输、安装等因素造成松动或脱落，如有，请及时紧固。

（3）检查油气桶内油位是否在油位计两刻度之间，运行后应在停机 10 min 后运行。此时系统中流动的油基本已流至油气桶。运行中油位可能较停机时油位稍低。如不够，请及时补充。

（4）试车前，应从进气阀内加入 0.5 L 左右的润滑油，并用手转动空压机数转，防止启动时空压机因失油而烧损，请特别注意不可让异物掉进压缩室内，以免损坏机头。

（5）检查电源安装是否正确，若三相电源相序不对或欠相，控制器会显示故障信息。此时应调整相序，交换其中任意两相电源线即可。

（6）尽管有相序保护，仍应检查主机转向。方法是：按下启动按钮 2 s 后，立即按急停按钮，确认主机转向与机头端面（轴伸端）的箭头方向一致。

（7）按下启动按钮开始运转。

（8）观察压力和温度是否正常上升，显示器是否有异常指示。若有异常指示，立即按急停按钮停机检查。

（9）检查机器是否能正常加载，若发现有异常声音、异常振动或漏油等现象，立即按急停按钮停机检查。

（10）检查卸载功能。当排气压力达到微电脑控制器设定的上限值时，机器应能自动卸载；当系统压力降到设定的下限值时，机器应能自动加载运行。

（11）检查排气温度是否保持在 95 ℃以下。

（12）按停机按钮，检查压缩机能否正常延时停机。

（13）如一切正常，按急停按钮，检查压缩机能否紧急停机。

2. 日常工作

（1）每次开机前，略微打开油气桶下方的排污球阀，以排除油气桶内的冷凝水（因水比油重，沉淀在下部），一旦看见有油流出，迅速关闭。对处于高热高湿环境、连续运转的空压机，请务必每周至少一次停机 10 h 以上，以便排出润滑油中的冷凝水，避免润滑油乳化。对处于严寒环境的压缩机，应确保润滑油不致凝结。

（2）检查静态油位，不足时应予以补充。加油时，应确保系统内无压力时方可打开加油口盖。严禁混用不同牌号的或者不合格的润滑油；否则，有可能增大油耗，甚至造成机头卡死的严重后果。

（3）用手转动空压机数转，应活动自如，如有卡滞现象，应检查原因。

（4）合上总电源，打开截止阀。

（5）按下启动按钮，压缩机开始自动运行。

（6）压缩机自动化程度较高，拥有完善的安全保护功能，一般无需人员看守。但为确保安全,运行时应经常检查并记录排气压力、环境温度、排气温度、油位等参数,供日后检修参考。

(7)运行时,油路系统充满高温高压液体,不可松开油管路或进行其他危险操作。如有异常声音、异常振动等情况应立即按急停按钮停机检查。

(8)工作完毕后,按停机按钮,压缩机进入正常停机程序,泄放内压后延时停机。注意,只有遇到紧急情况才可按急停按钮停机。

(9)关闭截止阀,切断总电源。

3. 长期停机的处理方法

长期停机时,应严格遵循下列方法处理,特别是气温低于 0 ℃ 以及高湿度的季节或地区。

1)停机 1 个月以上的处理

(1)将控制器、配电箱等电气设备,用塑胶纸或油纸包好,以免湿气侵入。

(2)将油冷却器、后冷却器内的水完全排放干净,避免冷却器冻裂。

(3)若有任何故障,应先排除,以利将来使用。

(4)两三天后再将油气桶、油冷却器、后冷却器内的凝结水排出。

2)停机 3 个月以上的处理

(1)将所有开口封闭,以防湿气、灰尘进入。

(2)停用前更换润滑油,并运转 30 min,两三天后排出油气桶及油冷却器内的凝结水。

(3)将凝结水完全排出。

(4)尽可能将机器迁移到灰尘少、空气干燥处存放。

3)重新开机程序

(1)除去空压机上所有的塑胶纸或油纸。

(2)测量电动机的绝缘电阻,应在 1 MΩ 以上。

(3)其他程序如试车所述步骤。

二、矿山空气压缩设备的维护

对空压机的合理使用和及时正确的维护,是提高设备利用率、降低维修费用、确保正常运转、延长使用寿命的有效途径。实践证明,设备的寿命很大程度上取决于维护保养的好坏。

(一)设备的维护保养

1. 日常维护

设备的日常维护也称为例行维护。它以操作人员为主,每班、每天进行班前、班后的擦试、清洁、润滑,紧固易松动的螺丝,检查零部件是否完整、运转是否正常,有无异音、漏油、漏水、漏气等现象。保持设备状态良好,运转正常。

2. 一级维护

一级维护是对设备普遍进行的清洁、润滑、拧紧,还要进行内部清洁以及局部解体检查和调整。

3. 二级维护

二级维护是要对设备的主体部分进行解体检查和调整工作,并对一些达到规定磨损限度的零件加以更换。

（二）矿山空气压缩设备的运转维护

（1）随时注意有无异常变形、声响及漏油、漏气。

（2）随时注意润滑油压力和温度，检查一、二级排气压力是否正常。

（3）空压机每工作 2 h，将中间冷却器、后冷却器内的油水排放一次；每班将风包内的油水排放一次。

（4）新空压机运行 3 ~ 4 d 更换一次润滑油，根据润滑油的污秽程度重复 2 ~ 3 次。

（5）正常运转 2 ~ 3 个月更换一次润滑油。

（6）每半个月检查一次吸、排气阀，重点检查阀片和弹簧有无裂纹及损伤，严格清洗后用煤油试验密封性，无线状渗漏后方可使用。

（7）每 1 个月检查并清理一次滤尘消声器和减荷阀。

（8）每 3 个月检查一次连杆大头瓦、小头衬套和曲轴拐颈表面的磨损情况（如有轻微划痕，允许用刮刀修刮、油石修磨）。

（9）每半年检查一次活塞、扭曲环和油环。

（10）每半年检查一次曲柄销和滚动轴承（如无异常，不必将曲轴卸下）。

（11）每半年装卸一次汽缸，检查其磨损情况，如有轻微划痕，允许用半圆油石修磨光滑。

（12）每半年检查清理一次中间冷却器。

（13）压力表、安全阀和调节阀按规定定期检查。

（14）每半年进行一次空压机大分解检查，并按测量结果确定修复范围。

（15）每 2 年清洗风包内部一次，每 5 年进行一次全面检查（如发生异常变形、碰撞、腐蚀等，应提请当地压力容器监察检察部门确定是否可以继续使用）。

三、矿山压缩空气设备常见故障分析及解决措施

（一）空压机有不正常的响声

1. 汽缸内有响声

（1）汽缸内掉入异物或破碎阀片，应清除异物或破碎阀片。

（2）活塞顶部与汽缸盖发生顶碰，应调整间隙。

（3）连杆大头瓦、小头衬套及活塞横孔磨损过度，应更换之。

（4）活塞环过分磨损，工作时在环槽内发生冲击，更换活塞环。

（5）汽缸内有水。

2. 阀内有响声

（1）进、排气阀组未压紧，应拧紧阀室方盖紧固螺母。

（2）阀片弹簧损坏，应及时更换。

（3）气阀结合螺栓、螺母松动，应拧紧螺母。

（4）阀片与阀盖之间间隙过大，应调整间隙，必要时更换阀片。

3. 曲轴箱内有响声

（1）连杆瓦磨损过度，应换新瓦。

（2）连杆螺栓未拧紧，应紧固。

(3)飞轮未装紧或键配合过松,应装紧。

(4)主轴承损坏,应更换轴承。

(5)曲轴上的挡油圈松脱,应换新挡油圈。

(二)润滑系统的故障

(1)击油针折断,应更换。

(2)油位过高或过低,应调整油位至规定范围。

(3)油牌号不对,应按说明书要求换油。

(4)润滑油太脏,应换洁净的润滑油。

(三)各级压力不正常(偏低或偏高)

(1)进、排气阀的阀片或弹簧损坏,漏气,应更换。

(2)进、排气阀的阀座上夹有脏物,漏气,应清除脏物。

(3)空气滤清器堵塞严重,应清洗。

(4)气管路漏气或冷却器漏气,应修理。

(5)活塞环、汽缸磨损严重,漏气,应更换。

(四)排气温度或冷却水排水温度过高(指水冷式)

(1)汽缸拉毛使汽缸过热,应修理汽缸、活塞。

(2)排气阀漏气或阀弹簧、阀片损坏,应更换损坏零件。

(3)冷却水量不足,应加大冷却水流量。

(4)冷却水路堵塞,汽缸、汽缸盖、冷却器内积垢过厚或堵塞,应清除水垢或堵塞物。

(5)进、排气阀结炭,使气体通道不畅,应清理结炭。

(五)排气压力表跳动

(1)进、排气阀片或弹簧滞住,应检修。

(2)压力表损坏,应更换。

(3)仪表管路有异物,应清理吹除。

(六)排气量减小

(1)气阀漏气,应研磨修理或更换新件。

(2)活塞环、刮油环、汽缸磨损过度,应更换磨损件。

(3)空气滤清器堵塞,气管路漏气,应清除滤网下粉尘,修理管路。

(4)活塞上止点间隙过大,应减少汽缸垫,降低余隙容积。

(5)空压机转速过低于额定转速,应检查线路电压、频率,检修或更换电机。

(七)机械故障

活塞环卡死,汽缸发生干磨,曲轴连杆咬死,滚动轴承损坏,系装配间隙过小或润滑油太脏,油位过低,应调整装配间隙或更换添加润滑油。

四、矿山空气压缩设备使用性能的提高

在使用过程中人、机和环境三大因素直接影响着矿山压缩空气设备使用性能的优劣。要提高压缩机设备使用性能,必须加强对人、机和环境三大因素的管理。由于科学技术的不断发展和新技术、新材料、新工艺的广泛应用,压缩机设备的种类更加齐全,结构更加复杂,同时对矿山压缩空气设备操作人员的要求也相应提高。因此,加强操作人员的技能培训,使

其不仅要懂得矿山压缩空气设备的结构组成、原理、性能，掌握操作技巧，而且要掌握矿山压缩空气设备的故障快速诊断和维修能力。操作人员良好的技术水平可以在很大程度上提高矿山压缩空气设备的利用率和完好率，避免因人为因素造成矿山压缩空气设备的损坏，缩短了矿山压缩空气设备的维修时间和维修周期，为企业创造良好的经济效益。

另外，操作人员的工作态度和工作积极性、责任感对矿山压缩空气设备的使用性能有很大的影响，一个合格的操作人员应该具有高度的责任感和职业荣誉感，能够摆正自己的位置，热爱自己的本职工作，服从领导的管理和指派，认真执行矿山压缩空气设备安全操作规程，安全生产。因此，要加强对操作人员的素质教育和培训，提高操作人员的工作责任感，这样才能更加有效地提高操作人员的工作积极性和能动性，最终达到提高矿山压缩空气设备的利用率和完好率，取得良好的经济效益的目的。

加强矿山压缩空气设备的维护保养是提高矿山压缩空气设备使用性能的重要途径。矿山压缩空气设备的维护保养质量是矿山压缩空气设备使用的前提和基础。矿山压缩空气设备在长期的使用过程中，机械的零部件磨损、间隙增大、配合改变。矿山压缩空气设备应有的静平衡和动平衡被破坏，工作稳定性、可靠性和机械的工作效率都显著下降，甚至会造成某些总成和零部件的永久性伤害。因此，必须建立有效的矿山压缩空气设备管理机制，尤其加大对矿山压缩空气设备维护保养的管理力度，严格落实各项规章制度，结合实际情况，科学、高效、合理地制定出维修保养计划，由专人负责和检查，按时按级做好矿山压缩空气设备的维护保养工作，定期进行维护保养情况检测，并认真做好矿山压缩空气设备的维护保养记录。具体包括以下四个方面：

(1)加强矿山压缩空气设备的保养工作，防止误保，杜绝漏保。保养不当是造成设备故障的主要原因之一，保养工作必须强制执行。机务管理者要按照机械保养使用说明书制订切实有效的保养计划，并与操作人员进行技术交底，随时抽查保养的落实情况。同时建立奖惩机制，奖优罚劣，以加强广大操作人员的责任心，调动他们的工作热情和积极性，切实搞好保养工作，保证矿山压缩空气设备的正常运行。因此，保养工作要从源头抓起，并防止以修带养。

(2)加强设备的日常检查工作，检查结果应详细记录，不但要包含以往的维修保养记录、换件记录，而且要包含日常使用情况和工作量的记录，以便分析、判断机械故障，及时而准确地消除故障隐患。

(3)机务管理者应及时掌握情况、了解全局，制订合理、详细的空气压缩机维修计划，并对维修作业、采购活动作出指示和监督，避免不必要的维修及其费用的浪费。

(4)加大机务管理力度，建立健全矿山压缩空气设备维修、保养规章制度，强调机务管理作用；完善数据统计系统，对大小故障建档备案，对操作人员和机务管理人员做到责任明确，奖罚分明；对采购、加工配件等工作加大监管力度，保证空压机配件的质量和数量。

加强对环境的管理和维护是提高矿山压缩空气设备使用性能的必要途径。许多大型空压机设备如螺杆式空压机、高压空压机设备、移动式空压机等规模都很大，每一部分的质量都在几吨到几十吨，对工作场地的要求比较严格。

工作场地的选择要充分考虑到风向、河流和周围建筑物对设备可能造成的影响，并且场地要尽可能平整、密实，避免矿山压缩空气设备在使用过程中因质量大、剧烈振动等倾斜、基础塌陷等，造成不必要的损坏和经济损失。矿山压缩空气设备在酷热、严寒等条件下使用时，都应该采取必要的措施对矿山压缩空气设备进行保护，并根据实际情况对设备的一些参数进行必要的调整。如风力的大小对矿山压缩空气设备的正常工作有很重要的影响，风力过大时设备的输料传送带就会发生跑偏，严重时会发生皮带扯裂或倾斜。

另外，由于现代大型矿山压缩空气设备的功率都在几十千瓦到几百千瓦不等，因此对矿山压缩空气设备提供动力的能源装置的安全性、稳定性和经济性就有较高的要求。矿山压缩空气设备开机前应对能源装置进行系统的维护保养和检查，对发电机的输出功率、工作的稳定性和安全性进行全面的检查，为设备的正常工作提供强劲的动力支持。

复习思考题

1. 矿山压缩空气设备主要是由哪些部分组成？
2. 活塞式空压机是如何工作的？
3. 螺杆空压机的实际工作过程主要受哪些因素的影响？
4. 螺杆空压机阳转子和阴转子轴承受力大小有什么区别？
5. 安装螺杆空压机时，应注意什么？
6. 活塞式空压机的启动和停止顺序如何？
7. 要在运行中的空压机上进行维护之前应注意什么？
8. 螺杆空压机日常维护工作中进行哪几项检查，如何检查？

情景五　瓦斯抽放设备的操作与维护

■ 教学目的和要求

◇ 通过学习，应能了解煤矿瓦斯抽放的方法、对瓦斯抽放设备的要求。掌握矿井瓦斯抽放设备的工作原理、结构与特性。

■ 重点和难点

◇ **重点：**矿井瓦斯抽放设备的工作原理、结构与特性等。

◇ **难点：**矿井瓦斯抽放设备的结构与特性。

■ 考核知识点和考核要求

◇ **识记：**煤矿瓦斯抽放的方法、对瓦斯抽放设备的要求。

◇ **领会：**矿井瓦斯抽放设备的结构与特性。

◇ **综合应用：**矿用移动式瓦斯抽放泵站的操作与维护。

任务一　熟悉水环式真空泵的工作原理

一、煤矿瓦斯抽放及抽放瓦斯泵

煤矿瓦斯抽放是一种处理井下瓦斯的措施。它利用瓦斯泵对煤体中瓦斯的负压抽吸作用，将瓦斯通过抽吸管抽放至地面，一般情况下再利用瓦斯泵的正压鼓风作用将瓦斯通过输气管路压送至储气罐再送至用户进行利用（作为燃料可供民用和驱动机械，还可作为炭黑、甲醛及其他化工产品的重要原料）。钻孔法抽放开采煤层的瓦斯流程如图5-1所示。

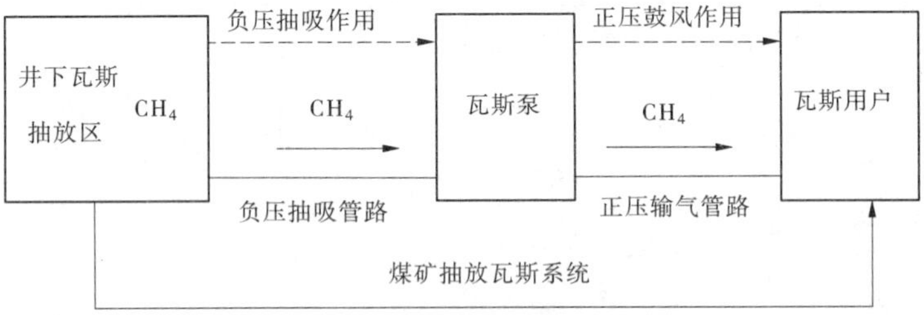

图5-1　钻孔法抽放开采煤层的瓦斯流程

对于以通风方式难以解决瓦斯问题的矿井或工作面，就应当考虑瓦斯抽放。瓦斯抽放的难易程度取决于两个方面：一是煤层瓦斯压力（瓦斯抽放势能）；二是煤层的透气性（瓦斯通过煤层的阻力）。压力越高，透气性越好，瓦斯越容易抽放。

抽放瓦斯最常用的工艺方法是钻孔预抽法，该法是在开采层巷道中，每隔30 m作一个深度为6～7 m（最大不超过10 m）的小石门，作为专打抽放瓦斯钻孔的钻场。在每个钻场内向开采煤层或上下相邻煤层打钻孔(一般3～5个,钻孔直径一般为70～100 mm),将各钻场封闭,并用分支管把各钻场接入抽放系统的主管路中,采用地面固定瓦斯抽放泵站里的瓦斯泵将瓦斯抽出。钻孔法抽放开采煤层的瓦斯断面图如图5-2所示。

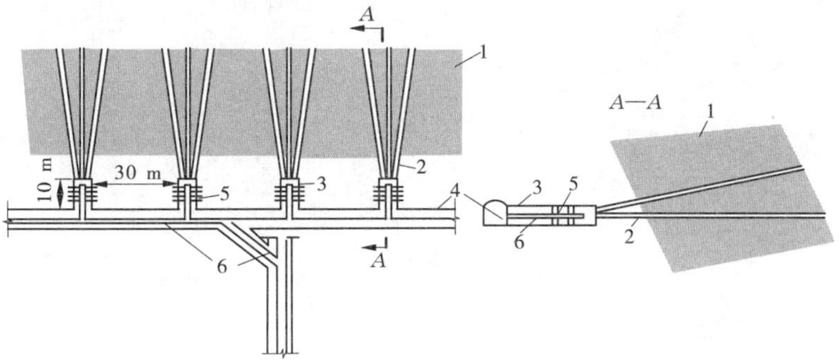

1—煤层;2—钻孔; 3—钻场;4—运输大巷;5—密闭墙; 6—抽瓦斯管道

图5-2　钻孔法抽放开采煤层的瓦斯断面图

瓦斯抽放对煤矿生产至关重要,只有熟悉煤矿瓦斯抽放设备的结构、原理,正确使用,合理维护,才能确保矿井瓦斯抽放系统的效能。

矿井抽放瓦斯泵(简称瓦斯泵)是矿井抽放瓦斯的动力设备。目前我国最常用的瓦斯泵是水环泵。

水环泵作为水环式真空泵和水环式压缩机的统称,是一种输送气体的流体机械。水环式真空泵和压缩机的结构和工作原理相同,其区别仅在于用途不同。作真空泵时入口接系统,并造成一定的真空度,被抽吸气体经泵内加压至大气压力后排至大气中,因而真空泵排出端为大气条件;作压缩机时自大气条件吸气,经泵内压缩到一定压力后排入与泵出口相接的系统内,因而压缩机的入口为大气条件。实际上水环泵用于煤矿抽放瓦斯时,其入口、出口均与瓦斯管路连接,根据其真空特性抽吸煤体中瓦斯,根据其压缩特性再将瓦斯压入地面输气管路,供给用户。所以,它既作真空泵用,又作压缩机用。

水环泵既可以作为固定设备放在煤矿瓦斯抽放泵房,与其他附属件组成地面矿用固定瓦斯抽放泵站,用于全矿井采用钻孔预抽法抽放井下煤层钻孔钻场里的瓦斯;也可以作为矿用移动式瓦斯抽放泵站使用,用于煤矿井下硐室或巷道、采空区、隅角或邻近层及本煤层等的瓦斯抽放。无论是地面矿用固定瓦斯抽放泵站,还是井下矿用移动式瓦斯抽放泵站,其主要设备都是水环泵。

二、水环泵的工作原理和工作参数

(一)水环泵的工作原理

水环泵有单作用式和双作用式两类。

1.单作用水环泵的工作原理

图5-3为单作用水环泵结构示意图。叶轮4由叶片和轮毂组成,两者为整体浇铸或焊接结构。叶片有前弯的,也有径向直板状的。泵体3内部有一个圆柱形空间,叶轮偏心地装入这个空间内,两端用侧盖8封住。侧盖上开有吸气孔1和排气孔7,它们分别与泵的进气口5和排气口6相通。

(a)

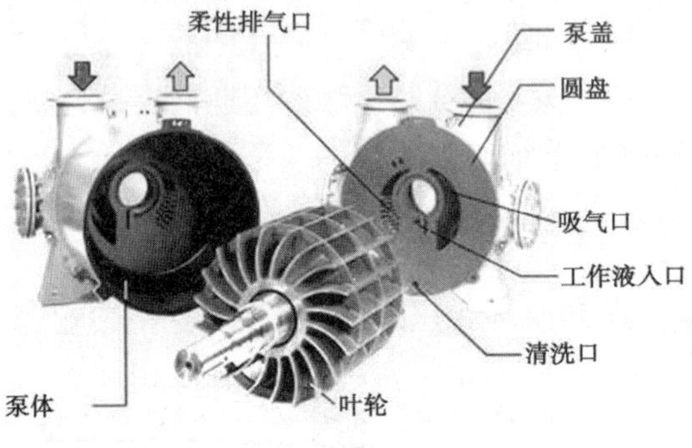

(b)

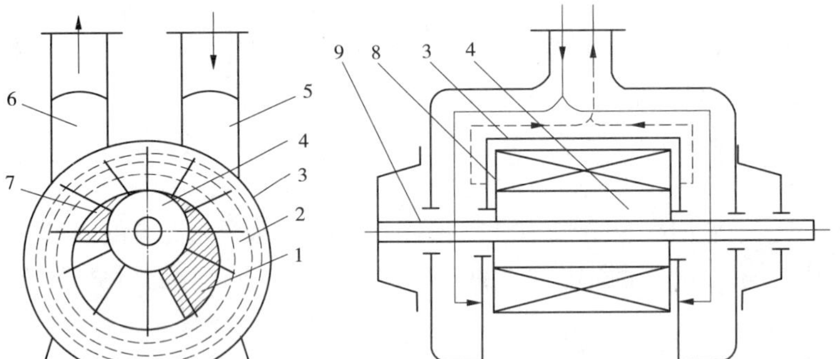

1—吸气孔;2—水环; 3—泵体;4—叶轮;5—进气口; 6—排气口;7—排气孔;8—侧盖;9—泵轴

(c)

图 5-3　单作用水环泵结构示意图

水环泵工作前需向泵内注入一定量的工作液体(一般用水)。当叶轮通过泵轴在电动机带动下旋转且达到一定转速时,泵内工作液体在叶片推动下一起旋转,并因离心力作用甩向四周,在泵体内壁与叶轮之间形成一个旋转水环。水环内表面和叶轮轮毂表面及两端侧盖之间形成一个月牙形空间,它被叶片分成若干个容积不等、互不连通的封闭小室(又称基元容积)。每个小室随叶轮一起旋转,容积作周期性扩大和缩小。吸入侧小室容积逐渐增大,气体经吸气孔被吸入到小室中。当这些小室转到排气侧时,其容积又逐渐减小,吸进的气体被压缩,压力升高。当气体被压缩到一定程度时经排气孔排出。这样,叶轮每旋转一周,各小室完成吸气、压缩、排气过程各一次,故称为单作用式。相应地可将水环泵的工作空间分为吸气区、压缩区和排气区,其工作过程如图 5-4 所示。

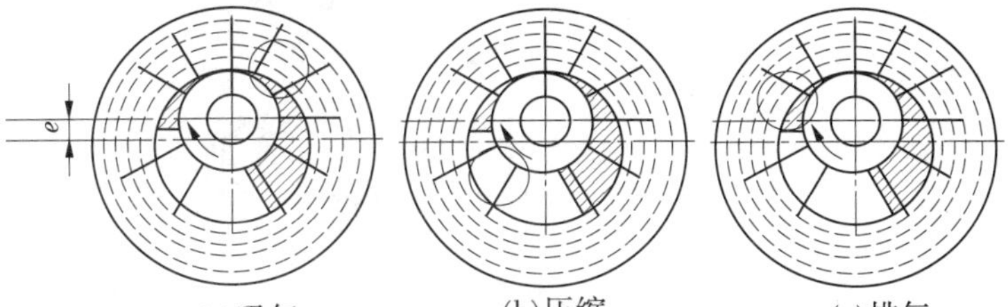

(a)吸气　(b)压缩　(c)排气

图 5-4　水环泵工作过程

以上只是从现象说明水环泵的工作过程,但未揭示出物理本质,亦即能量传递过程。水环泵的能量传递是以工作液体为媒介进行的。从上述分析可知,每个小室中的液体时而远离叶轮,时而靠近叶轮,尤如一个液体活塞在小室中作往复运动。图 5-5 中吸气区(Ⅰ区)工作液体自叶片得到机械能,并从叶片根部流向叶片外缘,使圆周速度增加,工作液体的动能增加。在压缩区(Ⅱ区)和排气区(Ⅲ区)工作液体又逐渐流回到叶片根部,使圆周速度下降,工作液体的动能又转化为压力能,对气体进行压缩和排气。由此可见,水环泵在整个工作过程中工作液体起着传递能量的作用。

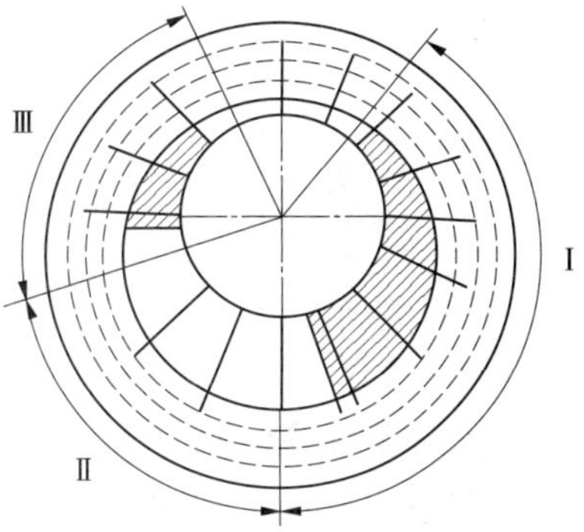

Ⅰ—吸气区;Ⅱ—压缩区;Ⅲ—排气区

图 5-5　水环能量传递过程

工作液体除传递能量外,还起密封工作容积和冷却气体的作用。水环泵工作时,必须不断向泵体内注入一定量的新液体,以补充随排气挟带走的液体。

2. 双作用水环泵的工作原理

图 5-6 为双作用水环泵简图,在椭圆形泵体 2 的中心装有叶轮 3,两者具有上、下双偏心。环筒状分配器 4 装在叶轮轮毂中心圆孔内固定不动,两端与设有吸排气通道(分别和进气口 1、排气口 6 连接)的泵体侧盖连接。分配器内、外环间分为四个间隔,对角线上的两个间隔通过侧盖上气流通道连通,在外环壁上开吸气孔和排气孔,吸气孔口 ab 和 ef,使上、下吸气区与进气口相通,排气孔 cd 和 gh 使上、下排气区与排气口相通。

当泵体内注入一定量的水,叶轮在电动机带动下以足够的转速顺时针旋转时,因离心力作用,水被甩向外围,形成一个与泵体内表面形状一致的椭圆形旋转水环。在水环内表面、叶轮轮毂及两侧盖之间形成上、下两个月牙形空间,由叶片分隔成若干密闭小室。如图 5-6 所示,当某小室从 a 点起随叶片转至 b 点时,始终与吸气孔相通,容积由小变大,进行吸气;当从 b 点转向 c 点过程中,与吸、排气孔隔绝,容积由大变小,进行压缩;当从 c 点转向 d 点过程中，与排气孔相通，进行排气。同理，在转向下半周时，ef 区间吸气，fg 区间压缩，gh 区间排气。可见，对这种水环泵，转子每转一转，各封闭小室分别完成两次吸气、压缩、排气过程，故称为双作用式。

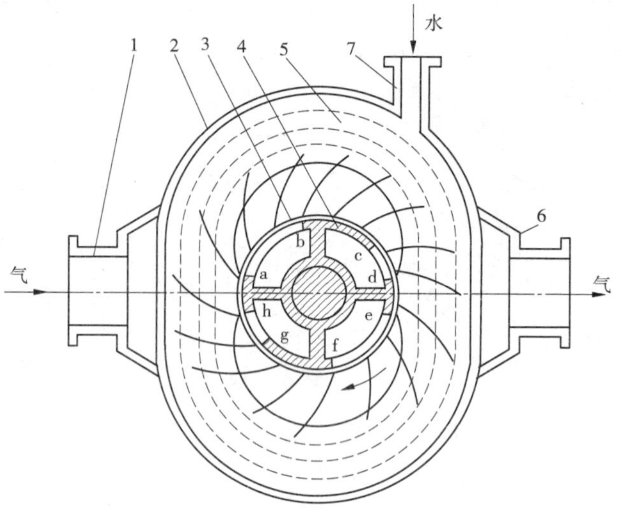

1—进气口；2—泵体；3—叶轮；4—分配器；5—水环；6—排气口；7—补水管

图 5-6　双作用水环泵简图

（二）水环泵的工作参数

1. 流量（Q）

水环真空泵的流量 Q（又称抽气量或抽气速率）是指泵出口为标准大气状态（1.0133×10^5 Pa）时，单位时间内通过泵进口在吸入状态下的气体容积，单位为 m^3/min；水环压缩机的流量（又称排气量）是指泵出口为标准大气状态时，单位时间内通过泵出口的气体容积，单位为 m^3/min。

2. 压力（P）

水环压缩机的压力是指压缩机出口压力 P，单位为 Pa。有时也用相对压力表示。

水环真空泵的压力是指抽吸气体（进气口）压力，有以下三种表示方法：

（1）以抽取状态的绝对压力 P_1 表示。

（2）以真空度 P_z 表示，$P_z = P_a - P_1$。

（3）以真空度的百分数（$P_z\%$）来表示，$P_z\% = P_z/P_a \times 100\%$。

3. 功率（N）

水环泵的轴功率按等温压缩功率进行计算，即

$$N = \frac{N_1}{\eta_{dw}} = 1.667\times10^{-5}\times\frac{Q}{\eta_{dw}}\ln\frac{P_2}{P_1} \tag{5-1}$$

式中　N—— 水环泵轴功率，kW；

N_1—— 水环泵理论功率，kW；

Q——流量，m^3/min；

P_1、P_2—— 气体的吸气压力和压缩终了压力，用绝对压力表示，Pa；

η_{dw}—— 等温效率，最高为 55%。

4. 效率(η)

水环泵的效率指理论功率与轴功率的比值，即

$$\eta = \frac{N_1}{N} = \eta_{dw} \tag{5-2}$$

(三)水环式真空泵的优缺点及适用条件

水环泵和其他类型的机械真空泵相比有如下优点：

(1)结构简单紧凑，制造精度要求不高，容易加工。

(2)泵的转数较高，一般可与电动机直接相连，无须减速装置。因此，用小的结构尺寸，可以获得大的排气量，占地面积也小。

(3)压缩气体基本上是等温的，即压缩气体过程温度变化很小。

(4)由于泵腔内没有金属摩擦表面，无须对泵内进行润滑，而且磨损很小。转动件和固定件之间的密封可直接由水封来完成。

(5)吸气均匀，工作平稳可靠，操作简单，维修方便。

水环泵也有其缺点，主要有以下两点：

(1)效率低，一般在30%左右，较好的可达50%。

(2)真空度低，这不仅是因为受到结构上的限制，更重要的是因为受工作液饱和蒸汽压的限制。用水作工作液，极限压强只能达到2 000 ~4 000 Pa。用油作工作液，可达130 Pa。

总之，由于水环泵中气体压缩是等温的，故可以抽出易燃、易爆的气体。由于没有排气阀及摩擦表面，故可以抽出带尘埃的气体、可凝性气体和气水混合物。由于这些突出的特点，尽管水环泵效率低，但仍然广泛应用于瓦斯抽出量较小、管路较长、需要抽放负压较高、瓦斯浓度变化较大的矿井或区域。

(四)常用水环式真空泵性能规格

常用的水环式真空泵主要为武汉特种水泵厂和佛山水泵厂生产的2BE1系列水环式真空泵，其性能规格见表5-1。

表5-1 2BE1系列水环式真空泵性能规格

型号	转速(r/min)	轴功率(kW)	最低吸入绝压(mbar)	气量(m^3/h)				泵重(kg)
				吸入绝压(60 mbar)饱和空气	吸入绝压(100 mbar)饱和空气	吸入绝压(200 mbar)饱和空气	吸入绝压(400 mbar)饱和空气	
2BE1 - 103	1 750	11.2	33	370	396	410	404	125
2BE1 - 153	1 750	19.5	33	655	670	700	680	190
2BE1 - 203	1 170	39	33	1 230	1 270	1 320	1 290	410
2BE1 - 253	880	75	33	2 600	2 700	2 850	2 800	890
2BE1 - 303	790	115	33	3 920	4 100	4 200	4 130	1 400
2BE1 - 353	660	154	33	5 380	5 700	5 880	5 700	2 000
2BE1 - 403	565	234	33	7 940	8 320	8 600	8 400	3 300
2BE1 - 355	660	160	160	6 200	6 260	6 600	6 680	2 200
2BE1 - 405	565	236	160	8 600	9 000	9 500	9 650	3 400
2BE1 - 505	472	310	160	11 800	12 250	12 750	13 150	5 100
2BE1 - 605	398	428	160	16 500	17 100	17 900	18 250	7 900
2BE1 - 705	330	590	160	23 500	24 400	25 600	26 000	11 500

空压机常用的压力单位换算：

1 MPa(兆帕) = 1 000 kPa(千帕) = 1 000 000 Pa(帕斯卡)

1 bar(巴) = 0.1 MPa

1 atm(标准大气压) = 0.101 3 MPa = 1.013 bar = 760 mmHg = 10.33 mH_2O

1 kgf/cm^2(工程公斤力) = 0.981 bar = 0.098 1 MPa

1 psi(lb/in^2) = 0.070 31 kgf/cm^2 = 0.068 93 bar = 6.893 kPa

1 MPa = 145 psi

psi(lb/in^2)磅/平方英寸,常用在欧美等英语区国家的产品参数上。

通常在空压机行业说的"公斤"是指"bar"。

(五)水环真空泵的操作规程

1. 准备工作(作业前的检查)

(1)检查电压正常,不超过额定电压(380 V) ±5%;电气开关和设备接地线正常。

(2)检查泵各部件连接,应可靠。

(3)检查各部位润滑油(脂),应足够。

(4)盘车应灵活,无阻滞、无松动现象。

(5)真空度调节阀应调整至合适的开度。

(6)打开供水阀向水箱灌水至溢水管溢水,关闭供水阀。

2. 启动

(1)设备内没有真空的操作。

①关闭被抽真空设备的相关排空阀门和出料阀门。

②打开被抽真空设备的真空蝶阀。

③启动真空泵,查看运转方向是否正确,打开工作液(供水量逐渐缓慢增加)。

④待泵达到极限真空时(有汽蚀声)缓慢开启泵的进气口阀门。

⑤再次达到极限真空时(有汽蚀声)投用70#罗茨泵和150#罗茨泵。

⑥待设备运行稳定后注意调节工作液阀门的开度、汽蚀阀门的调节开度。

(2)不允许在无水或少水的情况下启动。

3. 运转

泵运转作业中,应注意检查并做到:

(1)注意调节供水阀和循环水阀,使循环水量保持适度。

(2)应避免长时间在高负荷下运行。

(3)检查电流表、电压表的读数,应正常。

(4)轴承的温升不应高于30 ℃,其温度不应高于75 ℃。

(5)各连接部位应严密,无泄漏现象。

(6)运转中应无异常声响和振动。

(7)工作液阀门的开度不能太小,不能使泵体发烫。

(8)注意用汽蚀调节阀门调节泵的汽蚀声。

4. 停泵

(1)停泵时应先关闭设备的真空蝶阀。

(2)依次关闭水环泵进气阀门,全打开泵的保护阀门(汽蚀阀门)。

(3)停罗茨泵。

(4)关闭水环泵的工作液,等待 10 ~ 20 s 使泵内的工作液排净方可停泵。

(5)冬季应放净循环液,检查、擦拭、保养设备,清理卫生,归放工具,填写作业记录,切记断电。

5. 注意事项

(1)发生异常现象或故障,应报告班(组)长,并采取相应措施或停泵检查。

(2)运转中,严禁擦拭保养设备。

任务二　掌握水环式真空泵的结构

一、SZ 型单作用水环泵

图 5-7 为 SZ－3(4)型水环泵结构图。前弯叶片的叶轮 8 用键 11 与泵轴 9 连接,两端用轴套 5 和 15 定位并用锁紧螺母 3 顶紧构成泵转子部分。转子偏心地装于泵体 10 内并由联轴器与电动机连接,轴的两端用滚动轴承支承。泵体两端用左、右侧盖 13 和 7 封住,侧盖内腔用隔板分为吸气腔和排气腔,分别与吸、排气口连通,在靠泵体一侧壁上开有吸气孔和排气孔,连通泵内工作容积和气腔的气流通道。为防止外界大气进入泵内和泵内气体泄漏,在轴套与填料箱 6 之间装有填料 14,并用压盖 4 压紧。进水管 16 与气水分离器或其他外部水源相接,向泵内补水。水封管 12 向填料箱引水,对填料箱起润滑、冷却和密封作用,同时对间隙 A 密封。

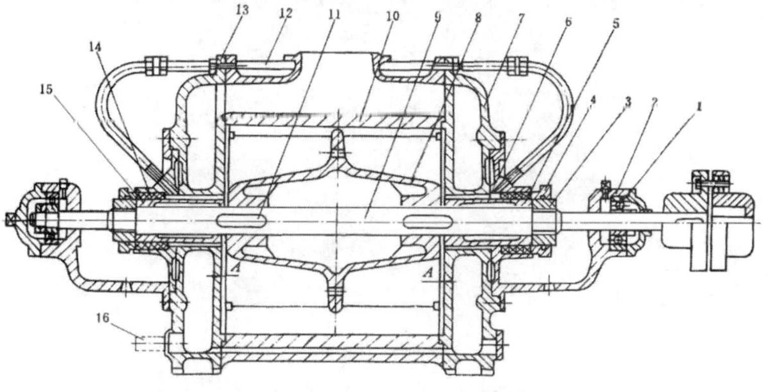

1—轴承;2—轴承架;3—锁紧螺母;4—压盖;5、15—轴套;6—填料箱;7、13—侧盖;8—叶轮;9—轴;10—泵体;11—键;12—水封管;14—填料;16—进水管

图 5-7　SZ－3(4)型水环泵结构图

图 5-8 所示为侧盖的结构。侧盖上小孔 5 是为防止过压缩而设置的。当泵内气体未进入排气状态而压力 p 超过排气口内压力 p_2（系统压力）时，橡皮球因压力差作用而变形，小孔与排气孔连通，使泵内压缩区气体提前排气，从而避免了过压缩现象。

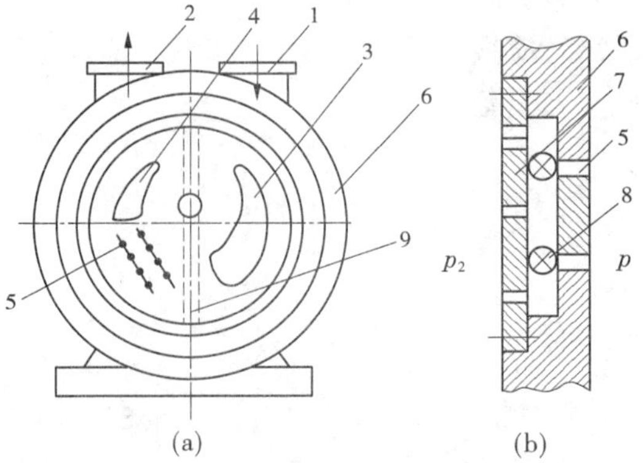

1—进气口；2—排气口；3—吸气孔；4—排气孔；5—小孔；6—侧盖；7—压板；8—橡皮球；9—隔板

图 5-8　SZ 型单作用水环泵侧盖及小孔

二、2BEC 型单作用水环式真空泵结构

如图 5-9 所示，该系列泵采用单级单作用的结构形式，泵由泵体、叶轮、前后端盖（两件）、前后分配器、轴、前后轴承部件、阀板部件等组成。轴偏心地安装在泵体中，叶轮与轴为过盈配合，泵两端面的总间隙由泵体和分配器之间的垫来调整，在装配时由前端定位来首先确定单面间隙，叶轮与分配器端面间隙的大小对气体的泄漏（排气腔向吸气腔的泄漏）有圈套的影响，因而装配必须予以保证，对于叶轮直径大于 500 mm 的泵，单面控制在 0.25 ~ 0.35 mm，两端总间隙为 0.5 ~ 0.7 mm。填料装在两端盖内，密封液经由端盖中的孔进入填料室，以冷却填料及加强密封效果。当采用机械密封时，机械密封安装在填料室腔，填料压盖换成机械密封压盖。

图 5-9　2BEC 型单作用水环式真空泵

在前后分配器上均设有吸、排气月牙形孔和椭圆形排气孔，并安装有阀板部件，阀板的作用是当叶轮叶片间的气体压力达到排气压力时，在月牙形排气口以前就将气体排出，减少了因气体压力过大而加大功率的消耗。

三、SK 型双作用水环泵结构

图 5-10 为 SK 型双作用水环泵结构图。由叶轮 7 和泵轴 6 组成的泵转子安装在椭圆形泵体 8 内,轴两端用轴承箱 1 支承,通过联轴器与电动机曲轴连接。左、右分配器 9、5 分别套装在泵轴两侧,其内端伸入叶轮轮毂内孔中,另一端通过法兰盘与封闭泵体两侧的左、右侧盖 11、4 固定在一起。左右侧盖、左右分配器及泵体构成了泵的定子。侧盖内有两层空腔 a 和 f,分别和泵的进、排气口(进、排气口在泵两侧,图中未画出)相通,分配器上的吸气通道 b 又与侧盖 a 腔相通,其排气通道 e 和侧盖 f 腔相通。该泵上方进水管 10 用于启动前向泵内注水或运转中向泵内补充水。

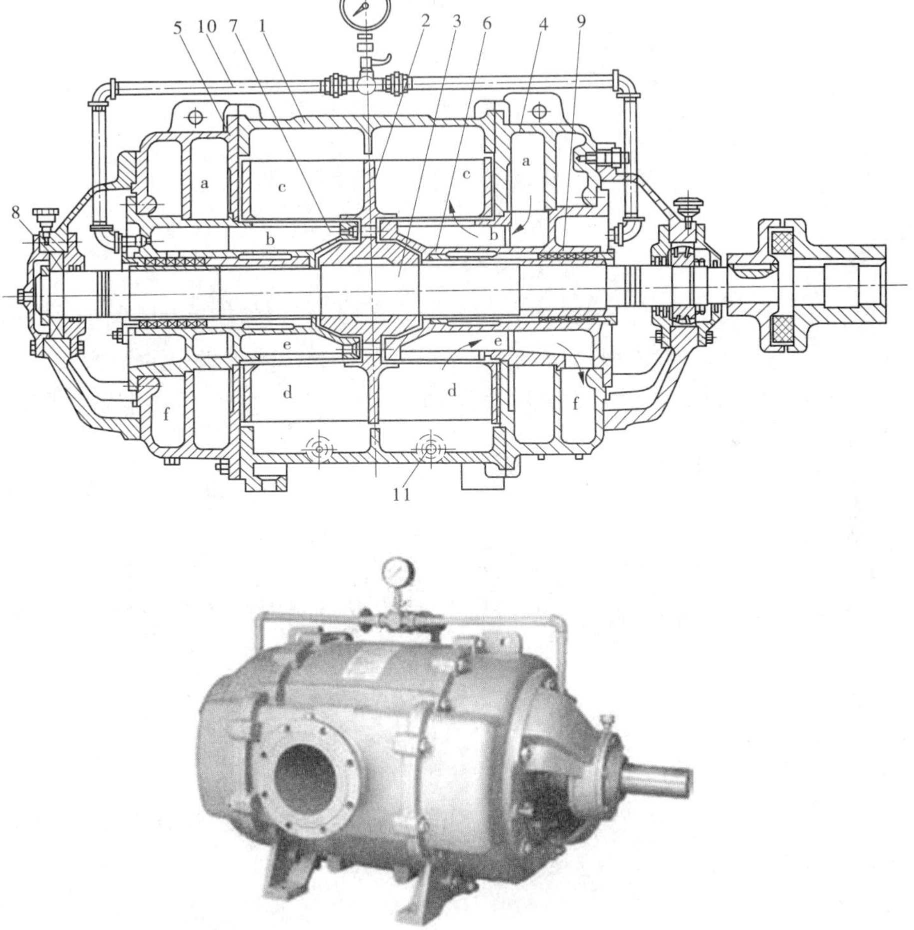

1—轴承箱;2—放水管;3—填料箱;4—右侧盖;5—右分配器;6—泵轴;
7—叶轮;8—泵体;9—左分配器;10—进水管;11—左侧盖

图 5-10 SK 型双作用水环泵结构图

泵的进气路线为:泵进气口→侧盖 a 腔→分配器 b 腔→泵内吸气区 c 腔。泵的排气路线为:泵内排气区 d→分配器 e 腔→侧盖 f 腔→泵排水口。

此外,泵体上还有一回水管 12 (见图 5-11),它的作用是将水环外部压力水引向分配器左、右两侧，使双偏心的上、下工作腔隔开，起到密封作用，以防相互窜气。

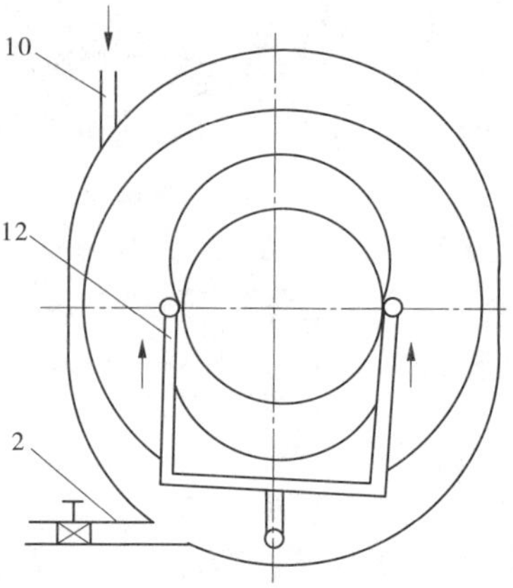

2—放水管；10—进水管； 12—回水管
（顺号同图 5-10）
图 5-11　SK 型水环泵管路系统示意图

四、2YK－110 型双作用水环式真空泵的结构

常用的国产双作用水环式真空泵还有 2YK－110 型和兼作压风机使用的 2YK－27A 型两种型号，由于两种真空泵的结构相似，故只介绍 2YK－110 型真空泵的结构。图 5-12 为我国生产的双作用 2YK－110 型液环式真空泵结构剖面图，本型泵由下列几个主要部分组成。

（一）转子

将叶轮 2 预先加热，然后套入泵轴 3 组装成为真空泵的转子，它对称地安装在具有 2 个偏心半圆形内腔的泵体 1 中。

（二）分配器

分配器有前分配器 4 和后分配器 9，分别装在叶轮两侧内孔和泵轴的前、后端（有传动轮的一端为前）。

（三）泵盖

泵盖有前盖 5 和后盖 10，分别装在前、后分配器及泵体的两端。

（四）填料箱

在前、后端盖的泵轴伸出处分别装有 2 个填料箱，在填料箱外部分别装有轴承箱，包括前、后轴承架 6 及 12，前、后轴承盖 7、8、13、14，前端的双列球面滚子轴承 36，后端的单列向心球轴承 35 等。

（五）水管系统

此泵的水管系统有进水管路 24、放水管路 25、回水管路 26。回水管的作用是将泵内水环外部的水引向分配器两侧起密封作用，把吸气部分和排气部分隔开。

此型泵的结构和 SZ 型泵比较主要是在转子内部装有固定的分配器，前后分配器上分别有 2 个进气孔道和 2 个排气孔道，孔道的位置分别和水环所形成的新月牙形空间的进、排气位置相对应，吸气孔道和端盖内层空腔相通，排气孔道和端盖外层空腔相通。两端盖的内层空间和泵的吸气口相连，外层则和排气口相通（图中未标出，吸、排气口在泵体上）。

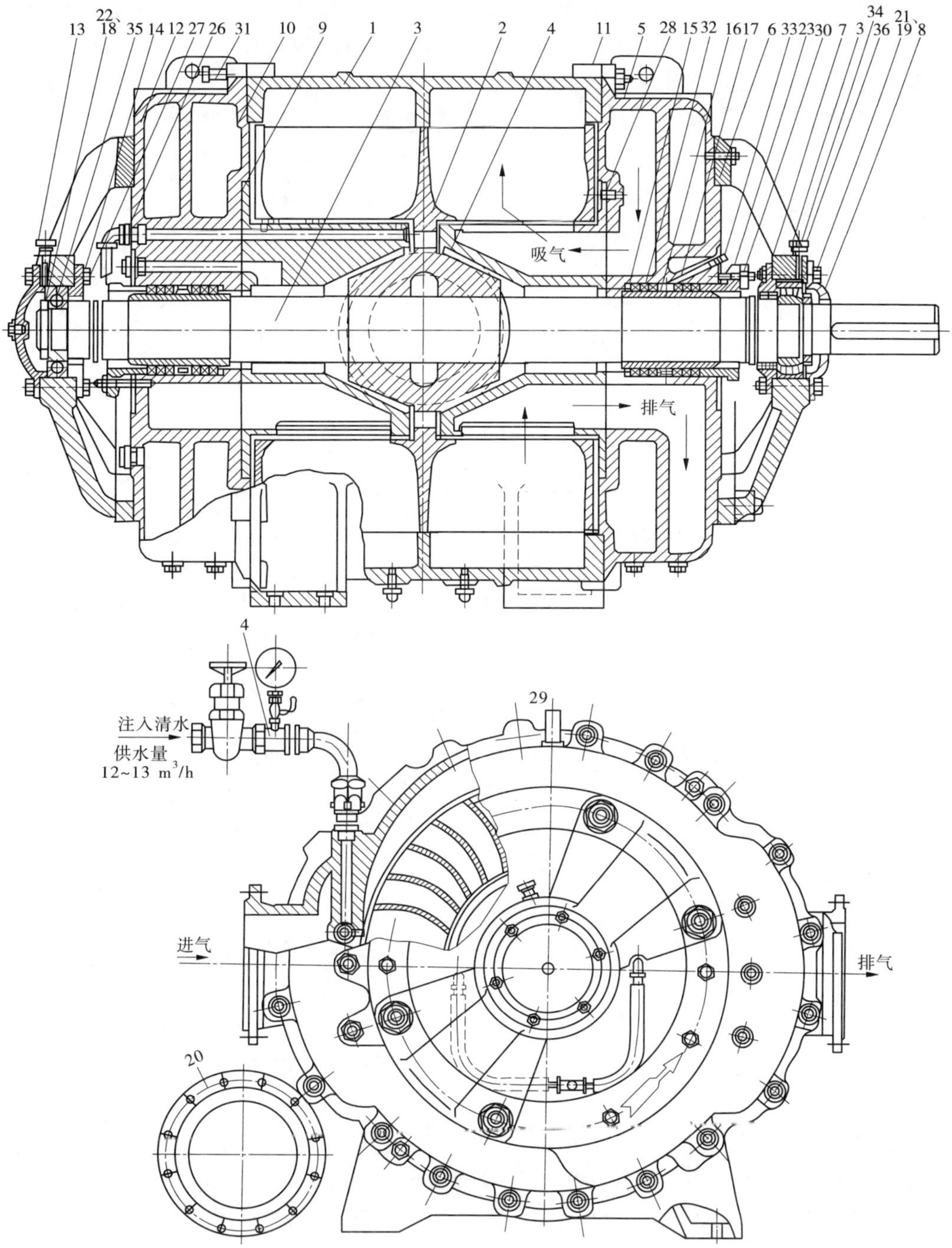

1—泵体;2—叶轮;3—泵轴;4—前分配器;5—前盖;6—前轴承架;7—前轴承左盖;8—前轴承右盖;9—后分配器;10—后盖;11—纸垫;12—后轴承架;13—后轴承左盖;14—后轴承右盖;15—填料垫;16—填料环;17—轴套;18—后圆螺母;19—前圆螺母;20—后止退垫圈;21—前止退垫圈;22—螺塞;23—填料压盖;24—进水管路;25—放水管路;26—回水管路;27—羊毛毡;28—纸垫;29—双头螺栓;30—螺母;31—拆开螺钉;32—填料;33—压油嘴或通水封;34—旋盖黄油杯;35—后端的单列向心球轴承;36—双列球面滚子轴承

图 5-12 2YK－110 型液环真空泵结构图

该泵采用三角带间接传动，从带轮端看泵为顺时针方向旋转。在电机与泵之间，设有三角带拉紧装置，以调整三角带松紧程度。泵体上和填料箱两侧设有进水管路装置，水沿径向及侧面注入泵腔内，以补充水环水的消耗。

图 5-13 表示出了 2YK－110 型真空泵的性能曲线，由 $P—Q$、$P—N$、$P—\eta$ 三条曲线组成。

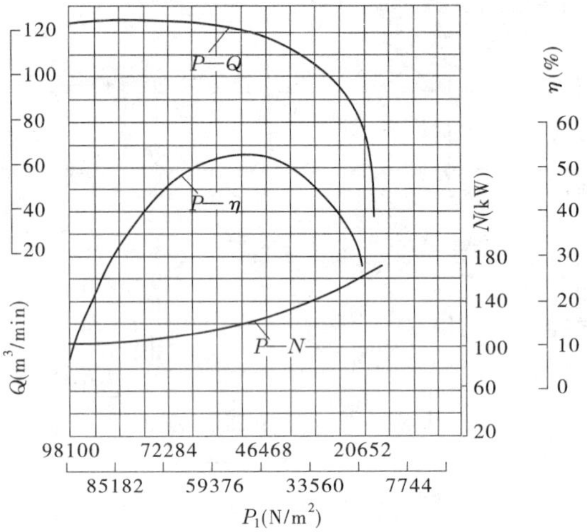

图 5-13　2YK－110 型水环式真空泵性能曲线

真空泵的抽气量 Q 随着真空度 P_z 的增大（P_1 表示的绝对压力下降）而逐渐减小。当 P_1 小于 21 355 Pa 时曲线迅速下降至零，Q 随 P_1 的下降而减小的原因主要有下列几点：

（1）由于 P_1 的减小，真空泵的压缩比 P_a/P_1 增大，使泵腔内高压部分向低压部分的漏气量增多，因而使抽气量 Q 减小。

（2）真空泵中的水环随转子一起转动，有时处于吸气位置（低压区），有时处于压缩和排气位置（高压区）。水环在高压区时溶解一部分气体，转到低压区时，水中气体有一部分将析出到吸气空间，P_1 越小气体析出越多，因而减少了从外面的吸气量。

（3）随着 P_1 的降低，水环中会有较多的水蒸气进入吸气室，这也影响泵从外界吸气。特别是当吸气室中的蒸气压力等于 P_1 时，真空泵就不能再从外界吸入空气，使吸气量降低为零。

真空泵的轴功率随着 P_1 的减小而增大（因压缩比加大），所以真空泵启动时，为了尽量减小启动功率，应使 P_1 达到最大值（即吸气管通大气）。

真空泵的效率 η 在 $P_1 = 98\ 100\ N/m^2$ 时及 $Q = 0$ 时均为零，当 $P_1 = 46\ 468 \sim 52\ 922$ Pa 时，η 达到最大值 53.5%。在现场真空过滤系统中使用 2YK－100 型真空泵达到的真空度为 51 632～58 089 Pa（相当于 $P_1 = 46\ 468 \sim 40\ 015$ Pa），此时真空泵的效率为 53.5%～51.2%，因此真空泵的效能得到了充分发挥，运转是合理的。

水环式压缩机，SZ 型单作用、SK 型双作用及 2YK－110 双作用水环式真空泵的性能参数分别列于表 5-2～表 5-5。

表 5-2　水环式压缩机性能

型号	排气量(m^3/min) 排气压力(MPa) 0.05	0.08	0.10	0.15	最大排气压力(MPa)	耗水量(L/min)	转速 n (r/min)	电动机功率(kW)
SZ-1	1.0				0.10	10	1 460	4.5
SZ-2	2.6	2	1.5		0.14	30	1 450	14
SZ-3	9.2	8.5	7.5	3.5	0.21	70	975	40
SZ-4	26	20	16	9.5	0.21	100	730	80
SK-27A	25.25	24.47	22.65	19.30	0.128	140	490	95
SK-42A	39	33.2	24			150	490	115
2YKA-30	29.2	29.1	29.1	28.6	0.2	150	730	155

表 5-3　SZ 型单作用水环式真空泵性能

型号	最大抽气量(m^3/min) 真空度(1.33×10^2 Pa) 0	-304	-455	-610	-685	极限真空度(%)	转速(r/min)	耗水量(L/min)	电动机功率(kW)
SZ-1	1.5	0.64	0.4	0.12		84	1 450	10	4.5
SZ-2	3.4	1.65	0.95	0.25		87	1 450	30	10
SZ-3	11.5	6.8	3.6	1.5	0.5	92	975	70	28
SZ-4	27	17.6	11	3	1	93	730	100	70

表 5-4　SK 型双作用水环式真空泵性能

泵型号	抽气量(m^3/min) 真空度(1.33×10^2 Pa) 0 / 760	-300 / 460	-400 / 360	-450 / 310	-500 / 260	-600 / 160	极限真空度(mmHg)	转速(r/min)	耗水量(L/min)	电动机功率(kW)
SK-12	12	11.5	11.2	11	10.6	8.3	-700	970	80	22
SK-27(2YK-27)	28	27.9	27.8	27	26.8	20.2	-650	490	166	45
SK-42	42	40.3	39.7	39.3	37.8	20	-870	490	200	60
SK-60	60	57.5	56.3	55	52.8	40	-650	420	210	95
SK-85	85	81.5	79.5	78	74.5	58.1	-650	365	215	130
SK-120(2YK-110)	120	119.7	116.8	110	108.3	85.5	-610	250	220	185
SK-250	270	256.8	245.5	236	222.4	153.5	-633	200	700	460

表 5-5　2YK－110 型双作用水环式真空泵的技术性能

以进气压力表示(Pa)	98 100	85 192	78 738	72 284	65 830	59 376	52 922	46 468	40 000	33 560	27 106	20 652	15 469
以相对标准大气压的压差表示(Pa)	0	12 908	19 362	25 805	32 269	38 723	45 177	51 631	58 065	64 539	70 953	77 447	82 601
抽气量 Q(m^3/min)	121	121	121	120.8	120.4	119.7	118.5	116.8	113.2	108.3	100.7	85.5	0
轴功率 N(kW)	95	102	107	111.5	116.5	112	127.5	133.5	139	145	150	155	179
效率(%)	0	27.5	33.7	43.5	48	51.2	53.2	53.2	51.2	47.5	41.2	30	0
转速(r/min)	250												
供水量(m^3/h)	12～13												
配套电机型号及规格	JR127－6(DE_3)　980 r/min　电压 380 V(3 000 V)　功率 185 kW(165 kW)												
外形尺寸	(长(mm)×宽(mm)×高(mm))约 2 665×1 700×1 560												
泵进出口直径(mm)	ϕ300/ϕ300												
泵重(kg)	85 000(不包括重 7 000 kg 的消声器)												

注:1. SZ 型抽气量是折算到大气条件下的气量。

2. 1 mmHg＝133.33 Pa。

3. 表 5-2～表 5-5 中型号意义:S—水环式;Z—真空泵;K—单级真空泵;A—做压缩机用;2Y—双作用水环式。例如,SZ－3 型为水环式真空泵 3 号;SK－27 型为水环式单级真空泵,额定抽气量为 27 m^3/min;2YK－110 型为双作用水环式单级真空泵,额定抽气量为 110 m^3/min。

■ 任务三　矿用移动式瓦斯抽放泵站的操作与维护

井下瓦斯抽放泵站是一种以水为工作液体的液环式容积泵,主要用于抽吸瓦斯气体,也可用于抽吸其他不含固体颗粒、不溶于水的无腐蚀性气体。抽放泵站可用于矿井局部的、临时的瓦斯抽放以及抽放防突,以弥补矿井地面抽放系统的不足之处,地方中小型煤矿可作为矿井瓦斯抽放的主要设备。

矿用移动式瓦斯抽放泵站由矿用隔爆型电气设备、本质安全型电气设备和一些管路组成,其防爆标志为 Exdib。

一、瓦斯泵站设备的组成和使用范围

(一)ZWY 系列煤矿用移动式瓦斯抽放泵站的组成

如图 5-14 所示为 ZWY 系列煤矿用移动式瓦斯抽放泵站(可简称为移动泵站)主要用于煤矿井下抽放瓦斯以减少局部瓦斯涌出量、防止煤与瓦斯突出的一种专用安全装备。目前有 13 种型号,抽气量范围在 6 ~ 13 m^3/min。

图 5-14　ZWY 系列煤矿用移动式瓦斯抽放泵站

移动泵站主要由抽气系统、监测控制系统、进出气管路以及移动泵底盘、护罩等部分组成。具有结构合理、体积小、可移动、易安装、易操作,运行安全可靠等特点,同时还具有泵站抽放参数及环境瓦斯浓度监测、泵站供水监测功能,并能实现环境瓦斯浓度超限报警断电及泵站供水异常断电控制,同时还可以通过孔板流量计测定、计算抽放瓦斯流量,是治理矿井瓦斯超标和防止煤与瓦斯突出的抽放设备。可作为矿井局部的、临时的瓦斯抽放设备,弥补矿井地面抽放系统范围和能力的不足,还可作为地方中小型矿井瓦斯抽放的主要设备。

(二)移动式瓦斯抽放泵站的用途和使用范围

(1)不具备建立地面瓦斯抽放系统的矿井,如局部瓦斯涌出或局部煤与瓦斯突出区域。需要短期抽放瓦斯的地点,如有溶洞火岩缝瓦斯喷出的矿井。

(2)有的矿井虽有地面抽放泵站,但井下工作区偏远,无法实现有效抽放,可利用移动泵站进行接力抽放。

(3)地方中小煤矿可采用移动泵站抽放,投资小,见效快,具有较好的安全与经济效益。

(4)用于瓦斯科研试验,在建立地面瓦斯抽放泵站之前,用移动泵站井下抽试,由试验确定最佳抽放方法和参数,为建立永久性地面泵站抽放系统提供可靠的依据,避免盲目投资造成的浪费。

二、瓦斯泵站安全防护装置

瓦斯泵站安全防护装置的主要作用是确保瓦斯抽放管路安全、可靠、有效地运行,便于控制、防止和消灭管路中瓦斯爆炸与燃烧事故的发生和扩大。

瓦斯泵站安全防护装置主要有放水装置,防爆、防回火装置,控制流量装置,放空和避雷装置等。

(一)放水器

抽放瓦斯管路工作时,不断有水积存在管路的低洼处,为减少阻力保证管路安全有效地工作，应及时排放积水。

在瓦斯抽放管路中每 200 ~ 300 m 最长不超过 500 m 的低洼处应安设一只放水器。

放水器有两大类：人工放水器与自动放水器。

1. 人工放水器

人工放水器的原理如图 5-15 所示。管路工作时，放水器的阀门 3、4 关闭，阀门 2 开启，管路积水流入位置较低的放水器 5 内。当放水时，首先关闭阀门 2 切断负压，打开阀门 3、4，放水器内的积水自动流出，水放完后，关闭阀门 3、4，打开阀门 2。

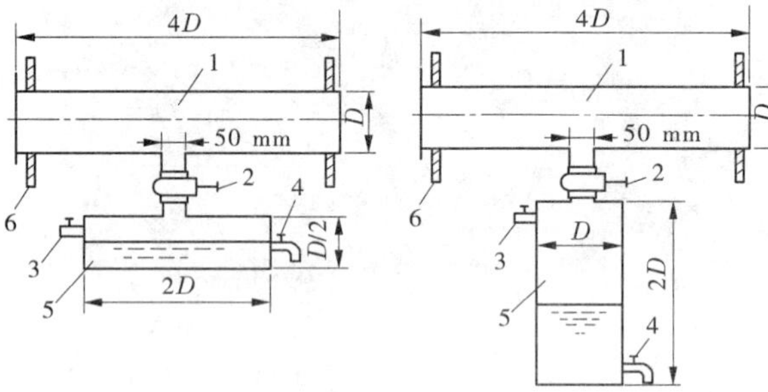

(a)卧式　　(b)立式

1—瓦斯管路；2—放水器阀门；3—空气入口阀门；4—放水阀门；5—放水器；6—法兰盘

图 5-15　高负压人工放水器示意图

这种放水器结构简单，工作可靠，但需专人放水，可用于井下主、支管内。

2. 自动放水器

负压自动放水器的实物如图 5-16 所示。

图 5-16　负压自动放水器实物

放水器每个工作循环由积水和放水两个阶段组成。在积水阶段，浮筒处于最低位置，进水闸口敞开，大气进气口与放水闸门均处于关闭状态，抽放管路的积水通过进水口流入放水器。随着积水增加，水位上升，浮筒便开始上浮。当浮筒上升到固定在托盘上的导向杆顶开通大气的密封球阀时，大气进入放水器，改变了筒内的负压状态，托盘与导向杆被吸起，进水阀口被托盘上的胶垫堵头堵死使放水器与负压管路隔绝而仅与大气相通，积水阶段结束而放水阶段开始。随着积水的放出，水面下降，浮筒也随着下降，托盘与导向杆等被拉下，使放水器重新与抽放管路相通，同时进气阀与放水阀关闭，放水阶段结束而积水阶段开始。每次放水量的大小，取决于放水器的容积和抽放负压。负压越高，一次放水量越大。

(二)防爆阻火器

干式抽放瓦斯泵吸气侧管路中,必须装设有防回火、防回气、防爆炸(简称"三防")作用的安全装置,并定期检查,保持其性能良好。防爆阻火器具有良好的"三防"性能,它在瓦斯压力为0.17 MPa下发生瓦斯爆炸时不传爆。

主要原理:防爆阻火器芯由一条光滑平带和一条斜条波纹的不锈钢带重叠缠绕而成。这两条钢带像螺丝一样,一层叠一层,卷成厚厚的一盘,中间形成众多的小三角形间隙,因为这些间隙(0.7 mm)小于甲烷最大不传爆间隙(1.14 mm)和甲烷最大熄火直径(2.5 mm),所以能有效地防止甲烷爆炸的传播和阻止甲烷火焰的蔓延。

安装防爆阻火器之前,应确认是否有制造许可证和产品出厂许可证,防爆阻火器的安装形成状况见图5-17。这种防爆阻火器没有安装方向的要求,水平安装、垂直安装均可,以靠近瓦斯泵为宜。

当其在抽放管路中遭污染时,可将其拆下,用压风吹净后再用。

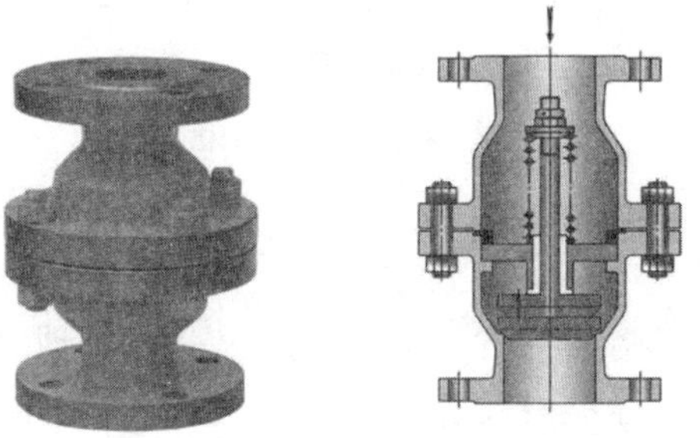

图5-17　防爆阻火器

(三)抽放瓦斯用抗静电塑料管

抽放瓦斯用抗静电硬质塑料管比钢管轻、耐腐蚀、成本较低,所以使用量逐渐增多,常被用作封孔套管。

(四)抽放瓦斯参数监测仪

连续监测瓦斯抽放管路中的甲烷浓度、流量、负压、泵房内泄漏瓦斯浓度、泵机的轴温等参数,由微机完成测量、显示、打印等工作。当任一参数超限时,可发出声光报警信号,并按给定程序停止或启动泵机。

技术参数:管路内甲烷浓度0~100%;管路内瓦斯流量0~150 m^3/min;负压0.1 MPa;泵房内泄漏瓦斯浓度0~4%;泵机轴温最多测点数8点;测量精度0.5%满量程;警报点误差满量程不大于±0.5%;轴温警报误差不大于±2 ℃。

(五)放空管

(1)瓦斯泵进、出口侧应设立放空管。

(2)放空管出口至少高出地面10 m,而且至少高出20 m范围内建筑物3 m以上。

(3)放空管必须接地。

(4)放空管周围有高压线或其他易点燃瓦斯因素时,应编制专门的安全措施。

(5)雷击有极大的破坏力,其破坏作用是综合的,包括电性质、热性质和机械性质的破坏,因此在瓦斯泵房和瓦斯罐附近的较高大的建筑物周围或中心地带应设置避雷器。

三、泵站设备的运输、安装和操作

(一)设备的井上运输

1. 前期准备

(1)组织施工技术人员熟悉运输设备的外形尺寸和设备的重量。

(2)组织施工人员进行安全技术学习。

(3)进行运输路线的测量,确定各巷道轨道距离能否顺利通过。

(4)准备运输用的平板车、运输工具、起吊工具及所需要的辅助材料。

2. 设备的拆除

(1)将地面瓦斯泵进行拆除。

(2)清点地面瓦斯泵站的所有设备,并进行登记,与建设方、监理方共同清点签字。

(3)将电源断开并拆除各开关及电机的所有电缆,拆除监控的所有仪器仪表。

(4)将进、排气管及供、排水管进行拆除。

(5)将进、排气的所有阀门及进、排水的所有阀门进行拆除。

(6)将电机从机架上拆下,将地脚螺栓松开并用撬杠将设备机架撬松。

因瓦斯泵站距工业广场高度有十几米高,且起吊距离远,故采用25 t 吊车将设备及配套的电气设备分别吊至工业广场。

3. 设备地面运输

(1)瓦斯泵主机及电机采用装载机逐个运至进风井口场地。

(2)电控设备及泵站管路等小型设备采用装载机装车,用卡车运输至进风井口场地,再用装载机逐个卸下。

(二)设备的井下运输

1. 瓦斯泵主机的运输

(1)运输之前,在瓦斯泵的机架上钻四个固定螺栓孔,在平板车上也钻四个距离相应的螺栓孔(钻孔时计算好设备的重心位置)。

(2)将平板车在进风井口车场与主钢丝绳钩头连接挂好,然后用装载机将主机吊上平板车,用4 根 M16 的螺栓将瓦斯泵与平板车紧固好,再用两根钢丝绳和两个 1t 的吊葫芦将瓦斯泵与平板车一起捆紧(平板车前、后各捆一根),再将保险绳挂好,每次运输一台。

(3)设备下放前与调度室联系,听从矿调度室的安排。

(4)设备下放时,严禁斜井内人员上下走动及逗留,在斜井底派一人驻守把关。

(5)设备下放前,用电话与绞车司机联系,下放速度控制在 1 m/s 以下。

(6)设备下放时,派两人手持人车信号摇控器跟车,发现异常立即打点停车。

(7)设备下到井底后,采用人力推运至井下瓦斯抽放泵站,用加工好的三脚架和 5 t 手动吊葫芦将瓦斯泵吊下,再用滚杠将泵体逐渐撬移至安装位置。

(8)另一台瓦斯泵运输方法与上述相同。

2. 泵站其他配件及配套的电气的运输

(1)泵站短管及阀门等的运输,采用矿车运输,装车后用铁丝捆紧捆牢固。

(2)电气设备及电缆的运输,采用矿车运输,在井口处用装载机吊入矿车后,再用铁丝将其捆绑牢固。下至井底后,用机车拖运至瓦斯泵站,再利用三脚架和吊葫芦将其逐个吊下并抬至安装位置。

(三)运输安全注意事项

(1)设备捆绑前认真检查钢丝绳、吊葫芦是否符合使用要求,钢丝绳有断股和发毛的现象则应立即更换。

(2)起吊时,吊索必须绑扎牢固,绳扣必须在吊钩内锁牢,严禁用板钩钩挂构件,构件在高空稳定前不准上人。

(3)井下施工现场应有瓦检员现场值班,当瓦斯超限时必须停止作业,撤离工作地点至安全位置。

(4)严禁携带香烟、打火机等易燃易爆物品下井。

(5)设备运输前,应对全体施工人员进行详细的安全交底,参加施工的人员要明确分工,利用班前会,根据现场具体情况,提出保证安全施工的要求。

(6)必须服从现场统一指挥,技术负责人在发现违章作业时,要及时劝阻,对不听劝阻继续违章操作者,应立即停止其工作。

(7)将此安全措施认真贯彻,现场交底,严格按操作规程作业。

(四)井下瓦斯抽放泵站设备的安装

1. 安装前准备工作

(1)组织安装技术人员熟悉有关资料及图纸。

(2)管道搬运至地面加工场地进行焊接。

(3)制作时电焊机、氧割设备分别放到合适、稳定及安全位置。

(4)运搬、捆绑工具及材料准备充分。

(5)仔细检查基础,预埋件、预留孔位置尺寸是否符合要求。

(6)现场清点安装的设备和材料,检查验收并与基础核实,确认合格后方可进行施工。

2. 安装方法

设备及附件到达现场后,采用人工抬运和三脚架起吊,泵体用滚杠和5 t吊葫芦逐步推移至安装位置。

(1)瓦斯泵安装。泵体挪移至基础位置,调平找正,保证两对轮间距、对轮的直线度与倾斜度在规定范围内,然后安装泵体附件。

(2)管路安装。管路在地面焊接加工完毕后进行现场安装,管路安装顺序由泵体向外部安装。管间法兰盘用螺栓连接,中间加放密封垫。

(3)系统风压试验。试验压力为0.5 MPa。

(4)电气安装。按设计要求,泵房安装馈电开关及电磁启动器开关 ,在泵附近安装控制按钮。

(5)照明安装。根据规范要求,照明电缆沿硐室顶敷设,电源引自泵站开关。

3. 质量保证措施

1)泵站管道焊接

(1)焊条、焊剂材料的牌号、规格和质量必须符合设计要求,并提供质量证明书。

(2)接焊缝表面严禁有气孔、裂纹、夹渣及溶合性飞溅物。

(3)法兰盘焊接前应保证与管子中心线垂直,用角尺保证。

(4)焊缝高度不低于壁厚,表面无裂纹、气孔、夹渣等缺陷,咬边深度不超过0.5 mm。

2）泵站管路安装

（1）管道法兰、焊缝及其他连接件应符合设计要求，两法兰应平行并保持同轴性，螺栓能自由穿入，螺栓连接应使用相同规格的型号，螺栓穿向一致，同时紧固匀称，松紧适度。

（2）压力水管安装采用无缝钢管，要求封闭严密，不渗水，管路走向合理。

（3）站内管道安装、吊挂应结实可行，紧固可靠，管路安装坡度应符合规范要求。

3）泵体安装

（1）斜垫铁和平垫铁规格应符合验收标准的相关规定，而且垫铁在基础上必须垫稳、垫实。

（2）基础螺栓的材质、规格及数量必须符合设计要求。

（3）泵轴水平度不超过 0.5/1 000。

（4）底座找平，并且和地基配合校正后再灌浆。

（5）灌浆时，确保做到每个空间的空气必须全部排出。

（6）设备调正包括角度调正和中心线位置的调正。分三个时期进行：第一次，泵和底座已经把紧，但电机没把紧；第二次，泵和电机已紧固，但吸入管路法兰和吐出管路法兰的螺栓没紧固；第三次，当泵运转 24 h 后，再检查一次，检查后把泵和电机最后紧固。

（7）调正过程中应注意：

①在调正以前，检查全部的管线，保证它们不对泵座产生作用力和力矩。

②在调正泵和电机时，垫片应垫在电机下面。

4. 电气安装

（1）开关、电缆及电机安装前应测试绝缘电阻，电机及开关不得低于 5 MΩ，电缆不得低于 50 MΩ/km。

（2）电机未与水泵连接前进行空载试运转，应运转正常并且三相电流平衡。

（3）开关操作机构灵活、可靠，触头接触严密，行程符合规定。

（4）接地装置安装：接地体的搭接长度必须符合规定，接地电阻不得大于 2 Ω。

（5）电缆敷设严禁有绞拧、护层断裂和表面严重划伤等缺陷。

（6）电缆头制造及安装应符合要求。

（7）灯具必须满足零件完整齐全，结合面严密，保护玻璃罩无裂纹、破损，符合隔爆要求。

（8）灯具安装的吊钩和预埋件必须埋设牢固。

（9）灯具间距应满足设计要求，排列整齐、洁净，送电时泵房室内光亮一致。

5. 管道压力试验及防腐

（1）管道压力试验应严格按施工程序执行，试验压力及结果应符合设计要求。

（2）管子防腐去锈。先将管子用钢丝刷去掉表面锈蚀，再用干布擦干净，表层涂红丹防锈油漆，再刷两遍防锈油漆。

管道刷漆前，被涂表面应无污垢、油迹、焊渣、毛刺等。漆膜附着牢固，无开裂、剥落、皱纹、气孔等缺陷。涂料的品种、牌号与质量必须符合设计要求，并提供产品质量证明书或合格证。

6. 试运行

安装完毕后，经系统检查无问题，即可以进行试运行，按设备使用说明书操作程序进行，时间为 8 h。试运行过程中，应严密观察，若发生不正常情况，应立即停泵。

（五）主瓦斯管路的安装

1. 施工前准备工作

（1）组织安装技术人员熟悉有关资料及图纸。

（2）组织安装人员学习安全技术措施。

（3）进行施工现场测量，确定瓦斯管路的安装路线及位置。

（4）配齐施工工具。

（5）零部件运送到位，并清点数量及核对名称。

（6）在地面进行瓦斯管路弯头、短节的加工。

（7）运搬、捆绑工具及材料准备充分。

2. 施工方法

（1）施工材料的运搬。在地面对管件进行加工后，将其运送到井口使用人工将其放下井，并逐步安装到位。

（2）施工操作过程：①管道附件制作；②管道及附件运搬；③管道安装；④风压试验。

3. 质量保证措施

（1）严格检查聚乙烯抗静电阻燃管和其他的法兰盘等管件是否有质量合格证及其他证件，只有质量合格的管道及其他如法兰盘等管件，才允许进场加工和安装。

（2）瓦斯管道的安装应符合煤炭行业有关要求《煤矿低浓度瓦斯管道输送安全保障系统设计规范》（AQ 1076—2009）及《煤矿安全规程》中的有关规定。

（3）井筒中管路吊挂 3 m 设置一套，管路过交岔点时应安装龙门拱。

（4）管道在井下绕道，沿顶横跨断面等情况可根据实际进行处理。

（5）管件制作：

①根据现场情况确认三通和弯头的尺寸；

②根据三通、弯头样板下料；

③下料时坡口一定要整齐；

④管件端部与管道之间采用法兰连接；

⑤管件制作完成后，应进行加压试验，试验压力为公称压力的 1.5 倍。

（6）法兰连接：

①法兰密封表面应清除干净；

②对接法兰的端面之间应相互平行，螺栓穿向一致，外露长度相等，螺栓能自由穿入；

③螺栓连接使用相同规格、型号穿向一致，露出螺母 2 ~4 个螺距，紧固匀称，松紧适度，螺栓露出螺母的长度一致。

4. 安全保证措施

（1）设备及管件吊装前认真检查所使用的工具，如钢丝绳、吊葫芦等是否符合使用要求，凡不符合规定标准的不能使用，若钢丝绳有断股和发毛的现象则立即更换，使其符合要求。

（2）钢丝绳与管件接触处应垫钢板或木板，捆绑重物钢丝绳与垂直方向的夹角一般不应大于 45°。

（3）吊挂必须找准重心，平起平落，重物吊移后应尽可能保持较小的起吊高度。

(4)起吊重物时应先使重物产生荷载,重物一脱离地面支承即停止提升,检查绳结,同时用木棍或铁棍敲打钢丝绳使其靠紧。

(5)吊绳应系在被吊物体的牢固位置,数根吊绳的合力作用线应通过被吊物体的重心,各吊绳应保持均衡拉紧。

(6)在吊装中,严禁用管道、设备或脚手架等作为起吊重物的承力点。

(7)所有安装人员必须听从指挥和安排,否则责令其退出安装工作。

(8)在抬重物时,必须缓慢抬起,同时落地。

(9)使用长柄工具时,应注意周围人员的站立位置,确认安全后方可操作。

(10)在施工过程中必须加强瓦斯检查,当作业地点的瓦斯浓度超过1%时必须立即停止作业,采取有效措施进行处理,并立即向项目部汇报,听从项目部的统一安排,瓦检员必须跟班作业,不得擅自离开岗位。

(11)发生停风、停电和瓦斯超限时,及时将人员撤回地面,然后进行汇报。

(12)设备及附件装车应捆绑牢固,仔细检查所用工具是否符合使用要求。

(13)下放管道时应与矿调度室联系,通知井筒内下放区域的其他人员撤离,并停止沿线一切施工作业。

四、瓦斯泵站设备操作

(一)适用范围

适应于井下移动瓦斯泵站司机作业。

(二)操作条件

(1)操作工必须经过培训,考试合格,持证上岗。

(2)操作工应熟知《煤矿安全规程》的有关规定,熟知抽放泵的构造、工作原理、技术特征、各部性能,以及瓦斯泵站的供电系统,能独立操作。

(3)操作工应无妨碍本工作的病症。

(三)安全规定

(1)入井前严禁喝酒,岗中不得睡觉,不得做与本职工作无关的事情。严格执行现场交接班制度和工种岗位责任制,遵守《煤矿安全规程》的有关规定。

(2)当一台抽放泵有异常情况时,能立即停机,汇报队部,按队里指示启动另一台抽放泵。

(3)瓦斯泵站司机操作工应严格遵守以下安全守则和操作纪律:

①不得随意改变抽放泵的运行状态;

②不得随意操作高压电气设备;

③协助机电维护工检查维修抽放泵,做好设备日常的维护保养工作;

④瓦斯泵站栅栏门应上锁,任何人进入泵站必须登记;

⑤除紧急停机外,严禁私自停机;

⑥及时如实填写各种记录;

⑦泵站内外要搞好卫生,物件要摆放整齐;

⑧各种操作严格按照队里指示执行。

(四)操作准备

(1)抽放瓦斯泵启动前的准备工作：

①瓦斯抽放泵启动前应用手或适当工具转动泵轴几次，观察有无碰撞、摩擦等现象，如有应及时汇报处理；

②瓦斯抽放泵启动前，检查泵体供水管路连接是否完好；

③瓦斯抽放泵启动前要保持泵站外主管上的闸阀处于关闭状态，短路进气阀门处于打开状态。

(2)启动瓦斯抽放泵前必须给泵体注入适量的软化水。加注软化水的程序为：打开泵体进水阀门，启动软化水池内的潜水泵，直到自动排水阀有水流出时关闭泵体进水阀门，等待排水结束。

(五)操作程序

抽放泵正常情况下的操作顺序如下：

(1)启动：打开进气阀门和出气阀门—打开负压调节阀门—检查主管进气阀门处于关闭状态—检查短路进气阀门处于打开状态—启动热水泵—启动冷水泵—启动电动机—打开主管进气阀门—关闭短路进气阀门—调节负压调节阀门至工作状态。

(2)停泵：关闭泵体进水阀门—停止电动机运转—关闭瓦斯抽放泵的进气阀门和出气阀门—打开负压调节阀门—关闭泵房外主管闸阀—打开短路进气阀门。

(六)正常操作

(1)瓦斯泵启动操作：

①打开所要启动的瓦斯抽放泵的进气管阀门和出气管阀门，打开负压调节阀门，泵房外主管进气端闸阀处于关闭状态，短路进气阀门处于打开状态；

②启动电机：先点动电机，观察电机轴承旋转方向与真空泵箭头所示方向是否一致，一致时方可启动电机；

③调整供水量：打开进水阀门，调整泵体软化水工作流量，直至供水量达到额定数值(额定数值的确定：观察汽水分离器的液位计，一般以达到液位计的1/2为宜)；

④注意观察瓦斯抽放泵运行时填料盖上流出的密封液情况，根据情况适当调整轴密封填料压盖，使填料处有少量液体泄漏，一般以1~2滴/s为宜(调整填料压盖时应该在停机时进行)。

(2)瓦斯抽放泵房管路系统的调整：

①主管闸阀调节：电机启动后，空转5 min。泵房司机根据混合风流中的瓦斯传感器显示浓度，调节泵房外主管上的闸阀，以瓦斯传感器瓦斯浓度不超过0.8%为宜；

②短路进气阀门调节：主管上的闸阀全部打开后，开始适当调节短路进气阀门进气，以混合风流中的瓦斯传感器浓度不超过0.8%为宜，直至短路进气阀门全部关闭；

③负压调节：短路进气阀门关闭后，逐渐调节负压调节阀门，以混合风流中的瓦斯传感器浓度不超过0.8%为宜，将负压调节至工作状态。

(3)瓦斯泵停机操作：关闭泵体进水阀门—停止电动机运转—关闭瓦斯抽放泵的进气阀门和出气阀门—打开负压调节阀门—关闭泵房外主管闸阀—打开短路进气阀门。

(4)泵站司机班中检查：

①每半小时观测一次瓦斯抽放数据，并做好记录，每小时向通风调度汇报一次数据；

②各转动部位应无异常声音，轴承温度不得超限，电动机温升不超过规定要求，各仪表指示正常。

(5)泵站司机日常维护内容：

①轴承润滑：轴承按规定要求定期更换油(脂)(每月两次)，油量符合规定要求；

②减速箱更换齿轮油(每3个月一次)；

③禁止不同油号混杂使用；

④抽放泵每周进行一次轮换运行，并进行各种检查。

(七)收尾工作

(1)做好当班各种运行记录和工作台账。

(2)将存在的问题向接班泵站司机认真交代清楚。

五、2BE1系列瓦斯泵常见故障分析与处理

(一)运转不正常

1. 原因

(1)底座与基础接触不良，地脚螺丝松动。

(2)机组整体振动。

(3)接管振动。

(4)汽蚀及噪声。

(5)叶轮与分配板摩擦。

(6)皮带松弛，运转声音异常。

2. 处理方法

(1)可用混凝土或干沙填充底座的空隙。

(2)重新对中锁紧。

(3)检查连接管是否牢固，支架是否可靠。

(4)调节吸入压力，采用较低温的工作液。

(5)调整叶轮与分配板的间隙；检查泵轴的轴向窜动量、旋转后轴承的调整螺母，调整两个轴承的位置。

(6)拉紧皮带，所有皮带松紧应一致。

(二)启动困难

1. 原因

(1)较长时间停机，泵内生锈。

(2)填料太干、太硬。

(3)启动水位过高。

(4)皮带过紧 。

2. 处理方法

(1)用手扳动泵转子数次，除锈。

(2)松开填料，注入石墨润滑脂或更换填料。

(3)检查自动排水阀。

(4)适度松弛皮带。

(三)轴功率增大

1. 原因

(1)填料压得过紧。

(2)吸入侧吸入固体颗粒。

(3)叶轮被脏物卡住。

(4)泵内生锈。

(5)结垢或淤积。

(6)工作液超过规定量。

(7)排气压力增高。

2. 处理方法

(1)放松填料压盖,使填料含有水如线流出。

(2)定期清洗泵,在吸入管路中增设滤网。

(3)拆泵清除污物,返修摩擦面。

(4)检查泵体材料与工作介质是否相适应。必要时更换泵体。

(5)用盐酸冲洗,必要时拆泵清理,或用软水作工作液。

(6)控制水量,按规定量供水。

(7)检查排气管路,阀门直径是否过小。

(四)气量减少

1. 原因

(1)间隙不合适,泄漏量太大。

(2)内部泄漏。

(3)分配板、阀板有缺陷。

(4)自动排水阀泄漏。

(5)填料密封泄漏。

(6)吸入侧泄漏。

(7)工作水量过少或工作水温过高。

(8)皮带打滑,转速下降。

2. 处理方法

(1)检查泵间隙是否太大,必要时车短泵体。

(2)拆开泵检查密封面密封材料的稳定性。如已失效,应重新密封。

(3)更换分配板、阀板。

(4)更换阀球。

(5)稍拧紧填料压盖。

(6)检查观察孔盖、吸入法兰、进气管路、进水管路密封。

(7)增大供水量,降低工作水温度。

(8)拉紧皮带或更换皮带。

(五)轴承部位发热

1. 原因

(1)电机、减速机、泵安装不对中。

(2)轴承安装不当。
(3)润滑不良,油(脂)干涸或太多。
(4)轴承被锈蚀,滚道划伤。
(5)V 形轴封圈与轴承内盖压得过紧。
2. 处理方法
(1)重新对中。
(2)重新调整轴承位置。
(3)改善润滑条件。
(4)更换轴承。
(5)适当调整 V 形圈的位置,减轻压力。

复习思考题

1. 说明水环泵的特点及适用条件。
2. 简述单作用水环泵的工作原理。
3. 移动瓦斯泵站的各部件作用是什么?
4. 瓦斯泵房设置大、小循环管的意图何在?
5. 煤矿抽放瓦斯的水环泵工作系统主要包括哪些装置? 各起什么作用?
6. 抽放瓦斯系统的附属装置有哪几种? 各起什么作用?
7. 地面矿用固定抽放瓦斯泵站的日常检查与维护内容有哪些?
8. 如何降低抽放瓦斯的浓度?

参考文献

[1] 黄文建. 矿山流体机械的操作与维护[M]. 重庆:重庆大学出版社,2010.
[2] 舒斯洁,吴义顺,李寿昌. 矿山机械[M]. 徐州:中国矿业大学出版社,2010.
[3] 蔡增基,龙天渝. 流体力学泵与风机[M]. 北京:中国建筑工业学出版社,2009.
[4] 全国职业培训教学工作指导委员会煤炭专业委员会. 矿山流体机械[M]. 北京:煤炭工业出版社,2011.
[5] 李凡. 矿山机械修理与安装[M]. 重庆:重庆大学出版社,2009.
[6] 煤炭工业职业技能鉴定指导中心. 矿井维修钳工[M]. 北京:煤炭工业出版社,2011.
[7] 罗凤利. 矿山机械[M]. 徐州:中国矿业大学出版社,2009.
[8] 煤炭工业职业技能鉴定指导中心. 矿井通风工[M]. 北京:煤炭工业出版社,2010.
[9] 古惠田,姬光喜. 煤矿安全操作口诀[M]. 北京:中国矿业大学出版社,2002.
[10] 顺德职业技术学院制冷与流体机械精品课程 http://218. 13. 33. 145/jidian/znltjx/incontent1. asp?classId = 532&ArticleID = 121.
[11] 河南理工大学高等职业学院流体机械精品课程 http://218. 196. 240. 43/jingpin/C53/jsdw – 3. htm.
[12] 山西煤炭职业技术学院矿井通风精品课程 http://www. sxmtxy. com. cn/.
[13] 谢锡纯,李晓豁. 矿山机械与设备[M]. 徐州:中国矿业大学出版社,2000.
[14] 张洪流. 流体流动与传热[M]. 北京:化学工业出版社,2002.
[15] 陈文义,张伟. 流体力学[M]. 天津:天津大学出版社,2004.
[16] 邢国清,张清,杨濯. 流体力学泵与风机[M]. 北京:中国电力出版社,2004.
[17] 陈礼. 流体力学与热工基础[M]. 北京:清华大学出版社,2002.